DAXUEFAYUANLI

GAODENGJIAOYUFA DE SHENDUJIEDU

朱玉苗◎著

大学法原理

——高等教育法的深度解读

中国政法大学出版社

2024·北京

图书在版编目（CIP）数据

大学法原理 ：高等教育法的深度解读 / 朱玉苗著 .-- 北京 ： 中国政法大学出版社，2024．7． -- ISBN 978-7-5764-1669-5

Ⅰ．D912.104

中国国家版本馆 CIP 数据核字第 2024F0D858 号

出 版 者	中国政法大学出版社
地　　址	北京市海淀区西土城路 25 号
邮寄地址	北京 100088 信箱 8034 分箱　邮编 100088
网　　址	http://www.cuplpress.com (网络实名：中国政法大学出版社)
电　　话	010-58908586(编辑部) 58908334(邮购部)
编辑邮箱	zhengfadch@126.com
承　　印	固安华明印业有限公司
开　　本	720mm×960mm　　1/16
印　　张	21.5
字　　数	360 千字
版　　次	2024 年 7 月第 1 版
印　　次	2024 年 7 月第 1 次印刷
定　　价	88.00 元

序　言

　　大学起源于公元 11 世纪中晚期的欧洲，至今已有近千年的历史。在这近千年的历史长河中，大学对世界的政治、经济和文化产生了深刻的影响。公元 11 世纪中晚期的欧洲，基督教教权正处于鼎盛时期，为了传播基督教的真理，扩大基督教的影响，基督教教会创办了大量的大学。由于中世纪欧洲的传统认为，教育属于教会的事务，故起源时的大学都是教派大学。然而，由于大学本质上就是为了追求"哲学真理"而来，自然就与教会所倡导的"启示真理"相冲突；又由于大学特别是世俗大学的发展，受到"哲学真理"熏陶过的大学学生越来越多，这些学生毕业后又逐渐掌握了宗教的、世俗的权力，于是大学对社会的影响越来越大，[1]人们逐渐地摆脱了教会的限制，以至于科学和民主成为当下人类社会生活的主旨。因此，大学是人们与传统决裂、思想觉醒的重要堡垒，是人类社会走向繁荣富强的重要发明，大学的发展与人类的进步紧密相连。

　　大学对于国家的重要性不言而喻，拥有众多优秀的大学是大国崛起和文明复兴的前提条件之一。然而，若得优秀之大学，必须先有良善之大学法；若得良善之大学法，必须先对古今中外的大学法进行深入的研究。世界上的老牌发达国家早在 19 世纪末 20 世纪初，即开始对大学法进行专门的学术研究，至今已有 100 多年；我国此项专门学术研究大约开始于 20 世纪 90 年代晚

---

　　〔1〕　比如，14 世纪至 16 世纪的文艺复兴、17 世纪至 18 世纪的启蒙运动、19 世纪至 20 世纪的哲学革命、20 世纪中期的思想革命，均是由受过大学教育或者正在接受大学教育的人发动起来的颠覆传统的思想革命和社会革命。

期，至今还不到 30 年。另外，我国从事大学法学术研究的人员中，拥有教育学专业背景的人员众多，拥有法学专业背景的人员稀少，既懂教育学又有法学专业背景者更是寥寥无几，我国大学法的学术研究不但处于较为浅显的表层，而且还存在不够专业的现象。我国大学法的学术研究任重而道远。

2002 年，本人有幸成为一名大学里的法学专业的教师，主讲行政法和侵权法课程。在经历了几年实际的大学校园生活后，本人发现，我国大学治理的法治化程度低于一般人的期许，大学师生的权利较少且保护较弱，大学的办学效果不佳。作为专业法学教师，很想知道自己有哪些具体的法律权利，如何保护自己的合法权利；如果确实保护不了，也要知悉其中的缘由，给自己的内心一个交代。为了能够为我国大学的发展贡献自己的些许努力，亦为了能够更好地保护包括自己在内的大学教师的合法权益，2005 年，本人开始从事大学法的学术研究工作，时光荏苒，至今已近二十年矣。若问所获若何？答曰：利名全无，醍醐灌顶；若问感觉若何？答曰：一声叹息；精神饱满。

何谓"利名全无"？名声不显，又没捞着钱财，当然"利名全无"。

何谓"醍醐灌顶"？通过多年的研究，终于弄清楚了大学的职能到底是什么，大学教师的职责到底是什么，这让俺忽然明朗了自己应该干什么；大概知悉了世界各国大学法的基本内容，较为全面地掌握了我国大学法的主要法律规定，更加深刻地明晰了我国大学办学法治化不彰的根本问题所在以及今后的努力方向，当然"醍醐灌顶"。

为何"一声叹息"？环顾四周，很多国人包括政府里专管教育的官员、大学里的行政官员、大学教师和大学学生等，居然不清楚大学应该干什么、不应该干什么；当下大学之办学，存在诸多乱象，一些大学走在错误的道路上毫不自知、毫无反应，亦无反思之意识。"教授""博导"多如牛毛，但我们依然不敢回答亦无能力回答"钱学森之问"。[1]大学里依法治校、法治校园的理念较为缺乏，人治现象依然比较严重；学术自由、大学自治、学者自治、终身教职等大学法的基本原则和基本制度，在实际的大学校园生活中体现得尚不充分；教师的法律地位亦有待明确和提高，如果对照劳动法和劳动合同

---

[1] 2005 年，我国著名专家、94 岁高龄的钱学森先生感慨说："这么多年培养的学生，还没有哪一个的学术成就，能够跟民国时期培养的大师相比。""为什么我们的学校总是培养不出杰出的人才？"人们将钱学森先生的"为什么我们的学校总是培养不出杰出的人才？"称为"钱学森之问"。

法就会发现，我国现行的教师法、人事法等法律法规对教师的保护力度确实没有劳动法、劳动合同法对一般公司雇员的保护力度那般大。于是只好"一声叹息"。

　　为何"精神饱满"？冷眼旁观众多顶有"教授""博导""博士"之名的人，明明就是个文人却大言不惭地以知识分子自居；明明就是一个小工匠却自以为学术高深。这些人，思维层次之低下，道德人格之猥琐，可以对其降维打击，可以对其嬉笑怒骂，鄙视之感油然而生。鄙视之感使人暗暗窃喜，暗暗窃喜使人身心愉悦，身心愉悦使人血脉偾张，是故经常"精神饱满"。

　　是为序！

朱玉苗

2024 年 4 月于杭州

目 录

第三编 关于大学自身的法律制度

第四编　关于大学教师的法律制度

第一编

大学法研究之先序知识

研究大学法，必先真正知悉何为大学。本编第一章"大学言说"，简要介绍大学的概念、历史、词义、职能与目的等，旨在向各位方家提供研究大学法所需的相关高等教育学方面的先序知识。

第一章
大学言说

　　大学是指以学术传承为核心职能的高等教育组织。[1]大学起源于中世纪的欧洲，时间大约在 11 世纪中晚期。一般认为，世界上第一所大学是 1088 年产生于意大利北部的博洛尼亚大学。"studium generale"（大学馆）的原意是"研究、教授普遍真理/高深学问的学馆"；而"universitas"（英文 university，大学）相当于现代法律上的"法人"，特别是"社团法人"的概念。现代社会普遍认为，大学有教学（学术传承）、科研（学术研究）和服务（向社会提供学术支持）三项具体职能，其中，教学是大学的核心职能。大学的目的有直接目的与终极目的之分，大学的直接目的是提升学生的认知水平，其最终目的当然是培养人才。我们不但应当关注大学的终极目的，我们更应当关注大学的直接目的。

---

　　〔1〕　学术（academic），是指人们探寻世界客观规律、追求知识和真理的活动，即人们对现象与现象之间的逻辑关系进行思考、对既有知识进行质疑、反思或者对新的假说进行检视和验证等活动。一般而言，学术研究是指人们从事哲学、科学的研究；学术成果是指人们通过这种研究活动而获得的研究成果。比如，物理学研究及其学术成果、伦理学研究及其学术成果、法学研究及其学术成果等。需要注意的是，汉语中的"学术"仅指"学（科学）"，不是"学（科学）"加"术（技术）"。教育（education）一词，囊括了一切对人进行训练的活动。根据不同的标准，教育可以分为：（1）家庭教育、社会教育与学校教育；（2）初等教育、中等教育与高等教育；（3）德行教育、智性教育与审美教育；（4）科学教育与技术教育等。对于教育这个词的理解，最重要的事情是要分清"科学教育"与"技术教育"之间的根本不同。所谓科学教育，即引导受教育者获得反思旧观念、追求新知识的能力的活动，科学教育的更准确说法应当是"学术引导"。所谓技术教育，即对受教育者进行实际操作能力的训练的活动，技术教育的更准确用词应当是"技术训练"。从严格意义上来说，汉语中"教育"这个词涵摄了"学术引导"与"技术训练"这两种存在本质差异的活动，并不妥当。如果能够将"教育"这个词仅仅指向"学术引导"这种活动，该词的内涵和外延则更加清晰和严谨。

第一节　何谓大学

一、大学的概念

大学是指以学术传承为核心职能的高等教育组织，它有广义的和狭义的两个概念。广义的大学（又称高等院校、高校），指称所有的高等学校，包括本科院校、专科院校在内（colleges and universities）。狭义的大学，仅指综合性的且从事本科及以上层级的教育、名称为大学的高等院校（university）。非综合性的本科层次的高等院校和专科性质的高等院校，一般称为学院（college）。本书所称之大学，采其广义。

大学还有"理念中的大学""法律上的大学"和"事实上的大学"之分。理念中的大学是指理念中的大学的样态，旨在给人们在办大学这件事情上提供前进的方向；法律上的大学是法律规定中的大学样态，指导着人们在办大学这件事情上必须按照法律的规定运行大学；事实上的大学是指实际情形下的大学样态，提示人们事实上大学是个什么样子。事实上的大学，可能与法律上的大学有差异，与理念中的大学相差更远。本书主要研究法律上的大学。但是，由于法律上的大学必须以理念中的大学和事实上的大学为参考，故本书对理念中的大学和事实上的大学亦有适当涉及。

二、如何判断一个组织是否大学

判断一个组织是否大学，需要注意以下几个要点：

（1）大学是一个教育组织。学校与其他组织（比如教会、党派、商企、社团等）之间有什么区别？答曰：学校是一个教育组织，大学是学校之一种，当然是一个教育组织。教育组织以教育作为其职责，教师和学生是其主要成员。教会、党派、商企、社团等不是以教育作为职责的组织，其成员构成与学校亦不相同。

（2）大学是一个高等教育组织。大学与中小学、幼稚园、技校、培训机构等教育组织之间有什么区别？答曰：按照不同层次，教育可以分为初等教育、中等教育与高等教育。大学是一个高等教育组织。

（3）大学是一个以传承学术为核心职能的高等教育组织。大学的核心职能是什么？答曰：每个组织都有其特定的职能（即该组织应当或只能做哪些具体事情，又称"目的事业"或"业务范围"），一个教育组织是否以学术传承为其核心职能，是判断该教育组织是否为大学的一个关键指标。大学的核心职能是从事学术教育，而不是搞职业培训、宗教宣讲、商业宣传等。[1] 一般而言，世俗大学（大学或学院）的职能构成为：90%学术教育，10%技术训练；世俗大学（社区学院）的职能构成为：80%学术教育，20%技术训练；教会大学（大学或学院）的职能构成为：80%学术教育，10%技术训练；10%宗教德性教育。（如表1所示）

表1　教育机构之目的事业图表

教育机构	世俗教育		宗教教育		
	学术教育	技术训练	宗教信仰	德性教育	
世俗大学	90%	10%			大学或学院
	80%	20%			社区学院
教会大学	80%世俗教育	10%	5%	5%	教派大学或学院
职业技能培训学校	10%	90%			

第二节　大学的历史

一、大学的起源

大学起源于意大利的北部地区，时间大约在公元11世纪中晚期。其时，西欧地区的封建社会趋于稳定，随着西欧各地政治、经济、文化等的发展和变化，原有的基督教教会学校不能满足社会日益增长的需求，于是大学就产生了。

任何新事物的出现，都是当时社会的政治、经济、文化等因素发展和变

――――――――

[1]　中世纪的主要大学有博洛尼亚大学、巴黎大学和牛津大学等。这些学校因其教授亚里士多德哲学而与传统的教会学校区别开来。现代大学在欧洲以1809年的柏林大学为起源，在美国以1876年的霍普金斯大学为起源，它们主要教授哲学/科学，包括哲学、人文社科和自然科学。

化的产物，大学亦不例外。美国著名教育史学家格莱夫斯说："大学的发展，与帝国、教会、教皇制、较旧式的学校和其他许多中世纪时代的制度之发展，无不密切相关。这些大学，是由旧式的大礼拜堂和道院各种学校发生出来的，而以中世纪晚末各期中的范围阔大的势力影响之故，遂跻其地位于显要之途。经十字军与西班牙的谟尔人之媒介，得和阿拉伯的科学与文化及希腊哲学相接触，对于'辩学'及'神学上的各种讨论'之兴趣，和其经院哲学的发展，和东方各国交通，及各种不同的风俗和遗传习惯的比较，其结果眼界以之推广，骑士制度的各种理想观念，及都市与福利的发展，遂生出对于'天国观念'的反动，其结果遂注重普遍社会的事业兴趣和知识，凡此都市尽其力量于创造知识界的空气的，这种空气，就是为这些组织繁荣滋长的必要条件。"[1]

人们公认，世界上的第一所大学是意大利的博洛尼亚大学（l'Università di Bologna）（1088 年建校）。中世纪著名的大学有博洛尼亚大学、巴黎大学和牛津大学等。

二、大学的发展

大学起源后，随即由西欧向全世界扩散和发展。现今世界几乎所有国家都有大学。比如，英国有 100 多所大学，美国有大约 2500 所大学。

关于大学历史的分期，有两种主要的划分方法。一种是根据大学所处时代的政治特点而进行的划分，它将大学的历史划分为 1088 年至 1500 年、1500 年至 1800 年、1800 年至 1945 年、1945 年至当代共四个时期。[2]另一种是以大学是否进行学术研究为标准而进行的划分，它将大学的历史划分为"学院时代"和"大学时代"两个时期。根据这种标准，欧洲大学以 1809 年柏林大学的创办为分界线，之前为"学院时代"，之后为"大学时代"；美国大学以 1876 年霍普金斯大学的创办为分界线，之前为"学院时代"，之后为"大学时代"。学院时代，大学基本上只传授知识，不进行或很少进行科学研究活动；大学时代，大学不但传授知识，还大规模地进行科学研究活动，大学甚至成了一个国家科学研究特别是基础理论研究的主要机构。

---

〔1〕［美］格莱夫斯：《中世教育史》，吴康译，华东师范大学出版社 2005 年版，第 75~76 页。
〔2〕［比］希尔德·德·里德–西蒙斯主编：《欧洲大学史》（第 1 卷·中世纪大学），张斌贤等译，河北大学出版社 2008 年版，前言第 13~14 页。

我国大学的历史可以分为清末时期、民国时期和共和国时期。

（1）清末时期。中国自清末开始引进大学。一般认为，我国第一所正式的大学是 1898 年由光绪皇帝御批《京师大学堂章程》而成立的"京师大学堂"。

（2）民国时期。在此时期内，中国的大学有着显著的进步，公立（国立、省立、市立）大学、私立大学（包括教会大学）都得到了蓬勃的发展。至 1949 年中华人民共和国成立时，民国高校包括 124 所公立大学（随着各城市的解放被直接接管）、21 所教会大学（1951 年被接管）、60 所私立大学（1952 年改造改制成公立大学）以及延安时期解放区的大学。

（3）共和国时期。1949 年中华人民共和国成立后，我国大学的发展大约经过了三个阶段。第一阶段是调整阶段（1949 年至 1952 年）。这一阶段的中国高等教育以苏联为榜样，确立了苏联模式的高等教育体制。第二阶段是衰落阶段（1953 年至 1977 年）。其中，1957 年至 1966 年期间，摒弃"模式"复归"传统"。所谓复归"传统"，是指用根据地举办高等教育的经验、办法来指导高等教育改革。所谓摒弃"模式"，就是在"独立自主"的旗帜下拒绝接受来自国外的"模式"。第三阶段是恢复发展阶段（1978 年至今）。随着改革开放的深入，我国高等教育亦获得了长足的进步。今天，普通高等院校已经发展到大约 3200 所；高等教育已经实现了大众化。

第三节　用以表示大学的语词的变迁及其词义

一、用以表示大学的语词的变迁

中世纪欧洲是基督教的世界，教育和学校被认为是教会的事务。基督教教会为了研究神学、传播基督教教义而建立了很多"学校"（school），比如修道院学校、主教学校、大教堂学校等。法国学者雅克·韦尔热说："学校完全掌握在教会手中，无论在学校组织和教学内容上，学校都生存于加洛林王朝时期的原则之上。因此，没有哪所学校不是依附于修道院、大教堂或主教团等大的宗教机构。"[1]10 世纪至 11 世纪，有些学校开始研究和传授神学、法

---

〔1〕 [法] 雅克·韦尔热：《中世纪大学》，王晓辉译，上海人民出版社 2007 年版，第 8 页。

学、医学等高深学问的学科以及作为这些高级学科基础的艺学（liberal arts），它们由此便发展成为研究某一学科之高深学问的机构。人们称这些机构为"学馆"（studium）。学馆尚不具备大学的本质，因而还不是大学。再后来，学馆发展为研究、传授抽象学问、高深学问的"大学馆"（studium generale），大学馆即后来人们所称的大学（university）。

大学起源时，人们在指称大学时首先使用的术语是"studium generale"（大学馆），后世人们又广泛采用术语"universitas"（大学、大学堂）指称大学。对于"universitas"指称大学的具体时间，瑞士著名教育史学家瓦尔特·吕埃格似乎很困惑。他说："大学馆这个概念，实际上在最早的大学已经建立之后才逐渐出现的。到13世纪最初的几十年里，大学馆这个词还是很少见的；但是，到了13世纪中期，这种表达方式已经变成一种普遍的现象。"可是"在13世纪，文本中最常见的词汇似乎是大学（universitas），而不是大学馆（studium generale）"。[1]我国学者刘宝存认为，人们用"university"指称大学是15世纪以后的事情。"studium generale作为一个术语，'在12世纪时就已经在使用了，13世纪时已经用得很普遍'。它的意思就是今日我们所说的大学。'在中世纪，studium generale是而且以后依旧是大学（university）的正式名称。'直到15世纪，人们才开始把university作为studium generale的同义语使用，而后者则慢慢地不用了。"[2]

二、studium generale 的词义

（一）"studium generale" 的原始含义

"studium"与"generale"这两个词都是古典拉丁语。"generale"的意思是"一般的、普遍的、抽象的"。"studium"意指研究古典哲学、文学以及某些抽象概念的场所，汉语译作学馆。[3]"studium generale"的原意是"研究、传授抽象的、高深的学问的学馆"，汉语译作大学馆。我们今天所称之大学之

〔1〕［比］希尔德·德·里德-西蒙斯主编：《欧洲大学史》（第1卷·中世纪大学），张斌贤等译，河北大学出版社2008年版，第38~40页。

〔2〕刘宝存：《大学理念的传统与变革》，教育科学出版社2004年版，第18页。

〔3〕需要强调的是，中国古代的学馆、书院等，除了传授一些基本文化知识之外，主要对学生进行德性教育、技艺训练，它们并不研讨、教授普遍/高深学问。它们不是"studium"，更不可能是现代意义上的大学。中国的大学起源于清末的大学堂、高等学堂等，大学堂、高等学堂是大学的前称，或者说，现代中国人所称之大学是大学堂、高等学堂的简称。

"大"，本源上就是指大学馆之"大"（generale）。但对于大学馆之大（generale）的具体含义，学者之间又有不同的解释。

瑞士学者瓦尔特·吕埃格认为，大学馆之大（generale）至少表现在两个方面：一是大学馆获得超越某个王国范围的普遍权威当局（即当时的罗马教皇、神圣罗马帝国皇帝）的确认，他们赋予大学师生的特权在其管辖范围内普遍有效；二是大学馆颁发的文凭在基督教世界（所有信奉基督教的国家和地区）普遍有效。[1]美国学者格莱夫斯认为，大学馆之大（generale）主要表现为研究的学问高深、成员（学生和教师）来源区域广泛（比如意大利的博洛尼亚大学的学生来源于整个西欧地区，比如英国、法国、德国、西班牙等）。[2]我国学者刘宝存认为，大学馆之大（generale）表现为大学的多学科性、学生来源的国际性和教师数量的多位性。[3]我国学者滕大春认为，大学馆之大（generale）表现为大学形态的世俗性、所教授的学问的专业性、学生来源的国际性、大学组织的相对独立性和大学教育的高级性。[4]

综合各家学说，大学馆之大（generale）至少表现在以下三个方面：

（1）研讨、传承普遍学问、高深学问；

（2）学者（教师和学生）来源于整个基督教世界，超过单一王国的范围；

（3）学者（教师和学生）的特权和大学颁发的文凭，在基督教世界普遍有效。

但就其核心而言，大学馆之"大"，在于大学馆是从事学术传承、学术研究和学术服务工作的场所或组织。

（二）部分中国人对于大学之"大"的误读

现今中国人喜欢引用梅贻琦先生所言之"所谓大学者，非谓有大楼之谓也，有大师之谓也"。[5]梅贻琦先生对于大学之"大"的这种解读，直至今

---

〔1〕［比］希尔德·德·里德–西蒙斯主编：《欧洲大学史》（第1卷·中世纪大学），张斌贤等译，河北大学出版社2008年版，第38～39页。

〔2〕［美］格莱夫斯：《中世教育史》，吴康译，华东师范大学出版社2005年版，第88页。

〔3〕刘宝存：《大学理念的传统与变革》，教育科学出版社2004年版，第18页。

〔4〕滕大春主编：《外国教育通史》（第2卷），山东教育出版社2005年版，第111页。

〔5〕梅贻琦（1889年12月29日—1962年5月19日），字月涵，祖籍江苏武进，生于天津。1931年10月，任清华大学校长，1938年翌年任西南联合大学校务委员会常委兼主席。1945年至1948年，任清华大学校长。"所谓大学者，非谓有大楼之谓也，有大师之谓也"，是1931年梅贻琦先生出任清华大学校长临场演讲中所说的一句话。

天依然被国人奉为圭臬、视若珍宝。然而，梅贻琦先生的这种解读，恰恰偏离了大学以学术为目的事业的本质和精髓。某种程度上，当今部分国人对于大学本质的误解甚至曲解，与梅贻琦先生的这种解读不无关系。

（1）从原始意义上说，大学之"大"在于"研讨、传承普遍学问、高深学问"。凡从事学术（科学、哲学）的教育机构就是大学，凡不从事学术的教育机构就不是大学。这里的"大"，是技术的对称，而不是大楼之"大"的对称。梅贻琦先生将大学之"大"与大楼之"大"作对比，有插科打诨之嫌。

（2）即使大学需要"大师"，也是需要"学术大师"，而不是需要"宗教大师""道德宣讲大师""技术专家大师"。

（3）大学之"大"与"大师"之有无之间并无关联性。有"大师"，大学不一定就"大"；无"大师"，大学不一定就不"大"。"大师"之有不是大学之"大"的必要条件，更不是大学之"大"的充分条件。大学在于培养"大师"或者为培养"大师"创造基础条件，而不在于引进"大师"。学术本质自由，倘若学术自由不受法律保护，即使"大师"云集成堆，大学依然"大"不起来。

三、universitas 的词义

"universitas"也是个古典拉丁语。关于该词的词义，众多解释基本相同。雅克·韦尔热说："中世纪法学家用这个词来指称各种类型的社团和法人（包括行会、商会和兄弟会等）。"[1]《布莱克法律词典》对该术语的解释是："【拉丁语】罗马法，视为一个整体的一群人或事物的联合；一个法人。"[2]《元照英美法词典》该词条解释是："（拉）1，法人；法人团体；2，集合；全部；总合。"[3]从以上这些文献的解释中可以得出这样的结论，拉丁文"universitas"有两个含义：一是，指客观意义上的一个团体（整体），即"视为一个整体的一群人或事物的联合"或"集合；全部；总合"；二是，指法律上的社团和法人，即"一个法人"或"法人；法人团体"。

---

〔1〕［比］希尔德·德·里德-西蒙斯主编：《欧洲大学史》（第1卷·中世纪大学），张斌贤等译，河北大学出版社2008年版，第40页。

〔2〕Bryan A. Garner（ed.），*Black's Law Dictionary*，Thomson West，2004，p.1573.

〔3〕薛波主编：《元照英美法词典》，法律出版社2003年版，第1383页。

在查士丁尼（东罗马帝国皇帝，又译"优士丁尼""尤士丁尼"）编纂法典（《查士丁尼法典》）前，罗马法只有具体的团体概念，没有抽象的、一般的团体概念。当时，罗马法上拥有法律主体资格的社团很多，比如"universitas"（罗马人民和城邦自治团体）、"corparationes"（行业团体）、"corpus"（丧葬团体）、"collegia"（兄弟团体）、"sociatas"（合伙组织）等。至查士丁尼编纂法典时，将"universitas"作为拥有法律人格的团体的一般术语。意大利著名罗马法专家彼德罗·彭梵得对此进行了考证。他说："在古典语言中，没有一个集合名词既指真正私人的团体，又包含政治行政性机构，只是在优士丁尼法编纂者的语言中，按照古典用法只指市民或自治居民集合体的 universitas，才被用作一般术语，并且明确地指法律人格。"[1]

对于彼德罗·彭梵得的考证结论，用通俗的语言表达就是，"universitas"这个术语，原本特指具有法律人格的"罗马人民和城邦"之自治团体，相当于古代希腊的某个城邦的概念；查士丁尼编纂法典时，将"universitas"抽象化和普遍化，用这个术语来表示所有具有法律人格的团体。因此，查士丁尼编纂法典后，"universitas"的意思就相当于现代法律上的"法人"特别是"社团法人"的概念。

第四节　大学的职能与目的

一、大学的职能

（一）大学职能的概念

每个组织都有其所能做的具体事项的范围，即特定的经营范围或业务范围。法律上，权利能力是指法律主体享受法律权利、承担法律义务的资格；行为能力是指法律主体之行为在法律上的效力。就自然人法律主体而言，其权利能力范围不受限制，但其本身却分为完全行为能力人、限制行为能力人和无行为能力人。就法人或其他非法人组织而言，其权利能力的范围受到限制，当然其权利能力的范围和行为能力的范围亦一致。关于法人或其他非法人组织的权利能力范围的称呼，我国法律分为两种情况：对于营利性的法人

---

〔1〕〔意〕彼德罗·彭梵得：《罗马法教科书》，黄风译，中国政法大学出版社2005年版，第39~40页。

或其他非法人组织（比如公司、企业等），其权利能力范围称为经营范围；对于非营利性的法人或其他非法人组织（比如国家机关、事业单位等），其权利能力范围称为业务范围。有时，人们将法人或其他非法人组织的经营范围或业务范围统称为目的事业；将营利性、非营利性称为法人或非法人组织的目的。大学作为一个组织，当然有其所能做的具体事项的范围。大学所能做的具体事项的范围，用教育学上的专业术语表示则为大学的职能；用法律上的专业术语表示则是大学的目的事业；因大学一般都是事业单位，故更精确的说法应该是大学的业务范围。

大学的职能（又称目的事业、业务范围），即大学应当做的具体事情。现代社会普遍认为，大学有三项具体职能，即教学、科研和服务。

（二）大学职能的发展历史

大学的职能有一个从单一的"教学"，到"教学""科研"并重，再到"教学""科研"和"服务"的发展过程。

中世纪大学的唯一职能，就是传授知识、进行专业教育（professional training）。英国教育家纽曼（John Henry Newman）认为，大学专为传授知识而非为了科学研究而设，他坚决主张教学是大学的唯一职能。他说："一方面，大学的目的是理智的而非道德的；另一方面，它以传播和推广知识而非增进知识为目的。如果大学的目的是进行科学和哲学的发展，我不明白为什么大学要有学生；如果大学的目的是进行宗教训练，我不明白它如何能成为文科和科学的中心。"[1]

至19世纪初德国著名学者洪堡（Wilhelm von Humboldt）创办柏林大学时，大学的学术研究功能逐步显现。洪堡说，大学"立身的根本原则是，在最深入、最广泛意义上培养科学，并使之服务于全民族的精神和道德教育"。[2]他认为，大学拥有教学和学术研究双重职能，其中，大学的学术研究功能，是大学的根本价值所在。我国著名社会活动家蔡元培先生亦秉承大学的双重职能。他认为，大学一方面应当"教授高深学问"，[3]另一方面应当"研究

---

〔1〕 John Henry Newman, *The Ideal of a University*: *Defined and Illustrated*, Loyola University Press, 1987, p. 3.

〔2〕 ［德］威廉·冯·洪堡：《论柏林高等学术机构的内部和外部组织》，陈洪捷译，载《高等教育论坛》1987年第1期。

〔3〕 高平叔编：《蔡元培教育论著选》，人民教育出版社1991年版，第421页。

高深学问"。他在《就任北京大学校长之演说》中明确地向学生指出："诸君来此求学，必有一宗旨，欲求宗旨之正大与否，必先知大学之性质。今人肆业专门学校，学成任事，此固势所必然。然大学则不然，大学者，研究高深学问者也。"[1]

人类进入 20 世纪以后，大学不但进行学术传承、学术研究，还承担着直接向社会提供学术服务的任务，大学的职能由此扩展为教学、科研和服务三项。比如，我国《高等教育法》（2018 年）[2]第 31 条规定："高等学校……开展教学、科学研究和社会服务……"《北京大学章程》（2017 年）第 3 条规定："学校……通过教学、研究与服务，创造、保存和传播知识，……"《中国政法大学章程》（2022 年）第 9 条规定："学校……开展教育教学、科学研究、社会服务……"美国《达特茅斯学院特许状》（1769 年）写明的职能是："教育和训练这块土地上的印第安部落青年之读、写、各种看起来必要的和适宜的能促进异族儿童文明开化和基督教化的知识，以及所有的社会科学（liberal arts）与自然科学（science）。"[3]《耶鲁大学特许状》（1701 年）规定："为该殖民地青年提供社会科学（arts）和自然科学（sciences）的教育……"[4]《康奈尔大学特许状》（2002 年）载明其职能是："教授与农业、机械工艺有关的学问分支，包括军事谋略在内。"[5]法国巴黎第四大学 2005 年 12 月 21 日生效的章程第 6 条第 1 款规定是："巴黎第四大学的普遍使命是在文学、语言和人文与社会科学领域从事知识设计与知识传授、初始培训与继续培训、

---

〔1〕　高平叔编：《蔡元培全集》（第 5 卷），中华书局 1988 年版，第 479 页。

〔2〕　《高等教育法》，即《中华人民共和国高等教育法》。为表述方便，本书涉及我国法律文件直接使用简称，省去"中华人民共和国"字样；本书涉及法律文件或其他文件时，括号内标注年份为其具体版本的施行年份。全书统一，后不赘述。

〔3〕　Dartmouth College Charter, http://www. dartmouth. edu/~library/rauner/dartmouth/dc-charter. html.

〔4〕　The Yale Corporation Charter and Legislation, Printed for The President and Fellows. http://www. yale. edu/about/governance. html, 2008-6-29.

〔5〕　Charter of Cornell University as Amended Through May 22, 2002, http://www. cornell. edu/trustees/cornell-charter. Pdf, 2023-04-29. 康奈尔大学的原始章程生效于 1865 年 4 月 27 日。当时系纽约州议会法案授予其特许状，编为《纽约州法典》（1865 年）第 585 章。后经屡次修改，现为纽约州教育法典汇编第 115 条第 5701 款至第 5716 款。其第 5702 款"该法人的目标和权力"下，载有该大学的目标。原文是："The leading objects of said corporation shall be teach such branches of learning as are related to agriculture and the mechanic arts, including military tactics, in order to promote the liberal and practical educaton of industrial classes in the several persuits and professions of life. "

文化进步、研究的提升与增值。它通过其物质、智力与精神的全部组成部分，研究不同文明的历史发展和现状。"〔1〕日本《早稻田大学校章》（1949 年）第 1 章第 1 条规定："本大学……教授、普及高深精专的学术和艺术……"〔2〕

（三）大学三大具体职能的解释

1. 教学、科研、服务的具体含义

现代社会的大学有教学、科研和服务三项具体职能。其中：教学是指大学传授高深知识、普遍真理的活动，即学术传承。科研是指大学追求高深知识、普遍真理的活动，即学术研究。服务是指大学为了服务社会，而向社会公众传播科学知识、指导学术训练、提供学术研究成果等为社会提供学术支持的活动，即学术支持。理解大学的职能，以下几点值得进一步关注：

（1）众所周知，没有教学的机构肯定不是学校，只有教学而无科研、服务的机构也可以称为学校。因此，教学是大学的核心职能、必要职能；科研是为了更好地教学而进行的活动；服务只是现代大学发展出的一项附带职能。

（2）由于大学属于公益事业单位，教学、科研和服务既是其权利，亦是其职责，至少，任何大学都不得放弃其教学职能。既然大学的业务范围只有教学、科研和服务，大学即不得超越该三项职能而从事其他业务（比如在世俗大学里进行宗教教育），否则即为越权。

（3）无论是教学（学术传承）、科研（学术研究）或者服务（为社会提供学术支持），大学的职能始终围绕着学术而展开。需要特别提醒的是，这里的为社会提供学术支持，不是指大学向政府、企业、党团等献计献策，因为献计献策是提供技术、技能帮助，不是提供学术支持。

（4）古人分工不明确，教育机构所作之事也是综合性的事业，古代学校向学生提供德性、智慧、身体等全方位的指导。随着社会的发展，社会分工越来越细、越来越明确。大学之所以是"大"学，就是因为它所从事的是学术活动。

（5）大学提供体育训练、美育熏陶等服务只是附带而已。大学不是体育竞赛培训基地、健身房，不是艺术展览馆。在大学里开展体育、文艺、审美意趣熏陶甚至励志演讲等活动，只是大学的附带娱乐，并非大学的主题。

---

〔1〕 马陆亭、范文曜主编：《大学章程要素的国际比较》，教育科学出版社 2010 年版，第 62 页。
〔2〕 湛中乐主编：《大学章程精选》，中国法制出版社 2010 年版，第 625 页。

2. 大学核心职能"教学"的深层解释

教学是学术传承，其更深层次、更具体的含义是指大学教师通过知识的传授或者在传授知识的过程中，对学生的批判性思维/反思性思维（critical thinking/rethinking）能力进行培养的活动。理解大学的教学职能尚需注意以下两点：

（1）这里的教学，包含了两个方面的内容：一是，扩展学生的认知范围，即大学应当向学生传授既有知识、扩展学生的知识范围；二是，训练学生的认知方法，即大学应当在传授知识的过程中，对学生进行学术思维方式的训练，培养学生从事科学研究、追求真理的能力。教学的这两个方面内容，其直接目的是提升学生的认知层次。

（2）大学应当重点从事智性教育中的科学（学术）教育，附带从事智性教育中的技术教育。大学的任务，是在传授知识的过程中对学生进行批判性思维的训练，提高他们的批判性思维能力；而不是主要用于训练学生的所谓动手能力。否则，大学与职业培训班就没有区别了。

二、大学的目的

（一）大学的直接目的与终极目的

我国教育学界喜欢用"大学宗旨"这个术语。该术语有广义的和狭义的两个概念。广义的大学宗旨包括"大学职能（大学的目的事业、业务范围）"与"大学目的"；狭义的大学宗旨仅指"大学目的"。为了概念清晰，我们分别使用"大学职能"与"大学目的"这两个术语。

大学目的，是指大学所做之具体事情所要达成的目标。但是，我们必须注意这样的一个事实，即大学的目的有直接目的与终极目的之分。大学的直接目的是提升学生的认知层次；大学的终极目的是培养人才。

世界上几乎所有国家关于大学的法律以及几乎所有大学的章程中关于大学目的的规定，其在具体表述上可能有所差异，但意思基本相同，均可表述为培养人才。比如，我国《高等教育法》（2018年）第4条规定："高等教育……使受教育者成为德、智、体、美等方面全面发展的社会主义建设者和接班人。"第5条规定："高等教育的任务是培养具有社会责任感、创新精神和实践能力的高级专门人才，发展科学技术文化，促进社会主义现代化建设。"第31条规定："高等学校应当以培养人才为中心，开展教学、科学研究和社会服务，保证教育教学质量达到国家规定的标准。"又比如，美国《耶鲁大学特许状》（1701 年）规定，耶鲁大学的办学目的，是培养"适宜于教会和文官政府雇佣以提供公共服务"的青年。[1]美国《康奈尔大学特许状》（2002 年）载明，康奈尔大学的办学目的，是"促进工商界人士未来人生追求和职业生活"。[2]日本《早稻田大学校章》（1949 年）第 1 章第 1 条规定，早稻田大学的办学目的，是"培养具有个性、高素质、能成为国家和社会栋梁的优秀人才"。[3]我国大学章程中关于大学目的的规定也不例外，比如，《北京大学章程》（2017 年）第 3 条规定："学校以人才培养为中心……推动中华民族进步，促进人类文明发展。"《中国政法大学章程》（2022 年）第 9 条规定："学校……以人才培养为中心……"《国际关系学院章程》（2017 年）第 6 条规定："学校……以人才培养为中心……"《嘉兴学院章程》（2021 年）第 6 条规定："学校……为党和国家培养德智体美劳全面发展的应用型、复合型高级专门人才。"[4]因此，各国关于大学的法律以及各个大学的章程中所规定的或者宣称的培养人才之大学目的，是指大学的终极目的。

（二）正确处理大学职能与大学目的之间的关系

人们都说，人才乃德性高尚、充满智慧、身体强健之人；人们又说，大学的目的是培养人才。但是，如果只强调大学培养人才之终极目的，而不在意大学提高学生的认知层次之直接目的，实在是泛泛而谈、大而化之的腔调。我们且不说家庭、企业、团体、军队甚至监狱都在为培养人才贡献自己的一份力量；就大学与中小学、幼稚园同属教育机构而言，仅仅说大学之目的是培养人才，又如何能将它们之间区别开来呢？

任何人类的进步事业都是培养人的事业。但每项活动本身、每个组织都只是培养人的某一个方面，没有哪项活动、哪个组织能包揽培养人的全部工作。大学通过发展、传承学术提高学生的认知层次，为人的全面发展做出一份贡献；教会通过宗教人格训练，为人的全面发展做出另一份贡献；其他组

〔1〕 The Yale Corporation Charter and Legislation, Printed for The President and Fellows. http://www. yale. edu/about/governance. html, 2008-6-29.

〔2〕 Charter of Cornell University as Amended Through May 22, 2002, http://www. cornell. edu/trustees/cornell-charter. Pdf.

〔3〕 湛中乐主编：《大学章程精选》，中国法制出版社 2010 年版，第 625 页。

〔4〕 我国各个大学章程中关于大学宗旨的规定，应该尽量体现各个大学自身的特色，而无必要全搬照抄《教育法》《高等教育法》的法律条文。

织各自的独特活动，为人的全面发展做出其应有的贡献。对于蔡元培先生之大学应当"教授高深学问，养成硕学闳才"这句话的正确理解应当是：大学的职能是教授高深学问；教授高深学问的直接目的是提高学生的认知层次；教授高深学问的终极目的，当然是为了养成硕学闳才。反过来说，虽然大学的终极目的是养成硕学闳才，但大学应当做的事情仅仅是或主要是教授高深学问。至于有利于养成硕学闳才的其他活动比如德性养成、艺术熏陶、健康体育、爱心教育等，应由社会上的其他组织比如教会、企业、党团、家庭等进行。切不可大包大揽地泛化大学的职能，认为凡是对养成硕学闳才有所帮助的活动，大学都应该做或者必须做——大学不但要教授高深学问，还要进行审美教育，还要进行体格训练，甚至还要进行宗教训练等。这种理解将会扭曲大学的职能，毁坏大学之根本，用俗话说就是大学不干本分之事、不干本职工作。果真如此，下列场景将会发生或者已经发生：大学之附带娱乐反成翘首，教授高深学问灰飞烟灭。长此以往，大学将不大学矣！

▶ **思考题**

1. 简述大学的概念。
2. 简述大学起源的条件与大学的发展历史。
3. 解释 "studium generale" "universitas" 这两个语词的含义。
4. 大学的职能有哪些？解释其具体含义。
5. 大学的直接目的是什么？终极目的又是什么？

第二编

大学法总论

　　本编共两章。其中，第二章"大学法的概念、调整对象与体系"，讨论大学法的概念、调整对象、法律体系，使读者对大学法的总框架有一个概括印象。本编第三章"大学法的原则与基本制度"，说明大学法的原则是保护学术自由，为了使大学法之保护学术自由的原则得以实现，大学法设置了大学自治、学者自治和终身教职三大配套措施。该章节的目的是使读者在深入了解大学法的细节之前，把握大学法总的精神和主要制度。

第二章

大学法的概念、调整对象与体系

大学法是大学组织法的简称，其调整对象包括大学与其举办者、大学与政府（主权者代表）、大学与其内部成员、大学与其外部法律主体之间的法律关系。大学法的法律渊源极其广泛，包括宪法、法规、规章、国际条约以及大学章程、大学副章程、学生手册、教师手册等。

第一节　大学法的概念与调整对象

一、大学法的概念

大学法，是指调整大学的组织、运行及其权利义务的法律规范的总称。大学法有以下两个特征：

（1）大学法是教育法的一个重要分支。教育法不是法的教育，而是关于教育的法。在法学学科分类中，教育法是行政法中的一个分支部门，其本身又包括幼儿园法、义务教育法、高等教育法、职业教育法等。

（2）大学法是组织法。法律可以两分为组织法（比如宪法、公司法、国务院组织法等）和行为法（比如行政处罚法、刑法、合同法等）。既然大学法是调整大学的组织、运行及其权利义务的法律，故其是比较典型的组织法。

关于高等教育的法律，从行为法的角度，可以称之为高等教育法；从组织法的角度，可以称之为大学法。本书认为，使用大学法这个名称更加适宜，理由有二：

（1）关于高等教育的法律大多是关于大学组织的法律，或者说，关于大学组织的法律规范是高等教育法之中最重要的组成部分。

（2）大陆法系国家大多使用大学法这样的名称。即使英美国家大多使用高等教育法（the law of high education）之名称，但其主要内容依然是关于大学（colleges and universities）这个组织的法律。

二、大学法的调整对象

围绕着大学同时存在着多种法律关系，这些法律关系可以统称为大学法法律关系。大学法即是以大学法法律关系为调整对象的法律。大学法法律关系可以划分为下列四种更加具体的法律关系：

（1）大学与其举办者之间的法律关系。大学举办者与大学之间的法律关系，是举办者与由它自己所创设的法律主体之间的法律关系。公立大学，作为公法人或政府的分支机构，其与举办者（政府）之间的法律关系，受宪法、行政法、公法人法、公益信托法等法律规范调整；私立大学，作为民事法人，其与举办者（自然人、私法人或者非法人组织）之间的法律关系，应受民事法人法、慈善信托法等法律规范调整；教会大学（属于私立大学），其与举办者（教会）之间的法律关系，除适用一般私立大学的法律外，还应受教会法的调整。

（2）大学与政府（主权者代表）之间的法律关系。公立大学，因其本身就是政府部门，其与政府其他部门之间存在公务分权之关系，受宪法、行政法特别是其中关于公法人组织法的内容的调整；私立大学（包括教会大学在内），其与政府之间的法律关系，是私人之宪法基本权利与政府权力之间的关系，受宪法、行政法等法律规范的调整。

（3）大学与其内部成员之间的法律关系。大学的内部成员包括行政管理人员、教师、其他辅助人员、学生等。在宽泛意义上，教师和其他行政人员可以认定为大学（受托人团、国家等）的雇员，教师与大学之间应当适用公务雇员法、契约法等法律规范；学生是大学这个公营造物的使用人或慈善信托的受益人，两者之间应当适用公营造物使用人法或慈善信托法。大学对教师、行政人员和学生的管理性支配权力，源自这些法律适用之当然结果。

（4）大学与外部法律主体之间的法律关系。大学外部法律主体包括党派、宗教团体、社会团体、企业、个人等。无论私立大学还是公立大学（此时公立大学的身份是民事主体），其与外部其他法律主体之间，是平等的民事主体之间的法律关系，应受民法之合同法、物权法、侵权法等法律规范的调整。

第二节　大学法的体系

一、大学法体系的概念

大学法的法律体系，是指由构成大学法的众多具体法律规范而形成的一个有机整体。这些具体法律规范按照其所属之法律渊源可以排列为：国际法、宪法、法律、行政法规、地方性法规、行政规章、司法解释以及大学章程、大学规程等。按照这些法律渊源属于大学内部还是属于大学外部这一标准，我们可以将其分为大学外部法律渊源与大学内部法律渊源两个部分，其中，国际法、宪法、法律、行政法规、地方性法规、行政规章、司法解释属于大学外部法律渊源；大学内部法律渊源是指大学章程、大学规程。

从法律文件的效力等级角度看：

（1）一般而言，国际法的效力大于国内法的效力。当然，国际法应当是在我国承认其效力的范围之内。

（2）宪法、法律、行政法规、地方性法规、行政规章等属于大学外部法律规范，其是大学内部法律渊源的上位法，大学章程、大学规程等不得与这些上位的法律法规相抵触。

（3）大学章程属于大学的宪章，处于国家法律法规与大学规程的中间地段，其效力虽低于大学外部法律渊源，但高于大学规程这种大学内部法律渊源。

（4）大学规程的效力源自大学章程，属于大学章程的下位法，自然不得与大学章程相抵触。

二、大学外部法律渊源

大学外部法律渊源，可以分为国际法渊源与国内法渊源两个部分。

国际法渊源是指国际公约、国际条约或者协定等。比如，《世界人权宣言》《消除一切形式种族歧视国际公约》《经济、社会及文化权利国际公约》《公民权利及政治权利国际公约》《公民权利及政治权利国际公约任择议定书》《反对教育歧视公约》《关于教师地位的建议书》等。

国内法渊源包括：

（1）宪法，即我国《宪法》；

（2）法律，比如《教育法》《教师法》《高等教育法》《职业教育法》《民办教育促进法》《学位条例》等；

（3）行政法规，比如《学位条例暂行实施办法》《普通高等学校设置暂行条例》《高等教育自学考试暂行条例》《教师资格条例》《民办教育促进法实施条例》等；

（4）地方性法规，比如中共浙江省委办公厅浙江省人民政府办公厅发布的《关于深化职称制度改革的实施意见》等；

（5）行政规章，比如《普通高等学校学生管理规定》《普通高等学校教育评估暂行规定》《高等学校预防与处理学术不端行为办法》《高等学校章程制定暂行办法》《高等学校信息公开办法》等；

（6）司法解释，比如最高人民法院《关于人民法院审理事业单位人事争议案件若干问题的规定》、最高人民法院《关于事业单位人事争议案件适用法律等问题的答复》等。

三、大学内部法律渊源

（一）大学章程与大学规程的概念

大学是一个组织，规制它运行的法律文件可以划分为两个部分：一部分是大学章程，即规制大学的基础性法律文件，比如，《北京大学章程》《清华大学章程》《中国政法大学章程》《嘉兴学院章程》《哈佛大学特许状》等。大学章程是大学的总纲，起着连接大学外部法律渊源和内部法律渊源的关键性作用；另一部分是大学规程，即大学根据其自治权而制定的规范大学内部各项具体事务的法律文件，比如，《华东政法大学学位评定委员会章程》《北京大学学生奖励评选办法》《中南大学教职工处分规定》等。大学规程的法律效力，一般源自国家的法律法规以及大学章程的授权。因此，将大学章程与大学规程作为一个整体而笼统地称为大学章程的说法，不符合基本法理；将两者作为一个性质的法律文件加以研究的做法，更非合适之举。

（二）英美法系国家的大学章程和大学规程

1. 美国的大学章程与大学规程

美国大学的大学章程，根据其颁发的权威和法律渊源表现为两种形式：一种是英王或当年殖民地大议会颁发的特许状（charter），比如由英王颁发的

《达特茅斯学院特许状》（1869 年），[1]由马萨诸塞殖民地大议会颁发的《哈佛大学特许状》（1650 年）；[2]一种表现为州宪法或州教育法典中的特别条款，比如加州大学成立的法律根据是加州《宪法》第 9 条第 9 款，[3]康奈尔大学渊源于纽约《教育法典》第 115 条第 5701 款至 5716 款。[4]美国大学的特许状有广义的和狭义的两种概念。狭义的特许状即名称直接为 "charter" 的法律文件，一般是指由国王颁发的作为大学成立基础的法律文件；广义的特许状包括狭义的 "charter" 和宪法以及教育法典中作为大学成立基础的特别条款。

美国大学的大学规程，当然亦是大学根据其自治权而制定的规范大学内部各项具体事务的规则，其名称经常表现为副章程（bylaw，往往是对大学章程内容的直接解释）、规章（legislation）或规则（rule）等。

2. 英国的大学章程和大学规程

英国 1988 年《教育改革法》颁布后，英国大学分为 "老大学" 和 "新大学"。所谓老大学，又称 "特许状（chartered）大学"，是指牛津大学、剑桥大学和伦敦大学等根据英王直接立法（acts/statutes）而成立和获得独立法律主体地位的大学。牛津大学现行的法律文件是《牛津大学条例与规程（University Statutes and Legislations）》（2022 年）[5]。在大学法法理上，《牛津大学条例（University Statutes）》（2022 年）（包括必须经过英王枢密院批准才可发生法律效力的条款），就是牛津大学章程；《牛津大学规程（University legislations）》（2022 年）则是牛津大学本身颁布的规范自身事务的法律规则。

所谓 "新大学"，又称 "制定法（statutory）大学"，是指根据英国 1988 年《教育改革法》和 1992 年《高等教育和继续教育法》成立的大学。根据该

---

〔1〕 Dartmouth College Charter, http://www. dartmouth. edu/~library/rauner/dartmouth/dc－charter. Html, 2023－04－09.

〔2〕 Harvard Charter of 1650, Held in the Harvard University Archives, http://hul. harvard. Edu/huarc/charter. html, 2023－04－09.

〔3〕 California Constitution Article 9 Education, http://www. leginfo. ca. gov/. const/. article_ 9, 2023－04－09.

〔4〕 Charter of Cornell University as Amended Through May 22, 2002, http://trustees. cornell. edu/cornell_ charter. pdf, 2023－04－09.

〔5〕 University Statutes and Legislations, 2022, https://governance. admin. ox. ac. uk/legislation/statutes, 2023－04－09.

两项立法，英国的"新大学"有权制定本身的条例（statutes），但须经英国枢密院认可，且不得与上述立法相抵触。从纯法律规范上说，确立"新大学"法律地位的文件，由上述议会立法和大学根据上述议会立法制定的"条例"两部分构成，但是由于"条例"不得与议会立法相抵触，我们可以认为，"新大学"的法律渊源就是其"条例"。同时，根据法人原理，大学有权在其自治权的范围内，制定规范其内部事务的规程（legislations/rules etc.）。

（三）大陆法系国家的大学章程与大学规程

法人创制的形式，有一个发展的过程。中古时代，创制法人一般采取特许形式，即由国王或者议会以特别法律或命令的形式颁发，故一般称之为"特许状"。现代法律，特别是大陆法系国家，创建法人一般采用登记制。发起人只要在国家登记机关登记，符合一定条件即可成立法人。当发起人在向登记机关申请登记时，均有"章程"，不过该章程虽系发起人起草，但是只有通过国家有权机关的登记和承认，才具有法律效力。法人拥有设定内部管理规则的权利，是成立法人的当然法理。是故，法人一旦创制成功，即拥有法定范围内的自治权，国家不得随意干涉其内部事务。

大陆法系国家，至少就近代以来，大学的成立及其法律地位的确定一般与英国的"新大学"相似。一方面各国均有议会制定的高等教育法，另一方面各大学亦有所谓的"大学章程"，并且大学有权在其自治权限范围内制定"大学规程"。不同之处在于，大陆法系国家的大学一般采用登记制或者核准制，登记或核准的机构基本是行政机关；[1]而在英国，像大学这样具有公共或慈善性质的法人，由枢密院核准。

（四）我国的大学章程与大学规程

我国《高等教育法》（2018年）第28条规定："高等学校的章程应当规定以下事项：（一）学校名称、校址；（二）办学宗旨；（三）办学规模；（四）学科门类的设置；（五）教育形式；（六）内部管理体制；（七）经费来源、财产和财务制度；（八）举办者与学校之间的权利、义务；（九）章程修改程序；（十）其他必须由章程规定的事项。"第29条规定："……修改章程，应当根据管理权限，报国务院教育行政部门或者省、自治区、直辖市人民政府教育行政部门核准。"国家教委《关于实施〈中华人民共和国教育法〉若干

---

〔1〕 亦有基层法院作为法人的法定登记机关，比如德国和法国。

问题的意见》（1995 年）第 15 条规定："各级各类学校及其他教育机构，原则应实行'一校一章程'。……"从以上法律规定看，我国的大学章程，是确定大学法人地位、规定大学重要事务的法律文件。与英美法系国家的大学特许状（charter/statute）和大陆法系国家的大学章程具有相同的法律性质。

我国大学的大学规程，包括大学副章程（bylaws）、教师指南（faculty manuals）、学生手册（students handbooks）等，也是大学根据其自治权而制定的规范内部事务的纯粹内部规则。

▶ 思考题

1. 简述大学法的概念和调整对象。
2. 列举大学外部法律渊源和大学内部法律渊源。

第三章
大学法的原则与基本制度

大学法以学术自由为原则。为了将学术自由原则落到实处，防范来自大学的内部势力或者外部势力对学术自由的侵害，各国大学法均设置了大学自治、学者自治和终身教职三项基本制度，作为保护学术自由的配套措施。

第一节　大学法的原则

一、大学法以学术自由为原则

某部具体法律的原则，是指贯穿该部具体法律的基础性原理，是该部具体法律中有关法律行为、法律秩序、法律决定的指导性、决定性准则或内在精神。大学法当然亦不例外。因此，大学法的原则，是指贯穿整个大学法的基础性原理，是大学法中有关具体法律行为、法律秩序、法律决定的指导性、决定性准则或内在精神。揆诸众多大学法律规范、大学章程、司法判例、理论学说等，大学法只有一个原则，即学术自由原则。理由如下：

（1）大学以学术为目的事业，而学术赖以产生的前提条件或思维方式上的根本特征就是思想自由，因此，学术自由是大学的生命线。

（2）有关国际条约、大多数国家的宪法及其国内法律、大学章程以及大学内部的规章等均宣告大学法的原则是学术自由。比如，《经济、社会及文化权利国际公约》（1966 年）第 15 条第 3 款规定："本盟约缔约各国承允尊重科学研究及创造活动所不可缺少之自由。"世界大学服务联合会第 68 届大会《学术自由与高等教育机构自治宣言》宣称："学术自由是大学和其他高等教育机构受社会委托而从事的教育、研究、和社会服务功能必要的先决条件。"

美国加州州立大学《学术自由声明》认为："大学的主要目的就是促进观点创新、发现和传播知识和智识。大学是提起、挑战和检验各种观点和命题的公开讲坛。学术自由是大学的基石。理性的酵母绝对依靠学术和理性自由。讲学自由是保护教师讲学和学生学习的基础。研究自由是真理进步的基础。"[1]

二、学术自由的四个具体类型

学术自由（academic freedom），是指某法律主体在从事学术活动时不受他人非法干预的权利。[2]学术自由概念的演进大约经历了四个阶段：

（1）第一阶段，"学院时代"学术自由的萌芽，即中世纪的哲学自由。

（2）第二阶段，"大学时代"学术自由的正式起源，即19世纪德国大学的"学习自由"（Lernfreiheit）、"讲学自由"（Lehrfreiheit）和"学术自治"（Freiheit der Wissenschaft）。

（3）第三阶段，美国的学术自由概念的产生，即美国大学教师联合会（American Association of University Professors，AAUP）《关于学术自由和终身教职的总报告，1915年》[3]中的学术自由概念。该概念对于学术自由的范围，除了继承传统的教师"讲学自由"和"研究自由"外，还增加了教师的"校外言论自由"。

（4）第四阶段，学术自由概念的外延扩展与词义转换。当代的学术自由概念已经切换为包括教师、学生、大学、公民等"从事学术活动"的权利，包括"公民学术自由"（civil academic freedom）、"教师学术自由"（faculty academic freedom）、"学生学术自由"（student academic freedom）和"大学学术

---

〔1〕　California State University, University Statement on Academic Freedom.

〔2〕　法律上的权利，有"自由"和"权利"两个词。宪法权利中的消极权利一般用"自由"加以表述，比如言论自由、出版自由、结社自由等；宪法权利中的积极权利直接用权利进行表述，比如受教育权、劳动权、社会保障权等；普通法上的权利则一律表述为权利，比如合同请求权、抵押权、商标权等。简言之，宪法消极权利，人们习惯于用专门术语"自由"来表达；宪法积极权利、其他非宪法权利，人们习惯于用"权利"来表达。因此，"自由"是宪法文本上的专门术语，用来表示宪法基本权利中侧重于消极防御功能的一类宪法权利。

〔3〕　AAUP, "Appendix A: General Report of the Committee on Academic Freedom and Academic Tenure（1915）", *Law and Contemporary Problems*, 53（1990）.

自由"（institutional academic freedom）四个分支（见表2）。[1]

表2　学术自由具体类型表

学术自由类型	权利主体	权利性质	权利相对人	权利内容
公民学术自由	公民	宪法权利	政府	宪法基本权利
大学学术自由	公立大学	宪法分权	政府其他机关	权力分享
	私立大学	宪法权利	政府	宪法基本权利
教师学术自由	教师	普通法权利	大学/受托人团	教会法、政府雇员法或契约法权利
学生学术自由	学生	普通法权利	大学/受托人团	公法社团成员、公营造物使用人或慈善信托受益人权利

三、学术自由的范围

学术自由，以大学教师学术自由为其典型；学术界在论述学术自由时，大多亦以教师学术自由为例。就现代法律而言，大学教师拥有研究与发表自由、讲学自由、校内言论和行为自由、校外言论和行为自由四大权利。无论公立大学、私立大学还是教会大学，尽管所适用的法律有所差异（比如公立大学主要适用公务雇员法、私立大学主要适用合同法、教会大学还需适用教会法等），但教师学术自由权利的范围基本相同。

（一）研究和发表自由

学术研究，是指以获取知识为目的，按照一定科学标准特别是本学科的公认标准，对收集到的各种信息、数据、资料等进行逻辑整理、加工，获得对事物规律性认识的人类活动。研究自由，既包括选择研究课题、研究方法的权利，也包括按照科学的一般准则进行调查、实验的权利；既包括正在从事的研究活动不受干预的权利，也包括拒绝承担大学管理当局强行交付研究课题的权利。

研究成果发表，通常包括出版著作、发表论文、提交研究报告、编纂研

---

[1] 需要指出的是，不加限定词之"学术自由"（academic freedom）是"高校教师学术自由"（faculty academic freedom）的简略语。

究资料等。只要将研究成果对外公开，均视为发表。既包括正式报刊发表、学术会议宣讲、交流；也包括网络媒体发表、小范围团体传阅等。教师学术研究成果的发表自由，包括发表与不发表的自由，在何种媒体上发表的自由，怎样发表的自由。但发表与研究两种活动之间毕竟有差异，研究一般只限于研究者自身；但发表则是对外公开，往往对第三人产生影响后果。与研究自由相比较，教师研究成果发表自由受大学的限制较大。

（二）讲学自由

讲学是以传授知识为目的的活动，包括对知识的讲解、讨论、作业、实习、实验以及教案、讲义、教具使用等。对于大学教师而言，讲学既是其合同权利也是其合同义务。大学法上的讲学自由，是指大学教师在履行学术义务的过程中，对其讲学内容、讲学方法、教科书选择等方面拥有的自由裁量权。理解教师的讲学自由，需要注意以下几点：

（1）国家法律、雇佣合同或者大学惯例是否赋予教师这种自由裁量权以及这种自由裁量权的大小，取决于一国教育目标的确定和选择。

（2）讲学自由的核心，在于将控制课堂教学的责任和权利在大学与教师之间如何进行合理分配和平衡。教师讲学自由的权利范围以不损毁大学的正常教学功能为限。一般而言，大学享有课程计划控制权；大学教师享有教学内容控制权、教学方法控制权；评价学生权，一般由大学与教师分享。

（三）校内言论和行为自由

校内言论和行为，是指教师在校园内但非课堂教学的言论和行为。

教师的这种言论和行为自由，原则上以不干扰校园正常的教学、生活和管理秩序为限。比如，普林斯顿大学《权利、规则、责任声明》第 1.2.3 项"和平异议、抗议和游行示威"规定："大学作为对知识和智慧进行自由探索和研究的场所，言论自由与和平集会是其基本条件。这些权利包含着一项义务，即所有大学成员、受邀请者和其他访客都有义务促进大学追求学术、尊重他人权利的良好环境。校园内，允许游行示威、散发传单、发表声明和请愿等，但不得扰乱大学的正常工作秩序，不得严重侵犯他人权利，特别是不得严重侵犯他人倾听演讲和讲座的权利。……任何个人阻止或试图阻止讲座、会议、会见、庆典和公共活动等的有序开展；堵塞干扰或试图堵塞干扰在校园、大学建筑、其他设施内之任何人的合法行为，均违反本政策声明。"[1]

（四）校外言论和行为自由

校外言论自由和行为自由，是指大学教师在校园外参加政治组织、表达政治意愿或发表专业的或非本专业之言论等的自由。教师在行使该项自由时亦需注意以下两点：

（1）不可将教师的所有校外言论和行为的保护与限制，均与学术自由联系起来。

（2）教师个人在行使学术自由权利时，应当谨慎并自我限制。比如，美国大学教师联合会和美国大学与学院联合会（Association of American Colleges and Universities，AACU）共同颁布的《关于学术自由与终身教职的原则声明，1940》规定："（c）大学教师既是公民，也是学术职业的成员和教育机构的官员。教师以公民身份发表言论和著述时，拥有免于大学审查和纪律处分的自由，但教师也应意识到由于其特殊的社会地位而承担之特别责任。作为饱学之士和教育官员，教师应谨记公众可能根据他的言论评判其所属之专业和所属之大学。因此，教师在任何时候都应当精准、适当克制、尊重他人意见、尽最大努力表明其非大学的官方发言人。"[2]

第二节　大学法的基本制度

一、大学自治

大学自治，是指大学有权对其自身事务进行管理，表现为大学作为一个整体所拥有的对抗外界非法干预的权利。大学自治权主要表现为大学自身权限与外部干预之间的界限问题。

（1）大学作为拥有自治权的主体，在其自治权范围内，可以对抗任何第三人；任何外部势力包括政府、教会、党派、团体等，不得非法干预属于大学自治权范围内的事务。

---

〔1〕　Princeton University, Rights, Rules, Responsibilities, 2023, 1.2.3 "Peaceful Dissent, Protests, and Demonstrations".

〔2〕　AAUP and AACU, 1940 Statement of Principles on Academic Freedom and Tenure with 1970 Interpretive Comments.

（2）大学自治权的范围限于学术及其相关活动。超出学术及其相关活动的行为，比如政治行为、大学举办者对大学的拨款行为、大学及其工作人员对他人的侵权行为等，一般不属于大学自治权的范围。

（3）就事务的性质而言，大学自治权可以划分为六个方面：人事权、业务权、内部构造权、财产权、家主权和司法权（纪律处分权）。

大学自治使大学作为一个整体，以"抱团取暖"的方式，抵抗、阻止外界势力对于学术自由的侵犯。大学自治是学术自由保障的坚强后盾。

二、学者自治

大学内部与学术有关的活动大致可以分为两种：直接学术行为与学术管理行为，它们分别发挥着大学的教育功能（educational function）与机构功能（institutional function）。直接学术行为，是指学术研究、学术传承、向社会提供学术服务等行为，具体表现为从事科学研究工作、撰写研究报告和论文、进行课堂教学或课后辅导等。学术管理行为，是指为直接学术行为提供决策、指挥、确认、组织、服务、协调等行为，比如大学构造、部门设置、学科选择、学术标准制定、课程安排、学生档案保管、筹集和花费资金、建筑采暖和维修等。学术管理行为又可再细分为"决策、指挥、确认"与"组织、服务、协调"两部分。

其中，直接学术行为由学者（学术人员）承担没有异义；学术管理行为中的"组织、服务、协调"等由行政人员承担也没有异义。问题是，学术管理行为中"决策、指挥、确认"权力应当由谁掌控？所谓学者自治，是指学者自身应当治理大学，其主要表现为学术管理行为中的"决策、指挥、确认"权力由学者掌控。学者自治，要求大学内部具有民主构造，切实保障学者对于学术管理行为中的"决策、指挥、确认"的决定权。学者自治中的另一个核心要点是，这里的学者指向哪些人员？范围如何？以及各部分所占份额多少？大学里的学者包括教师、学生、专门学术研究人员，教师中又有教授、副教授、讲师、助教之分等。因为在不同历史时期、不同国家中，学者的人员指向不同、范围不同以及各部分在权力中所占份额不同，学者自治呈现出各种不同的样式。比如，中世纪最早的大学博洛尼亚大学（1088 年建校）是"教师与学生共享的大学"，即学生与教师共同掌控着大学的学术管理权力；稍晚的巴黎大学则是"学生大学"，即学生掌控着大学的学术管理权力；德国古典大学则是"教授大学",即大学里的学术管理权力主要由教师中的教授掌控；美国大学虽然名义上是"受托人团大学",大学的受托人团掌控着大学里的学术管理权力，但由于大学的受托人团十分尊重大学内部的学者在学术管理方面的"决策、指挥、确认"的权力，故美国大学里的学者自治亦十分彰显。

学者自治赋予大学中的学者（主要是教师）控制着学术管理中的"决策、指挥、确认"的权力。这种制度的设置，主要用来防范由于大学内部的行政人员掌控着学术管理权力并借此侵犯教师的权利、控制教师的行为。其中的机理是采用大学内部学术管理民主化之方法，以达成保障学者的学术自由之目的。

三、终身教职

教师职位，以占有期限的长短为标准可以划分为两个大类：终身教职和非终身教职。

非终身教职（at-will contract）是指教师与其雇主（大学自身或者大学的举办者）订立有任职期限的合同，合同期满，雇主可以不附任何理由不予续约的一种雇佣形式。

终身教职（tenure）是指教师一旦被雇佣即可终身任职直至退休，雇主非有法定理由并经正当程序不得解雇教师的一种雇佣形式。这里的"法定理由"主要有：①紧急财政状况（financial exigency）；②项目不能继续（program discontinuance）；③适当因由（for cause）。"适当因由"包括不称职（incompetence）、失职（neglect of duty）、行为不端（misconduct）、不诚实（dishonesty）、不服从（insubordination）等。这里的"正当程序"一般包括：①合理通知，即大学应当在合理的时间内向教师通知，并告知其解雇理由；②同行评议，即教师是否应当被解雇，至少需要首先经过教师同行评议；③教师举证和抗辩的权利，包括教师聘请律师的权利、陈述与申辩权、请求举行正式的听证会的权利以及听证笔录具有法律效力、请求复审以及向有关行政机关申诉或者向法院起诉等权利。

终身教职可能不是教师学术自由保护的充分条件，但肯定是教师学术自由保护的必要条件，此乃生活常识。任何权利之保障，首先要保障其主体的生存权利。如果大学教师的职业保有权能够非常轻易地被剥夺，那么，教师学术自由之保护就一定是谎言或者幻象。"有终身教职不一定有学术自由；但没有终身教职，学术自由是否还能存在？教师发表某学术观点，星期一受托人不高兴，开除了；星期二校长不高兴，开除了；星期三副校长不高兴，开除了；星期四系主任不高兴，开除了；星期五同事不高兴，开除了；星期六学生不高兴，开除了；星期日教育部不高兴，开除了。所有教师每三年都得续个约，随便什么人不高兴，开除了！还奢谈什么学术自由！"[1]"终身教职制度的设计，其初衷就是通过维护教师职业安全之保护方法，赋予教师对抗学校当局对教师学术自由之侵犯，以内部侵犯之直接防御功能，延伸发挥对抗外部势力侵害之间接防范功能，从而保护教师学术自由，维护大学的生命线。"[2]终身教职这种保护措施，就是使用保障教师职业安全之方法，以达成防范大学内部的权力者采用降级、解聘、开除等惩罚性措施来侵犯教师学术自由之目的。

▶ **思考题**

1. 学术自由有几种类型？其权利性质、权利主体、权利内容分别是什么？

2. 什么是大学自治、学者自治、终身教职？这几种制度是否有助于保护学术自由？

---

[1] 朱玉苗：《大学法精神》，中国政法大学出版社2017年版，第295页。

[2] 朱玉苗：《大学法论纲》，中国政法大学出版社2012年版，第138页。

第三编

关于大学自身的法律制度

　　本编名为"关于大学自身的法律制度"，共八章。其中，第四章"大学的法律性质"探讨了中世纪大学的法律性质、大陆法系国家大学的法律性质、英美法系国家大学的法律性质以及中国大学的法律性质。第五章"大学的成员"，讨论了大学成员的概念与分类、大学成员的范围、权利义务与除名、辞名等。第六章"大学的内部构造"，在重点讨论我国大学的法定内部机构和意定外部机构的同时，还顺带介绍了哈佛大学、牛津大学与我国民国时期大学的内部构造。第七章"大学的权利、义务与法律责任"，详细讨论了大学的权利、义务以及违法的法律责任。第八章"大学的设立、变更与终止"，介绍了大学设立的基本条件与程序、大学的变更与终止以及大学的主体与原则、分类程序与救济措施等。第九章"大学的评估"，讨论了大学评估的概念、种类，评估的主体、原则、程序以及评估的救济措施。第十章"大学章程"讨论了大学章程的概念、法律性质、主要内容以及其制定、修改、核准与监督等事项。第十一章"私立大学的特殊规定"，介绍了私立大学的概念与特征、私立大学的设立、变更与终止、私立大学的自治权与内部构造以及国家对私立大学的管理等内容。

第四章
大学的法律性质

世界各国的高等教育法、各个大学的章程，都对大学的法律性质进行了规定。由于不同时期的大学有不同的法律性质，不同国家的大学又有不同的法律定性，故大学的法律性质非常复杂。比如，中世纪大学的法律性质是学者社团，德国公立大学曾具有双重法律性质，美国大学分为慈善信托或公益信托法律模式等。

第一节　大学法律性质概述

一、大学法律性质的概念

大学的法律性质，是指大学在法律上的属性。它需要回答的问题是，大学是独立的法律主体（即拥有法人资格）还是其他法律主体的内部机构或者分支机构；如果拥有法人资格，则又属于什么性质的法人，比如，是公法人还是私法人、是社团法人还是财团法人等。

世界各国的高等教育法都对大学的法律性质进行了规定。各个大学在其章程中一般也对本大学的法律性质进行了规定，如果章程规定大学是法人，则需进一步明确其属于什么具体类别的法人以及其法人成员的构成。由于不同时期的大学有不同的法律性质，不同国家的大学又有不同的法律定性，故大学的法律性质非常复杂。

二、法律性质上大学的分类

按照大学的法律性质，可对大学作如下分类：

（一）世俗大学与宗教大学

以世俗教育为目的、以世俗人士和组织支持、管理的大学，是世俗大学；以宗教教育为目的、主要由宗教人士或组织（教会）支持、管理的大学，是宗教大学。政教分离的国家，所有公立大学都是世俗大学；私立大学中既有世俗大学也有宗教大学。

（二）法人大学与非法人大学

这是根据大学是否拥有法人资格而对大学所作的划分。当今世界上，大多数大学都拥有法人资格，但亦有大学不是法人。比如，很多公立大学依然是国家机构；美国慈善信托模式大学之大学本身肯定不是法人。

（三）慈善信托模式大学与法人模式大学

由法人法规制的大学是法人模式大学，世界上绝大多数国家的大学都是法人模式大学。由慈善信托法构造的大学是慈善信托模式大学，这种模式的大学以美国私立大学和宗教大学最为典型。[1] 需要注意的是，慈善信托模式大学中，大学的受托人团（trustees，board of trustees）是法人，大学本身则是大学的受托人团所设立的一个履行受托任务的机构。

（四）公立大学与私立大学

根据大学的设立主体和办学资金来源的公、私因素，可以将大学分为公立大学与私立大学。一般认为，由行政主体设立的、以公共财政拨款为主要办学资金来源的大学是公立大学；由私人或私法人设立的、不以公共财政拨款而以私人捐助或者其他收入为主要办学资金来源的大学是私立大学。

公立大学与私立大学的划分，是大学在法律上最重要的分类。但是，由于现代大学普遍接受政府资助或拨款，纯粹根据大学的设立主体和资金来源的公、私因素，将大学划分为公立大学和私立大学，并不是十分恰当。一般认为，根据大学运行主要适用公法还是私法将大学划分为公立大学与私立大学相对比较科学：主要适用公法的大学，基本可以确定为公立大学；主要适用私法的大学，基本可以确定为私立大学。

英国大学也分为私立大学和公立大学，"老大学"和"新大学"都属于公立大学。美国大学的划分是私立大学和公立大学，其中，公立大学包括州立大学（地方自治团体兴办的职业技术学院与此相似）与国立大学（联邦政

---

[1] 美国公立大学的法律模式是公益信托，其与慈善信托没有太大的差别。

府举办的大学）；州立大学又有宪法性大学（由州宪法条款作为其成立基础的大学）和州法大学（由州教育法条款作为其成立基础的大学）。私立大学有慈善信托模式大学和公司法模式大学。慈善信托模式大学（教会大学除外），在法律性质上当然是私立大学，但在某种意义上也具有"公"的因素。比如，其由公众设立和管理（慈善信托由公众设立、受托人团中的成员大多亦来自公众的选举）；资金来源于公众和校友的捐款、联邦和州政府的资助（达特茅斯学院除外，其不接受政府资助）。其中，联邦和州政府的资助，采用的是捐赠或合同形式，这种资助与我国政府给大学的拨款相比较，其法律性质、效力和运作模式均不同。因此，不能将美国联邦政府和州政府对美国私立大学的资助认为与我国政府对大学的拨款相似。

大陆法系国家，比如俄罗斯、法国、德国、日本等，公立大学有两种具体形式，即"国立大学"和"公立大学"。由国家作为所属主体的大学是"国立大学"，以地方行政主体作为所属主体的大学是"公立大学"。我国也有"国立大学"和"公立大学（省、自治区、直辖市和计划单列市设立的大学）"之分。中央部属院校就是"国立大学"（非教育部直属，但其他部直属的大学也是"国立大学"）；地方院校就是"公立大学"。

三、大学法律性质的发展脉络

大学起源于西欧中世纪的中晚期，其时，大学的法律性质一般为"学者社团法人"（universitas magistrorum et scholarium）。

之后，大学的法律性质逐渐变化，18世纪末至20世纪中晚期，大学的法律性质有四种典型的模式：一是英国模式，即大学的法律性质基本保持着中世纪"学者社团法人"的传统。此种模式对原英国殖民地国家大学的法律性质产生了深远影响，比如澳大利亚的大学均为学者社团法人。二是德国模式，又称双重法律性质模式或者德国大学法律性质的传统模式，即大学具有公法社团（法人）和公营造物（非法人）双重法律性质。日本、我国民国时期的大学的法律性质，是其仿造品。三是法国模式，又称拿破仑体制，即大学的法律性质使用国家机构模式，在此模式下，公立大学仅是国家的一个分支机构，不具有独立的法人资格。法国拿破仑体制对苏联和我国的大学体制产生了重要的影响。四是美国模式，即慈善/公益信托模式。美国私立大学采用慈善信托模式，公立大学采用公益（公共）信托模式，两者在具体制度设置上虽有差异，但基本法律精神一致。

就当代而言，由于各国均已采取或者正在采取大学法人化改革，世界各国大学在法律性质上基本都是独立的法人，比如，当代法国的大学在法律性质上均已转变为独立的法人，德国已经摒弃了传统的双重法律性质模式而采取单一法人模式，我国的高等教育法亦将大学定位为拥有独立法人资格的公益组织。当然，大学属于何种性质的法人在各个国家又有所不同。

第二节 中世纪大学、大陆法系国家的大学与英美法系国家的大学的法律性质

一、中世纪大学的法律性质

中世纪大学被称为"学者社团法人"（universitas magistrorum et scholarium），它是一个半世俗、半宗教、半政治性的社会团体。中世纪大学的这种"学者社团法人"与我国当今法律上的宗教性"社会团体法人"有点近似。[1]

理解中世纪大学的法律性质，需要注意以下几点：

（1）中世纪大学需获权威当局许可。教会法虽然主张社团不需许可即自动获得法人资格，这种理论主要是为教会独立于世俗权威而进行辩护的一种法律学说，实践中不具有很强的法律效力，至少世俗团体如此，更何况教会本身亦曾给很多大学颁发过特许状。易言之，在大学成立是否需要获得权威当局许可的问题上，中世纪适用的是罗马法和日耳曼法的法人理论，而非教会法的法律理论。

（2）中世纪大学的责任是代表人责任（由校长承担责任），其他成员与大学之间的关系是"不即不离之关系"，既不是"连带责任"，亦不是"有限责任"，中世纪三种典型的团体理论（罗马法社团理论、教会法社团理论和日耳曼法社团理论）均不能单独适用。在某种意义上说，中世纪大学具有现代公法上的自治体性格。

（3）与教会、城市、行会相比较，中世纪大学是一个半宗教、半世俗、半政治性的组织。中世纪大学尽管与行会更具相似性，但它不是行会，不能

---

〔1〕 朱玉苗：《大学法论纲》，中国政法大学出版社2012年版，第53页。

将"学者社团"认定为"学者行会"。理由至少有二：大学成员不以营利为目的；大学内部构造系"联邦制"。

二、大陆法系国家大学的法律性质

（一）德国大学的法律性质

中世纪，德国大学秉承"学者社团法人"之法律性质。

自近代开始，德国大学即进入了所谓的双重法律性质时期。1794 年《普鲁士一般邦法》开始规定德国大学（国立）的公法社团法人、公营造物（国家设施，非法人）双重法律性质。1976 年德国《高等学校基准法》更是以联邦的名义立法规定德国大学的双重法律性质。

2008 年德国《高等学校基准法》废除，德国大学传统的双重法律性质开始消解。德国各邦颁布的高等教育法，对于大学的法律性质一般采用单一法律性质，即规定大学是单一公法社团法人或单一公法财团法人。比如，德国《波鸿—鲁尔大学章程》（2007 年）第 1 条"总则"第 1 款"法律地位"第 1 项规定："鲁尔大学作为科学性大学是公共权力的团体，由联邦州设立。取名为波鸿—鲁尔大学，并在徽章和印章中使用。"[1]该章程明确规定其是公法社团法人。

（二）法国大学的法律性质

法国在拿破仑体制下，公立大学的法律性质一般是国家的一个分支机构，不具有独立的法人资格。20 世纪中期，法国进行了高等教育体制的改革。自此以后，法国公立大学的法律性质转变为"科学、文化和职业公务法人"。比如，法国《巴黎第一大学章程》序言规定："巴黎第一大学（先贤祠索邦大学）是科学、文化和职业性质的公立机构，依据教育法典 L711-1 条及其后条款的规定设立。"[2]该章程明确了该大学是法国科学、文化和职业公务法人。

（三）日本大学的法律性质

日本（公立）大学在 2004 年《国立大学法人法》颁布前，均是国家机构，不具有独立的法人资格。《国立大学法人法》颁布后，日本国立大学转变为独立的国立大学法人（公营造物法人）。比如，日本《新大学宪章（草

---

〔1〕 马陆亭、范文曜主编：《大学章程要素的国际比较》，教育科学出版社 2010 年版，第 184 页。

〔2〕 湛中乐主编：《大学章程精选》，中国法制出版社 2010 年版，第 677 页。

案）》（2005 年）规定："2005 年东京都都立的四所大学合并为新大学，并且根据地方独立行政法人法以'公立大学法人'的形式正式成立。"[1]该章程表明该大学是公立大学法人，属于有别于国立大学法人的地方独立行政法人。

三、英美法系国家大学的法律性质

（一）英国大学的法律性质

英国 1988 年《教育改革法》颁布前，英国大学在法律性质上实行所谓的"双重制"（binary system）或"双元制"。在这种体制下，"大学"是独立的法人；"（多科）技术学院和教育学院"等属于地方公共机关的分支机构，不是独立的法人。

1988 年《教育改革法》颁布后，英国的大学都具有法人地位，但在类型上被分为两种：一种是以牛津、剑桥大学为首的"老大学"。因其较多地继承了中世纪大学的"学者社团法人"传统，其法人资格、自治权限和内部构造由"特许状"赋予和规定，所以又被称为"特许状大学"（chartered university）；一种是由（多科）技术学院和城市大学改制成立的"新大学"。因其法人资格、自治权限等由 1988 年《教育改革法》和 1992 年《高等教育和继续教育法》赋予和规定，所以又被称为"制定法大学"（statutory university）。

（二）美国大学的法律性质

美国大学是慈善/公共信托法律构造模式，其中，美国私立大学之法理是慈善信托，美国国立/州立/市立大学的法理是公共信托。[2]这种法律模式下的大学的典型特征如下：

---

〔1〕 马陆亭、范文曜主编：《大学章程要素的国际比较》，教育科学出版社 2010 年版，第 300 页。

〔2〕 信托法是财产法，不是民事主体制度。它所规制的是信托委托人、信托财产、信托受托人、信托受益人、信托监察人之间的法律关系。其中，信托文件、信托财产、信托受托人、信托受益人是最为核心的内容。受托人拥有信托财产的"普通法所有权"，受益人拥有信托财产的"衡平法所有权"；信托受托人为受益人的利益处理信托财产，其处理方式可以有多种形式，只要符合信托文件的规定即可。比如，受托人可以将信托财产及其收益，直接分配、支付给受益人；也可以将信托财产及其收益用来开办机构，为受益人提供某种服务等。因此，应当采用英美慈善信托法、英美法人法之法理对美国大学的法律性质、运行规则进行理解；不能单采大陆法系特别是中国法人法甚至公司法原理，更不能用我国公司法/法人法原理与董事会/理事会机制，套用解释和理解美国私立大学的慈善信托模式。否则，就会犯一些法律常识性错误。比如，错误地认为美国私立大学本身是法人、受托人团是中国公司法上的"董事会"，甚至将哈佛大学受托人团"哈佛学院的校长和评议员法人"的简称"Harvard Corporation"翻译成"哈佛公司"等等。

（1）大学特许状是慈善信托文件。

（2）开办大学的捐献财产是慈善信托财产。

（3）受托人团（trustees/regents/rectors 或者 board of trustees/regents/rectors，又称共同受托人、受托人委员会）是慈善信托受托人（信托财产的"普通法所有权人"）。受托人团一般都是法人，其拥有印章、章程、起诉和应诉资格等。[1] 比如，《哈佛大学特许状》（1650 年）规定："位于新英格兰中塞克斯郡剑桥镇的哈佛学院，具有法人资格（a Corporation）。该法人由校长一名（a President）、评议员五名（five Fellows）、司库或会计一名（a Treasurer or Bursar）共七名成员构成。"[2]

（4）大学是受托人团管理信托财产、完成信托目的而开办的执行机构，大学本身不是法人。

（5）教职员工是受托人团的雇员，是受托人团雇佣的用以具体执行慈善信托任务、完成慈善信托目的的雇员。

（6）学生是慈善信托的受益人（即信托财产的"衡平法所有权人"）。

第三节　中国大学的法律性质

一、清末大学的法律性质

中国人自办新式高等学校主要通过三条路径：一是洋务学堂，如京师同文馆、福州船政学堂、天津水师学堂等；二是改制的旧式书院和创办的新式书院，如湖北两湖书院、江苏南普书院等；三是以天津中西学堂、上海南洋公学和京师大学堂为代表的真正的高等学校。国立高等教育机构，均以培养熟悉"新学"的官僚为目标，办学经费完全官给，其设立与管理亦完全官办。根据《京师大学堂章程》（1898 年）的规定，京师大学堂不仅是全国的最高学府，还兼有全国最高教育行政机关的职能；"管学大臣"既是京师大学堂总

---

〔1〕　无论大学的受托人团（trustees）或管理委员会（governing board）是否拥有法人资格，其均为公益性组织，均可获减免税特权。

〔2〕　Harvard Charter of 1650, Held in the Harvard University Archives, http://hul. harvard. edu/huarc/charter. html，2023-04-09.

管，又是全国最高教育行政长官。[1]因此，清末的大学，"与其说是一所具有自治权的高校，不如说是一所同以前的翰林院和国子监类似的教育行政机构"。[2]

二、民国时期大学的法律性质

民国的私立大学包括教会大学，一般具有法人资格。

民国的公立大学（包括国立大学和狭义的公立大学），都是国家机构，不具有独立的法人资格；其法律地位相当于大陆法系国家行政法上的无权利能力的公营造物。民国著名行政法学者范扬说："我国如国公立学校、邮政局及铁路等，可视为营造物者，皆国家或自治团体之行政手段，而非独立主体。此外有无相当之例，在此法制未备之际，姑不速断。"[3]需要注意的是，民国的公立大学虽无法人资格，但其内部构造颇有公法社团之风格。

三、共和国时期大学的法律性质

1949年至《教育法》（1995年）、《高等教育法》（1999年）施行这一期间，我国的大学是国家机关或大型国企的分支机构，不具有独立的法律主体资格；在法律性质上，大概相当于无权利能力的公营造物。

《教育法》（1995年）、《高等教育法》（1999年）施行后，大学的法律性质已经转换为法人，[4]且是公益法人。[5]当然，根据《民办教育促进法》

---

〔1〕 相当于今天的教育部部长兼北京大学校长。

〔2〕 ［加］许美德：《中国大学1895—1995：一个文化冲突的世纪》，许洁英译，教育科学出版社2000年版，第64页。

〔3〕 范扬：《行政法总论》，中国方正出版社2005年版，第254页。

〔4〕《教育法》（1995年）第31条规定："学校及其他教育机构具备法人条件的，自批准设立或者登记注册之日起取得法人资格。学校及其他教育机构在民事活动中依法享有民事权利，承担民事责任。学校及其他教育机构中的国有资产属于国家所有。学校及其他教育机构兴办的校办产业独立承担民事责任。"《高等教育法》（1999年）第30条规定："高等学校自批准设立之日起取得法人资格。高等学校的校长为高等学校的法定代表人。高等学校在民事活动中依法享有民事权利，承担民事责任。"《高等教育法》（2018年）第30条作出了同样的规定。

〔5〕《教育法》（1995年）第25条规定："国家制定教育发展规划，并举办学校及其他教育机构。国家鼓励企业事业组织、社会团体、其他社会组织及公民个人依法举办学校及其他教育机构。任何组织和个人不得以营利为目的举办学校及其他教育机构。"《高等教育法》（1999年）第24条规定："设立高等学校，应当符合国家高等教育发展规划，符合国家利益和社会公共利益，不得以营利为目的。"

（2018 年）和《教育法》（2021 年）的规定，公立大学必须是公益法人，民办大学（私立大学）并非必须是公益法人，也可以是营利性的法人。[1]但是，我国法律对于大学具体是什么性质的法人（比如慈善信托模式、公法社团、公法财团、公营造物、宗教法人等），并未作出更加细致和更加明晰的规定；而我国诸多大学的章程中关于大学法律性质的规定，大都是照抄《高等教育法》（1999 年、2018 年）中关于大学具有法人地位的条文，至于大学具体是什么性质的法人，普遍语焉不详。

我国学界关于大学法律性质的主流观点认为，我国大学是公务法人。[2]这种定位虽然比纯粹的"大学是法人"这样的定位要精细一点，但依然十分粗糙。本书认为，我国公立大学兼具公营造物法人、公法社团法人双重法律性质。理由如下：

（1）公营造物法人。从《教育法》（2021 年）第 26 条[3]、第 27 条[4]，《高等教育法》（2018 年）第 6 条第 1 款[5]之规定看，我国公立大学是公营造物法人自属无疑。理由有二：

第一，我国大学的举办者是国家、省、市等公法主体。按照我国的通俗说法，国家设立的大学包括教育部直属的大学和国务院其他部委直属的大学；省、市设立的大学即省、自治区或直辖市教育厅或其他厅局所属的大学。

第二，国家、省、市等公法主体对大学的投资，包括财产的投资和劳务

---

〔1〕《民办教育促进法》（2018 年）第 19 条规定："民办学校的举办者可以自主选择设立非营利性或者营利性民办学校。但是，不得设立实施义务教育的营利性民办学校。非营利性民办学校的举办者不得取得办学收益，学校的办学结余全部用于办学。营利性民办学校的举办者可以取得办学收益，学校的办学结余依照公司法等有关法律、行政法规的规定处理。民办学校取得办学许可证后，进行法人登记，登记机关应当依法予以办理。"《教育法》（2021 年）第 26 条第 4 款规定："以财政性经费、捐赠资产举办或者参与举办的学校及其他教育机构不得设立为营利性组织。"

〔2〕马怀德：《公务法人问题研究》，载《中国法学》2000 年第 4 期。

〔3〕《教育法》（2021 年）第 26 条规定："国家制定教育发展规划，并举办学校及其他教育机构。国家鼓励企业事业组织、社会团体、其他社会组织及公民个人依法举办学校及其他教育机构。国家举办学校及其他教育机构，应当坚持勤俭节约的原则。以财政性经费、捐赠资产举办或者参与举办的学校及其他教育机构不得设立为营利性组织。"

〔4〕《教育法》（2021 年）第 27 条规定："设立学校及其他教育机构，必须具备下列基本条件：（一）有组织机构和章程；（二）有合格的教师；（三）有符合规定标准的教学场所及设施、设备等；（四）有必备的办学资金和稳定的经费来源。"

〔5〕《高等教育法》（2018 年）第 6 条第 1 款规定："国家根据经济建设和社会发展的需要，制定高等教育发展规划，举办高等学校，并采取多种形式积极发展高等教育事业。"

的投资（人力的投资）。这里需要讨论的是，大学举办者劳务的投资，仅指大学副校级及其以上的领导人员还是包括有编制的教师在内？如果是前者，公营造物大学的构成就是国有资产加副校级及其以上的领导人员；如果是后者，公营造物大学的构成则是国有资产加副校级及其以上的领导人员，再加上有编制的普通教职员工。

作为公营造物法人的大学，其权力机关是党委、校长等；其功能有两项：一是向社会提供高等教育服务，此系其当然功能；二是获得国家授权，从事对学生的学籍进行监管和规制的事务，以防国家资源之浪费。比如，《教育法》（2021年）第29条第4项授予大学学籍管理权、奖励和处分权。[1]

（2）公法社团法人。从《高等教育法》（2018年）第42条[2]关于"学术委员会"的规定，《学位条例》（2004年）第9条[3]、第10条[4]、《学位法》（2025年）第9条[5]、第24条[6]、第28条[7]关于"学位评定委员

---

[1] 《教育法》（2021年）第29条规定："学校及其他教育机构行使下列权利：……（四）对受教育者进行学籍管理，实施奖励或者处分；……"

[2] 《高等教育法》（2018年）第42条规定："高等学校设立学术委员会，履行下列职责：（一）审议学科建设、专业设置，教学、科学研究计划方案；（二）评定教学、科学研究成果；（三）调查、处理学术纠纷；（四）调查、认定学术不端行为；（五）按照章程审议、决定有关学术发展、学术评价、学术规范的其他事项。"

[3] 《学位条例》（2004年）第9条规定："学位授予单位，应当设立学位评定委员会，并组织有关学科的学位论文答辩委员会。学位论文答辩委员会必须有外单位的有关专家参加，其组成人员由学位授予单位遴选决定。学位评定委员会组成人员名单由学位授予单位确定，报国务院有关部门和国务院学位委员会备案。"

[4] 《学位条例》（2004年）第10条规定："学位论文答辩委员会负责审查硕士和博士学位论文、组织答辩，就是否授予硕士学位或博士学位作出决议。决议以不记名投票方式，经全体成员三分之二以上通过，报学位评定委员会。学位评定委员会负责审查通过学士学位获得者的名单；负责对学位论文答辩委员会报请授予硕士学位或博士学位的决议，作出是否批准的决定。决议以不记名投票方式，经全体成员过半数通过。决定授予硕士学位或博士学位的名单，报国务院学位委员会备案。"

[5] 《学位法》（2025年）第9条规定："学位授予单位设立学位评定委员会，履行下列职责：（一）审议本单位学位授予的实施办法和具体标准；（二）审议学位授予点的增设、撤销等事项；（三）作出授予、不授予、撤销相应学位的决议；（四）研究处理学位授予争议；（五）受理与学位相关的投诉或者举报；（六）审议其他与学位相关的事项。学位评定委员会可以设立若干分委员会协助开展工作，并可以委托分委员会履行相应职责。"

[6] 《学位法》（2025年）第24条规定："申请学士学位的，由学位评定委员会组织审查，作出是否授予学士学位的决议。"

[7] 《学位法》（2025年）第28条规定："学位评定委员会应当根据答辩委员会的决议，在对学位申请进行审核的基础上，作出是否授予硕士、博士学位的决议。"

会"的规定看，我国大学又具有公法社团的特征。

作为公法社团法人的大学，其是由师生共同构成的学术性团体；该团体的权力机关是"学术委员会"和"学位评定委员会"。作为公法社团法人的大学，只承担一项行政任务，即行使学术确认之自治权。相对于国家而言，大学的此项自治权属于权利（right），国家不得干涉大学的学术确认事务；相对于被确认人而言，大学的此项自治权则是权力（power），是国家赋予之学术行政确认权。比如，《教育法》（2021 年）第 29 条第 5 项，授予大学颁发学业证书权。[1]

德国大学的传统法律性质是公法社团（法人）兼具公营造物（非法人）特征，日本大学的法律性质是公营造物（非法人）兼具公法社团（非法人）特征，我国公立大学在法律性质上与德国、日本既有相似之处，也有不同之处。我国公立大学的法律性质是公营造物（法人）兼具公法社团（法人）的特征。

▶ **思考题**

1. 简述世界大学法律性质的发展脉络。
2. 简述中世纪大学的法律性质。
3. 简述德国大学传统的双重法律性质。
4. 简述美国私立大学的慈善信托法律模式。
5. 简述我国当今大学的法律性质。

---

〔1〕《教育法》（2021 年）第 29 条规定："学校及其他教育机构行使下列权利：……（五）对受教育者颁发相应的学业证书；……"

第五章
大学的成员

　　大学是由一群人组成的组织，大学的成员即大学的构成人员。各个大学的成员范围有宽有窄，由各个大学本身对其加以规定。大学成员包括教师、学生、行政人员以及校友等。

第一节　大学成员的概念与分类

一、大学成员的概念

　　大学是由一群人组成的组织。大学成员，是指构成大学的组成人员。至于大学的成员资格、人员组成等，各个大学有不同的规定；哪些人属于某特定大学的成员，各个国家、各个大学之间都不相同。这主要取决于某国的一般社会认可情况和某特定大学的具体规定。

二、大学成员的分类

　　大致说来，大学的成员可以分为社会学上的大学成员和法律上的大学成员。

　　（1）社会学上的大学成员，其人员来源非常广泛。只要与大学有关的人员，比如大学校友、大学荣誉学位证书获得者、大学校外咨询机构的成员甚至大学的一般捐助者等，均有可能被认定为大学的成员。一般而言，他们享有道德上的权利、承担名义上的义务，但不承担法律上的义务、享有法律上的权利。

　　（2）法律上的大学成员，是指与大学具有法律上的权利义务关系的人员。

这里的情况亦非常复杂。就我国公立大学而言：当其作为公营造物时，其成员包括大学行政人员、教师、受大学雇佣的其他辅助人员。此时，学生因不是大学的雇员，故不属于公营造物大学的成员。当其作为公法社团时，其成员包括大学学术管理人员、教师、学生，此时，学生因属于大学学术团体之一员，故属于公法社团大学的成员。

第二节　大学成员的具体组成部分

一、教师

教师，是指在大学里从事教学的专业人员。中国古人曰："师者，所以传道、受业、解惑也。"[1]这里的"道"，是指儒家之道或儒家道统，所谓"传道"即传授儒家道统；这里的"业"，是指"五经""六艺"等知识技能，所谓"受业"即传授"五经""六艺"等知识技能；这里的"惑"，是指学生在学习过程中或人生方面产生的疑惑，所谓"解惑"即解决学生在学习过程中或人生方面产生的疑惑。现代国人将其扩展为，教师"不但要教授学生做人的道理，又要教授学生知识和实际操作技能，还要解决学生在知识方面、技能方面和做人方面的疑惑"。

古人分工不明确，当时的"师者"，既是宗教导师、学业导师还是人生导师，故有此观念。就现代社会而言，职业分化越来越明确，特别是政教分离已成宪法基本原则之时，教师特别是公立大学的教师，绝不可以在大学里传授某种宗教（基督教、道教、伊斯兰教等）道统。大学教师的职责是通过高深知识的传授，训练学生的批判性思维能力（学术思维能力）。

二、学生

学生，即大学里的职业学习者。人们对《论语》第一句"学而时习之，不亦乐乎？"的解释，通常是"学习知识而又时常（时时、不时）地温习（复习、练习）它，不是很快乐吗？"这种解释明显不符合人性且违反生活常识，因而肯定是错误的。根据人之常情，人们"学习知识而又时常（时时、

---

〔1〕　（唐）韩愈：《师说》。

不时）温习（复习、练习）它"，不可能快乐。举个例子，有谁在学习了牛顿三大定律后时常地温习它们，会感到快乐？《论语》中的这句话的正确解释应当是："学习了一项技能而后又时常（时时、不时）操练（练习、实习）它，不是很快乐吗？"

现代学生特别是大学的学生，不是某项职业技能的学习者，而是高深知识的学习者，他们在教师的指导和帮助下，应该努力学习，训练、提高自己的批判性思维能力。大学的学生不宜以是否快乐作为选课的判断标准。教师和学校管理者更不宜以学生学习时是否快乐作为教学质量好坏的评判标准，以此为标准，那是"滑稽者""娱乐圈"，不是教师，不是学生，更不是大学。

三、行政人员

行政人员，是指在大学里从事学术管理的人员。大学内部人员可以分为"学术人员（教授、副教授、教师和助教等）"与"行政人员（受托人、校长、副校长等高级行政人员和其他一般行政人员）"两部分。大学的活动可以分为"直接学术行为"和"学术管理行为"两种。所谓"直接学术行为"，是指"学术人员"的学术研究、学术传承、向社会提供学术服务等行为，具体表现为实际研究工作、撰写研究报告和论文、从事课堂教学或课后辅导等。所谓"学术管理行为"，是指"行政人员"为直接学术行为提供决策、指挥、确认、组织、服务、协调等活动，比如大学构造、部门设置、学科选择、学术标准制定、课程安排、学生档案保管、筹集和花费资金、建筑采暖和维修等；"学术管理行为"又可再细分为"决策、指挥、确认"和"组织、服务、协调"两部分。其中，"直接学术行为"由"学术人员"承担没有异义；"学术管理行为"中的"组织、服务、协调"由一般行政人员承担也没有异义。但是"学术管理行为"中"决策、指挥、确认"权力，是否完全由受托人、校长、副校长等高级行政人员单独掌控？一般而言，"学术管理行为"中"决策、指挥、确认"的权力，应由学术人员掌控或者学术人员至少拥有参与管理的权力，并非由或者完全由受托人、校长、副校长等高级行政人员单独掌控。"学者自治"的精髓，即表现为学术人员掌控或者参与学术管理。

四、校友

校友，即曾经在大学里学习过而后离开大学的人员。从某种意义上说，大学校友是与大学最具密切关系的利害关系人。在学生毕业后，如当初毕业的大学的社会名望依然较高或者变得更高，其自身的声望亦随着提高；如当初毕业的大学的社会名望下降或者学校被撤销、注销等，不但学生自身的社会声望下降，甚至其心理亦会受损。世界上的其他国家的大学非常重视校友，比如美国很多大学的受托人团都有校友成员，大学招生时亦给校友的子女以优惠。

至于校友的范围，各个大学有其不同的规定。比如，《中国政法大学章程》（2022 年）专设"第六章　校友和校友会"之规定。该章程第 55 条规定："中国政法大学校友是指在中国政法大学学习 3 个月以上的毕业、结业、肄业学生，在中国政法大学工作过的教职员工，中国政法大学名誉教授、名誉博士、客座教授、兼职教授以及经学校校友会的理事会批准获得中国政法大学校友会会员资格的个人。学校视校友为学校大家庭成员、学校的使者和宝贵财富。校友是学校声誉的代表，应当珍惜学校的声誉。学校鼓励校友参与学校的建设与发展。对为学校建设与发展做出贡献的校友，学校依法依规予以表彰。"第 56 条规定："学校设立'中国政法大学校友会'，学校校友会依照国家有关规定及章程开展活动。学校鼓励并支持校友成立具有届别、行业、地域特点的校友会和校友分会。学校通过校友会及其他形式联系和服务校友。"

第三节　大学成员的范围、权利义务与除名、辞名——以牛津大学为例

我们以牛津大学为例对大学成员的范围、权利义务与除名、辞名加以说明。《牛津大学条例》（2022 年）[1]对牛津大学的成员有具体的规定。

一、牛津大学成员的范围

根据《牛津大学条例》（2022 年）第 2 条（Statute Ⅱ）第 4 款的规定，牛津大学由五个部分的成员组成：

---

〔1〕　Statutes of the University of Oxford, 2022, https://governance.admin.ox.ac.uk/legislation/statutes#/, 2022-08-11.

（1）学成成员（student membership）；

（2）普通成员（ordinary membership）；

（3）教职工全体会议成员（Convocation membership）；

（4）高级评议员会议成员（Congregation membership）；

（5）特别成员（additional membership）。[1]

二、牛津大学成员的权利与义务

《牛津大学条例》（2022 年）第 2 条（Statute Ⅱ）第 3 款的规定："（1）任何大学的成员均享有他或她所在类别成员的权利和特权，亦承担相应的义务；（2）除非本条例或者其他大学规章的特别规定，大学成员不缴纳任何费用；（3）在不与本条例和其他规章相冲突的情况下，大学可与大学成员订立关于成员享受权利、好处与各种设施的合同，……"[2]

三、牛津大学成员的除名与辞名

关于大学成员的除名，《牛津大学条例》（2022 年）第 2 条（Statute Ⅱ）第 11 款规定："（1）任何学生成员可以根据条例第 11 条除名（Expulsion）；（2）学生成员如果被其所属学院……除名，则停止大学的成员资格；（3）牛津大学教职工全体会议可以因适当因由……将大学的任何成员除名；……

---

〔1〕 Statute Ⅱ Membership of The University 原文为："4. A person shall be a student member if he or she：（1）has the academic qualifications for admission（referred to in this section and in section 5 of this statute as 'matriculation'）laid down by Council by regulation；（2）has been admitted as and remains a member, or has been suspended from membership, of a college, society, Permanent Private Hall, or any other institution designated by Council by regulation；（3）has been and remains registered, or has been suspended from registration, as a student for a degree or other qualification of the University；and（4）is to be or has been presented for matriculation as a student member by his or her college, society, Permanent Private Hall, or other designated institution within the period laid down by Council by regulation. "

〔2〕 Statute Ⅱ Membership of The University 原文为："3.（1）A member of the University shall enjoy the rights and privileges and incur the obligations which are attached by the statutes and regulations to the category or categories into which he or she is admitted.（2）No member of the University shall be required to pay any fee or other charge（except one required by way of penalty or fine imposed under the authority of a statute or regulation）unless it is required by statute or regulation.（3）The University may enter into contracts with its members which are not inconsistent with these statutes and regulations made under them providing for rights, benefits, and facilities to be enjoyed by members and specifying the terms upon which they are given or made available. "

（6）本款之词语'除名'根据第 11 条第 1 款的意思确定。"〔1〕

关于大学成员的辞名，《牛津大学条例》（2022 年）第 2 条（Statute Ⅱ）第 12 款规定："（1）大学成员任何时候均可以书面形式向教务处长提出辞名申请而辞名（Resignation）；（2）辞名不免除其辞名前应当承担的责任和义务。"第 13 款规定："辞名之成员，还可以经大会议同意，……恢复大学成员资格。"〔2〕

▶ **思考题**

找一所大学，研究该大学的具体成员组成（参考该大学的大学章程、学生手册、关于校友会的文件等）。

---

〔1〕　Statute Ⅱ Membership of The University 原文为："11.（1）A student member may be expelled from membership under Statute Ⅺ.（2）A student member who has been expelled by his or her college, society, Permanent Private Hall, or other designated institution shall cease to be a student member of the University.（3）Congregation may for good cause, on the recommendation of Council made in accordance with fair procedures to be determined by Council according to the circumstances of the case, expel any member of the University from his or her membership.（4）Procedures established under sub-section（3）above must include a right of appeal to an independent and impartial tribunal which will give reasons for its decision and（if the member so requires）sit in public and publish those reasons.（5）Nothing in this section authorises the termination of a contract of employment or infringes the rights or protection given by Statute Ⅻ to the persons to whom that statute applies.（6）In this section the word 'expel' bears the meaning given to it in section 1 of Statute Ⅺ."

〔2〕　Statute Ⅱ Membership of The University 原文为："12.（1）A member of the University may at any time by giving notice in writing to the Registrar resign his or her membership.（2）Resignation of membership shall not relieve the member of any liability or penalty incurred under these statutes or any regulation before the date of his or her resignation. 13. A member of the University who has resigned may, with the permission of Council on such terms as it thinks fit, be admitted or readmitted to any category of membership to which he or she would but for the resignation be entitled to belong."

第六章
大学的内部构造

大学是由众多的具有一定功能的内部单位构成的一个组织。按照不同的标准，大学的这些内部机构可以分为校级内部机构与院系级内部机构；学术机构与管理机构；教学机构、科研机构与行政机构；法定内部机构与意定内部机构等。本章第一节简要介绍了哈佛大学、牛津大学、我国民国时期大学的内部构造；第二节对我国当今大学的内部构造进行了较为详细的说明。

第一节　哈佛大学、牛津大学和我国民国时期大学的内部构造

一、哈佛大学的内部构造

哈佛大学有下列的内部机构：

（1）"哈佛学院的校长和评议员"（the President and Fellows of Harvard College），简称哈佛法人（Harvard Corporation），成立于 1650 年，原来共 7 名成员，自 2010 年 12 月后增加至 10 人。

（2）监视会（Board of Overseers），成立于 1642 年，由哈佛大学的校友组成。

（3）校长（President）。

（4）教务长（The Provost）。

（5）各个学院。比如哈佛学院（Harvard College）、文理研究生院（Graduate School of Arts and Sciences）、哈佛神学院（Harvard Divinity School）等。

二、牛津大学的内部构造

（一）牛津大学的内部构造概述

牛津大学的内部机构主要有：①高级评议员会议（Congregation）；②执行委员会（Council）；③各学院（Colleges）；④学部和分部（Divisions and Departments）；⑤名誉校长（Chancellor）；⑥校长（Vice-Chancellor）；⑦副校长（Pro-Vice-Chancellors）等。

根据《牛津大学条例》（2022 年）第 5 条（Statute V），牛津大学的学术学习和研究（学生）部分划分为 36 个学院（Colleges）、研究所（Societies）和私人学舍（Permanent Private Halls）；根据《牛津大学条例》（2022 年）第 7 条，学术活动（教师、学术人员）划分为 4 个学部（Division）共 27 个系（Faculties）和 1 个继续教育分部（the Department for Continuing Education）。大学有权增补上述各部门。

（二）牛津大学内部的主要治理机构

根据《牛津大学条例》（2022 年）第 3 条、第 4 条、第 6 条和第 9 条之规定，牛津大学现行治理结构主要由教职员全体会议、高级教职员全体会议、理事会以及由校长、高级执事、副校长等大学官员构成。他们各自的职权、组成成员如下：

（1）教职员全体会议（Convocation）。该会议的主要职权是选举大学校长和诗学教授；成员包括牛津大学所有获得学位（荣誉学位除外）的前任学生成员、现任高级教职员全体会议成员以及在退休前已是高级教职员全体会议成员的退休人员；

（2）高级教职员全体会议（Congregation）。该会议的主要职权是对理事会提交的关于章程或规章的修改、废止或增添方面的提议作出决定；对理事会 20 名以上的成员报告理事会后提出的有关章程或规章修改、废止或添增方面的提议作出决策；考虑理事会或理事会 20 名以上成员提出的任何决议；对 2 名以上成员所提问题的答复做记录；授予学位；进行任何章程或规章中规定的选举；批准大学校长的任命等。高级教职员全体会议通过的决议、实施的行为或作出的决定对整个大学具有约束力。高级教职员全体会议成员包括校长、高级执事（High Steward）、副校长、学监、27 个系的成员、所有学院、研究所、私人学舍的负责人、所有学院和研究所（私人学舍除外）的治理机构成员、所有学院和研究所（私人学舍除外）的主管会计或出纳员（如果他不是治理机构成员）、依据高级教职员全体会议制定的规章被接受为成员的其他任何人、所有 1977 年 6 月 1 日前获得高级教职员全体会议成员资格者。

（3）理事会（Council）。理事会对大学目标的推进、行政管理、财务和资产管理负责。在履行职责与权力的过程中，理事会应该严格遵循高级教职员全体会议通过的决议、实施的行为或作出的决定，并采取所有必要的措施使其生效。依据章程和规章的相关规定，理事会随时可以将任何事务的责任委托给任何团体或个人，同时委托履行责任所必需的权力，这种委托可以随时收回，理事会对所有委托事务仍然承担全面责任。接受委托的任何团体和个人，不得将此责任与权力转托其他团体或个人。理事会有权制定与章程一致的规章；有权废除、修改规章条款；有权制定运行管理的程序；有权成立常务委员会或临时委员会。理事会现设以下常务委员会，并根据章程对它们的组成、主要授权范围、权力和职责作出规定。常务委员会包括教育政策和标准委员会、综合目标委员会、人力资源委员会、规划与资源分配委员会等。理事会设有 26 个职位，另可增选 3 名成员。26 个职位中，9 名成员为当然成员，包括副校长（担任理事会主席）、学院全体大会主席、2 名学监，1 名评审员以及 4 名学部主任。5 名成员为外部成员，由理事会提名并经高级教职员全体会议批准。12 名成员为高级教职员全体会议成员，由以下机构选举产生：1 名由学院全体大会选举产生；4 名由高级教职员全体会议从属于数学、物理和生命科学学部和医学科学学部的系中选举产生；4 名由高级教职员全体会议从属于人文学部和社会科学学部的系中选举产生；3 名由高级教职员全体会议选举产生，他们不一定是任何学部的成员，也不一定被提名担任学部职务。

（4）大学行政官员。牛津大学的官员包括校长（Chancellor）、高级执事（High Steward）、副校长（Vice-Chancellor）、副校长当选人（Vice-Chancellor-elect）、名誉副校长（Pro-Vice-Chancellors）、2 名学监（Proctors）、4 名副学监（Pro-Proctors）、评审员（Assessor）、注册主任（Registrar）、发言人（Public Orator）、前导（Bedels）、副执事和市场开发员（Deputy Steward and Clerks of the Market）、大学司事（Verger of the University）等。关于他们的任职程序和具体职责，《牛津大学条例》（2022 年）第 9 条有详细的规定。值得注意的是，牛津大学的校长是名誉职务、终身职务。

三、我国民国时期大学的内部构造

（一）《大学令》时期大学的内部构造

《大学令》时期的大学，是指 1912 年至 1924 年这一期间的大学。1912 年，民国教育部公布《大学令》，1913 年颁布《大学规程》。根据《大学令》，民国大学设校长、各科设学长、大学评议会、教授会，并采用讲座制。

（1）校长总辖大学全部事务，各科设学长主持一科事务（第 12 条）。

（2）大学评议会，以各科学长及各科教授互选若干人为会员（第 16 条），审议下列诸事项：各科之设置及废止、讲座之种类、大学内部规则、审查大学院生成绩及请受学位者之合格与否、教育总长及大学校长咨询事件。凡关于高等教育事项，评议会如有意见，得建议于教育总长（第 17 条）。

（3）大学各科设教授会，以教授为会员，学长可随时召集教授会，自为议长（第 18 条）。教授会审议下列诸事项：学科课程、学生试验事项、审查大学院生属于该科之成绩、审查提交论文请受学位者之合格与否、教育总长、大学校长咨询事件（第 19 条）。[1]

（二）《国立大学条例》时期大学的内部构造

《国立大学条例》时期的大学，是指 1924 年至 1929 年这一期间的大学。1924 年，民国教育部颁布《国立大学条例》，同时宣布废除 1912 年颁布的《大学令》和 1913 年颁布的《大学规程》。《国立大学条例》关于大学内部构造的内容主要有：

（1）国立大学设校长一名，总辖校务，由教育总长聘任之。国立大学各科、各学系及大学院，各设主任 1 人，由正教授或教授兼任之。遇有必要时，国立大学得设教务长 1 名，由正教授或教授兼任之。

（2）国立大学设立董事会。董事会的职责是"审议学校近期计划及预算、决算暨其他重要事项"。董事会的人员有例任董事和校长、部派董事（由教育总长就部中人员指派）、聘任董事（由董事会推选呈请教育总长聘任）。国立大学董事会会议议决事项，应由校长呈请教育总长核准施行。

（3）国立大学设立评议会，"以校长及正教授、教授互选若干人组织之"

---

[1] 潘懋元、刘海峰编：《中国近代教育史资料汇编：高等教育》，上海教育出版社 2007 年版，第 375~376 页。

"评议学校内部组织及各项章程暨其他重要事项""审议学则及关于全校教学、训育事项，由各科各学系及大学院之主任组织之"。

（4）国立大学"各科、各学系及大学院设立教授会""以本学系及大学院之正教授、教授组织之""规划课程及其进行事项"。[1]

（三）"大学法"时期大学的内部构造

"大学法"时期的大学，是指 1929 年至 1949 年这一期间的大学。1929 年至 1949 年，民国政府颁发了众多的关于大学法律地位的文件。其中以《大学组织法》（1929 年 7 月 26 日民国政府公布、1934 年 4 月 28 日修正公布）和 1948 年《大学法》（1948 年 1 月 12 日民国政府公布）[2]最为重要。

（1）《大学组织法》规定大学有国立、公立（省立、市立）和私立三大类，《大学法》修正为市立大学只能由直辖市设立。

（2）关于大学校长，《大学组织法》和《大学法》均规定，大学设校长 1 人，总理校务。国立、省立、市立大学校长简任，除担任本校教课外，不得兼任他职。大学校长由国民政府任命；省立、市立大学校长，由省、市政府分别呈请国民政府任命。

（3）《大学组织法》和《大学法》规定大学设置校务会议、院务会议等。但校务会议、院务会议与《大学令》规定中的评议会、教授会相比较，其权力要小得多。

第二节　我国现今大学的内部构造

一、我国现今大学内部构造概述

我国现今大学亦是由众多的具有一定功能的内部单位构成的一个组织。我国现今大学的内部机构也可以划分为校级内部机构与院系级内部机构；学术机构与管理机构；教学机构、科研机构与行政机构；法定内部机构与意定内部机构等。其中，法定内部机构与意定内部机构的划分是最主要的划分之

---

　　[1]《中国全鉴》编委会编：《中国全鉴：1900—1949》（第 3 卷），团结出版社 1998 年版，第 2316 页。

　　[2] 宋恩荣、章咸编：《中华民国教育法规选编》，江苏教育出版社 2005 年版，第 395~397，417~420 页。

一，我们下文也是根据这种分类进行讨论。

根据《高等教育法》（2018 年）第 39 条第 1 款、第 41 条、第 42 条、第 43 条以及《学位法》（2025 年）的相关条款，我国公立大学的内部机构包括法定内部机构和意定内部机构两大部分。大学的法定内部机构，是指大学必须设置的内部机构。根据《教育法》（2021 年）、《高等教育法》（2018 年）等法律法规的规定，我国大学法定内部机构有：党委（领导机构）；校长（负责行政事务的机构）；学术委员会（负责一般学术事务的机构）；学位评定委员会（负责学位确认事务的机构）；教职工代表大会（教职工民主参与大学的管理和监督的机构）等。大学的意定内部机构，是指法律法规授权大学在不违反基本原则的前提下，根据管理需要而自行设立的内部机构，比如，院系、研究所、其他行政管理部门、大学委员会、教授会等。

二、我国现今大学的法定内部机构

（一）党委

根据《高等教育法》（2018 年）第 39 条第 1 款第 1 句的规定，我国公立大学内部构造的原则是党委领导下的校长负责制。[1]《高等教育法》（2018 年）第 39 条第 1 款第 2 句规定："中国共产党高等学校基层委员会按照中国共产党章程和有关规定，统一领导学校工作，支持校长独立负责地行使职权，其领导职责主要是：执行中国共产党的路线、方针、政策，坚持社会主义办学方向，领导学校的思想政治工作和德育工作，讨论决定学校内部组织机构的设置和内部组织机构负责人的人选，讨论决定学校的改革、发展和基本管理制度等重大事项，保证以培养人才为中心的各项任务的完成。"

学术上如何理解党委在法律上的地位？可以有以下三种解释：

（1）我国大学是一个法人，无论是单一公法社团法人、公法财团法人、公营造物法人，还是公法社团、公营造物双重法律地位，法律上，党委就是该法人的最高权力机构。并且，党委的权力比一般法人里的股东会或股东大会的权力要大，比董事会的权力更要大。

（2）如果将我国大学看作是国家机关的一个分支机构，党委就是其所属

---

〔1〕《高等教育法》（2018 年）第 39 条第 1 款第 1 句规定："国家举办的高等学校实行中国共产党高等学校基层委员会领导下的校长负责制。"

主体规定的该分支机构的集体领导者。

（3）如果将我国大学看作公共信托，用信托法理论理解，党委就是该公益信托的受托人团。

鉴于我国大学基本都是由地域行政主体设立的公营造物，由该公营造物所属主体或者由法律直接规定该公营造物的领导机构，完全符合法律规定。以此推论，党委属于集立法、行政和司法于一身的机构。从行政法角度，党委的法律地位，相当于美国的独立管制机构。换言之，党委是我国大学中的一个集权式、议行合一制的领导机构。值得提及的是，这种类型的领导机构并非鲜见，比如我国的村集体、美国自治团体之市镇、法国和德国的地方自治团体等次级团体，所采用的领导模式均属此种类型。

（二）校长

1. 校长的法律地位与职权

我国大学校长的法律地位，大约类似于公司（兼任法定代表人）的总经理或美国某些市镇的市政经理。《高等教育法》（2018 年）第 41 条第 1 款规定："高等学校的校长全面负责本学校的教学、科学研究和其他行政管理工作，行使下列职权：（一）拟订发展规划，制定具体规章制度和年度工作计划并组织实施；（二）组织教学活动、科学研究和思想品德教育；（三）拟订内部组织机构的设置方案，推荐副校长人选，任免内部组织机构的负责人；（四）聘任与解聘教师以及内部其他工作人员，对学生进行学籍管理并实施奖励或者处分；（五）拟订和执行年度经费预算方案，保护和管理校产，维护学校的合法权益；（六）章程规定的其他职权。"

2. 校长行使职权的形式

高等学校的校长主持校长办公会议或者校务会议，处理前款规定的有关事项。《中国政法大学章程》（2022 年）第 21 条具体规定为："……校长办公会议是学校行政议事决策机构，主要研究提出拟由党委常委会讨论决定的重要事项方案，具体部署落实党委常委会决议的有关措施，研究决定教学、科研、行政管理工作。校长办公会议依其议事规则履行职责。"

（三）学术委员会

1. 高校有设立学术委员会并发挥其作用的法定义务

《高等教育法》（2018 年）第 42 条规定："高等学校设立学术委员会……"教育部《高等学校学术委员会规程》（2014 年）第 2 条第 1 款规定："高等学

校应当依法设立学术委员会，健全以学术委员会为核心的学术管理体系与组织架构；并以学术委员会作为校内最高学术机构，统筹行使学术事务的决策、审议、评定和咨询等职权。"

《高等学校学术委员会规程》（2014 年）第 3 条规定："高等学校应当充分发挥学术委员会在学科建设、学术评价、学术发展和学风建设等事项上的重要作用，完善学术管理的体制、制度和规范，积极探索教授治学的有效途径，尊重并支持学术委员会独立行使职权，并为学术委员会正常开展工作提供必要的条件保障。"第 5 条规定："高等学校应当结合实际，依据本规程，制定学术委员会章程或者通过学校章程，具体明确学术委员会组成、职责，以及委员的产生程序、增补办法，会议制度和议事规则及其他未尽事宜。"

2. 学术委员会的组成规则

《高等学校学术委员会规程》（2014 年）第 6 条、第 8 条至第 11 条是学术委员会的组成规则的规定。

（1）学术委员会一般应当由学校不同学科、专业的教授及具有正高级以上专业技术职务的人员组成，并应当有一定比例的青年教师。学术委员会人数应当与学校的学科、专业设置相匹配，并为不低于 15 人的单数。其中，担任学校及职能部门党政领导职务的委员，不超过委员总人数的 1/4；不担任党政领导职务及院系主要负责人的专任教授，不少于委员总人数的 1/2。学校可以根据需要聘请校外专家及有关方面代表，担任专门学术事项的特邀委员。（第 6 条）

（2）学校应当根据学科、专业构成情况，合理确定院系（学部）的委员名额，保证学术委员会的组成具有广泛的学科代表性和公平性。学术委员会委员的产生，应当经自下而上的民主推荐、公开公正的遴选等方式产生候选人，由民主选举等程序确定，充分反映基层学术组织和广大教师的意见。特邀委员由校长、学术委员会主任委员或者 1/3 以上学术委员会委员提名，经学术委员会同意后确定。（第 8 条）

（3）学术委员会委员由校长聘任。学术委员会委员实行任期制，任期一般可为 4 年，可连选连任，但连任最长不超过 2 届。学术委员会每次换届，连任的委员人数应不高于委员总数的 2/3。（第 9 条）

（4）学术委员会设主任委员 1 名，可根据需要设若干名副主任委员。主任委员可由校长提名，全体委员选举产生；也可以采取直接由全体委员选举等方式产生，具体办法由学校规定。（第 10 条）

（5）学术委员会可以就学科建设、教师聘任、教学指导、科学研究、学术道德等事项设立若干专门委员会，具体承担相关职责和学术事务；应当根据需要，在院系（学部）设置或者按照学科领域设置学术分委员会，也可以委托基层学术组织承担相应职责。各专门委员会和学术分委员会根据法律规定、学术委员会的授权及各自章程开展工作，向学术委员会报告工作，接受学术委员会的指导和监督。学术委员会设立秘书处，处理学术委员会的日常事务；学术委员会的运行经费，应当纳入学校预算安排。（第11条）

3. 学术委员会的职责与履行职责应当遵守的原则

根据《高等教育法》（2018年）第42条的规定，高等学校的学术委员会履行下列职责：①审议学科建设、专业设置，教学、科学研究计划方案；②评定教学、科学研究成果；③调查、处理学术纠纷；④调查、认定学术不端行为；⑤按照章程审议、决定有关学术发展、学术评价、学术规范的其他事项。《高等学校学术委员会规程》（2014年）第15条至18条对学术委员会的职责与权限进行了更加具体的规定。

根据《高等学校学术委员会规程》（2014年）第15条的规定，学校下列事务决策前，应当提交学术委员会审议，或者交由学术委员会审议并直接作出决定：①学科、专业及教师队伍建设规划，以及科学研究、对外学术交流合作等重大学术规划；②自主设置或者申请设置学科专业；③学术机构设置方案，交叉学科、跨学科协同创新机制的建设方案、学科资源的配置方案；④教学科研成果、人才培养质量的评价标准及考核办法；⑤学位授予标准及细则，学历教育的培养标准、教学计划方案、招生的标准与办法；⑥学校教师职务聘任的学术标准与办法；⑦学术评价、争议处理规则，学术道德规范；⑧学术委员会专门委员会组织规程，学术分委员会章程；⑨学校认为需要提交审议的其他学术事务。

根据《高等学校学术委员会规程》（2014年）第16条的规定，学校实施以下事项，涉及对学术水平做出评价的，应当由学术委员会或者其授权的学术组织进行评定：①学校教学、科学研究成果和奖励，对外推荐教学、科学研究成果奖；②高层次人才引进岗位人选、名誉（客座）教授聘任人选，推荐国内外重要学术组织的任职人选、人才选拔培养计划人选；③自主设立各类学术、科研基金、科研项目以及教学、科研奖项等；④需要评价学术水平的其他事项。

根据《高等学校学术委员会规程》（2014 年）第 17 条的规定，学校做出下列决策前，应当通报学术委员会，由学术委员会提出咨询意见：①制订与学术事务相关的全局性、重大发展规划和发展战略；②学校预算决算中教学、科研经费的安排和分配及使用；③教学、科研重大项目的申报及资金的分配使用；④开展中外合作办学、赴境外办学，对外开展重大项目合作；⑤学校认为需要听取学术委员会意见的其他事项。学术委员会对上述事项提出明确不同意见的，学校应当做出说明、重新协商研究或者暂缓执行。

根据《高等学校学术委员会规程》（2014 年）第 18 条的规定，学术委员会按照有关规定及学校委托，受理有关学术不端行为的举报并进行调查，裁决学术纠纷。学术委员会调查学术不端行为、裁决学术纠纷，应当组织具有权威性和中立性的专家组，从学术角度独立调查取证，客观公正地进行调查认定。专家组的认定结论，当事人有异议的，学术委员会应当组织复议，必要的可以举行听证。对违反学术道德的行为，学术委员会可以依职权直接撤销或者建议相关部门撤销当事人相应的学术称号、学术待遇，并可以同时向学校、相关部门提出处理建议。

《高等学校学术委员会规程》（2014 年）第 4 条对学术委员会履行职责应当遵守的原则作出了规定。根据该条的规定，高等学校学术委员会应当遵循学术规律，尊重学术自由、学术平等，鼓励学术创新，促进学术发展和人才培养，提高学术质量；应当公平、公正、公开地履行职责，保障教师、科研人员和学生在教学、科研和学术事务管理中充分发挥主体作用，促进学校科学发展。

4. 学术委员会的运行制度

《高等学校学术委员会规程》（2014 年）第 19 条至 23 条是对学术委员会的运行制度的规定。

学术委员会实行例会制度，每学期至少召开 1 次全体会议。根据工作需要，经学术委员会主任委员或者校长提议，或者 1/3 以上委员联名提议，可以临时召开学术委员会全体会议，商讨、决定相关事项。学术委员会可以授权专门委员会处理专项学术事务，履行相应职责。（第 19 条）

学术委员会主任委员负责召集和主持学术委员会会议，必要时，可以委托副主任委员召集和主持会议。学术委员会委员全体会议应有 2/3 以上委员出席方可举行。学术委员会全体会议应当提前确定议题并通知与会委员。经

与会 1/3 以上委员同意，可以临时增加议题。（第 20 条）

　　学术委员会议事决策实行少数服从多数的原则，重大事项应当以与会委员的 2/3 以上同意，方可通过。学术委员会会议审议决定或者评定的事项，一般应当以无记名投票方式做出决定；也可以根据事项性质，采取实名投票方式。学术委员会审议或者评定的事项与委员本人及其配偶和直系亲属有关，或者具有利益关联的，相关委员应当回避。（第 21 条）

　　学术委员会会议可以根据议题，设立旁听席，允许相关学校职能部门、教师及学生代表列席旁听。学术委员会做出的决定应当予以公示，并设置异议期。在异议期内如有异议，经 1/3 以上委员同意，可召开全体会议复议。经复议的决定为终局结论。（第 22 条）

　　学术委员会应当建立年度报告制度，每年度对学校整体的学术水平、学科发展、人才培养质量等进行全面评价，提出意见、建议；对学术委员会的运行及履行职责的情况进行总结。学术委员会年度报告应提交教职工代表大会审议，有关意见、建议的采纳情况，校长应当做出说明。（第 23 条）

　　5. 学术委员会委员的任职条件以及权利义务

　　《高等学校学术委员会规程》（2014 年）第 7 条规定，学术委员会委员应当具备以下条件：①遵守宪法法律，学风端正、治学严谨、公道正派；②学术造诣高，在本学科或者专业领域具有良好的学术声誉和公认的学术成果；③关心学校建设和发展，有参与学术议事的意愿和能力，能够正常履行职责；④学校规定的其他条件。根据《高等学校学术委员会规程》（2014 年）第 12 条规定，学术委员会委员在任期内有下列情形，经学术委员会全体会议讨论决定，可免除或同意其辞去委员职务：①主动申请辞去委员职务的；②因身体、年龄及职务变动等原因不能履行职责的；③怠于履行职责或者违反委员义务的；④有违法、违反教师职业道德或者学术不端行为的；⑤因其他原因不能或不宜担任委员职务的。

　　《高等学校学术委员会规程》（2014 年）第 13 条规定，学术委员会委员的权利如下：①知悉与学术事务相关的学校各项管理制度、信息等；②就学术事务向学校相关职能部门提出咨询或质询；③在学术委员会会议中自由、独立地发表意见，讨论、审议和表决各项决议；④对学校学术事务及学术委员会工作提出建议、实施监督；⑤学校章程或者学术委员会章程规定的其他权利。特邀委员根据学校的规定，享有相应权利。《高等学校学术委员会规程》

（2014年）第14条的规定，学术委员会委员应当履行以下义务：①遵守国家宪法、法律和法规，遵守学术规范，恪守学术道德；②遵守学术委员会章程，坚守学术专业判断，公正履行职责；③勤勉尽职，积极参加学术委员会会议及有关活动；④学校章程或者学术委员会章程规定的其他义务。

（四）学位评定委员会与论文答辩委员会

1. 学位评定委员会与论文答辩委员会的组成

关于学位评定委员的组成，《学位法》（2025年）第10条第1款规定："学位评定委员会由学位授予单位具有高级专业技术职务的负责人、教学科研人员组成，其组成人员应当为不少于九人的单数。学位评定委员会主席由学位授予单位主要行政负责人担任。"第11条规定："学位评定委员会及分委员会的组成人员、任期、职责分工、工作程序等由学位授予单位确定并公布。"国务院《学位条例暂行实施办法》（1981年）第19条规定："学位授予单位的学位评定委员会由九至二十五人组成，任期二至三年。成员应当包括学位授予单位主要负责人和教学、研究人员。授予学士学位的高等学校，参加学位评定委员会的教学人员应当从本校讲师以上教师中遴选。授予学士学位、硕士学位和博士学位的单位，参加学位评定委员会的教学、研究人员，主要应当从本单位副教授、教授或相当职称的专家中遴选。授予博士学位的单位，学位评定委员会中应当有半数以上的教授或相当职称的专家。学位评定委员会主席由学位授予单位具有教授、副教授或相当职称的主要负责人（高等学校校长，主管教学、科学研究和研究生工作的副校长，或科学研究机构相当职称的人员）担任。学位评定委员会可以按学位的学科门类，设置若干分委员会，各由七至十五人组成，任期二至三年。分委员会主席必须由学位评定委员会委员担任。分委员会协助学位评定委员会工作。学位评定委员会成员名单，应当由各学位授予单位报主管部门批准，主管部门转报国务院学位委员会备案。学位评定委员会可根据需要，配备必要的专职或兼职的工作人员，处理日常工作。"

关于论文答辩委员会的组成，《学位法》（2025年）第26条第1款规定："学位授予单位应当按照学科、专业组织硕士、博士学位答辩委员会。硕士学位答辩委员会组成人员应当不少于三人。博士学位答辩委员会组成人员应当不少于五人，其中学位授予单位以外的专家应当不少于二人。"

2. 论文答辩委员会与学位评定委员会的职责

关于论文答辩委员会的职责，《学位法》（2025 年）第 26 条第 2 款、第 3 款规定："学位论文或者实践成果应当在答辩前送答辩委员会组成人员审阅，答辩委员会组成人员应当独立负责地履行职责。答辩委员会应当按照规定的程序组织答辩，就学位申请人是否通过答辩形成决议并当场宣布。答辩以投票方式表决，由全体组成人员的三分之二以上通过。除内容涉及国家秘密的外，答辩应当公开举行。"《学位法》（2025 年）第 27 条规定："学位论文答辩或者实践成果答辩未通过的，经答辩委员会同意，可以在规定期限内修改，重新申请答辩。博士学位答辩委员会认为学位申请人虽未达到博士学位的水平，但已达到硕士学位的水平，且学位申请人尚未获得过本单位该学科、专业硕士学位的，经学位申请人同意，可以作出建议授予硕士学位的决议，报送学位评定委员会审定。"

关于学位评定委员的职责，《学位法》（2025 年）第 9 条规定："学位授予单位设立学位评定委员会，履行下列职责：（一）审议本单位学位授予的实施办法和具体标准；（二）审议学位授予点的增设、撤销等事项；（三）作出授予、不授予、撤销相应学位的决议；（四）研究处理学位授予争议；（五）受理与学位相关的投诉或者举报；（六）审议其他与学位相关的事项。学位评定委员会可以设立若干分委员会协助开展工作，并可以委托分委员会履行相应职责。"《学位法》（2025 年）第 24 条规定："申请学士学位的，由学位评定委员会组织审查，作出是否授予学士学位的决议。"《学位法》（2025 年）第 28 条规定："学位评定委员会应当根据答辩委员会的决议，在对学位申请进行审核的基础上，作出是否授予硕士、博士学位的决议。"《学位法》（2025 年）第 10 条第 2 款规定："学位评定委员会作出决议，应当以会议的方式进行。审议本法第九条第一款第一项至第四项所列事项或者其他重大事项的，会议应当有全体组成人员的三分之二以上出席。决议事项以投票方式表决，由全体组成人员的过半数通过。"

根据上述规定，学位确认的决定权由学位论文答辩委员会与学位评定委员会这两个学术组织分享。这里需要强调的是，关于论文答辩委员会和学位评定委员会之间的关系，《学位法》（2025 年）与《学位条例》（2004 年）的规定不同。《学位条例》（2004 年）的规定是，学位论文答辩委员会决议是否授予学位；学位评定委员会对学位论文答辩委员会的决议进行审查，然后决定是否批准。《学位法》（2025 年）的规定是，学位论文答辩委员会"就学位申请人是否通过答辩形成决议"，学位评定委员会"根据答辩委员会的决议，在对学位申请进行审核的基础上，作出是否授予硕士、博士学位的决议"。

（五）教职工代表大会

《高等教育法》（2018 年）第 43 条规定："高等学校通过以教师为主体的教职工代表大会等组织形式，依法保障教职工参与民主管理和监督，维护教职工合法权益。"教育部《学校教职工代表大会规定》（2012 年）对教职工大会或代表大会进行了更加详细的规定。

1. 教职工代表大会的指导原则

学校教职工代表大会（以下简称"教职工代表大会"）是教职工依法参与学校民主管理和监督的基本形式。学校应当建立和完善教职工代表大会制度。

教职工代表大会应当高举中国特色社会主义伟大旗帜，以马克思列宁主义、毛泽东思想、邓小平理论和"三个代表"重要思想为指导，深入贯彻落实科学发展观，全面贯彻执行党的基本路线和教育方针，认真参与学校民主管理和监督。教职工代表大会和教职工代表大会代表应当遵守国家法律法规，遵守学校规章制度，正确处理国家、学校、集体和教职工的利益关系。教职工代表大会在中国共产党学校基层组织的领导下开展工作。教职工代表大会的组织原则是民主集中制。

2. 教职工代表大会的职权、行权方式与学校的相应义务

根据《学校教职工代表大会规定》（2012 年）第 7 条第 1 款的规定，教职工代表大会的职权是：①听取学校章程草案的制定和修订情况报告，提出修改意见和建议；②听取学校发展规划、教职工队伍建设、教育教学改革、校园建设以及其他重大改革和重大问题解决方案的报告，提出意见和建议；③听取学校年度工作、财务工作、工会工作报告以及其他专项工作报告，提出意见和建议；④讨论通过学校提出的与教职工利益直接相关的福利、校内分配实施方案以及相应的教职工聘任、考核、奖惩办法；⑤审议学校上一届（次）教职工代表大会提案的办理情况报告；⑥按照有关工作规定和安排评议学校领导干部；⑦通过多种方式对学校工作提出意见和建议，监督学校章程、规章制度和决策的落实，提出整改意见和建议；⑧讨论法律法规章规定的以及学校与学校工会商定的其他事项。

根据《学校教职工代表大会规定》（2012 年）第 7 条第 2 款的规定，教

职工代表大会的意见和建议，以会议决议的方式做出。

《学校教职工代表大会规定》（2012年）第8条规定："学校应当建立健全沟通机制，全面听取教职工代表大会提出的意见和建议，并合理吸收采纳；不能吸收采纳的，应当做出说明。"

3. 教职工代表大会的组织规则

有教职工80人以上的学校，应当建立教职工代表大会制度；不足80人的学校，建立由全体教职工直接参加的教职工大会制度。学校根据实际情况，可在其内部单位建立教职工代表大会制度或者教职工大会制度，在该范围内行使相应的职权。教职工大会制度的性质、领导关系、组织制度、运行规则等，与教职工代表大会制度相同。

学校应当遵守教职工代表大会的组织规则，定期召开教职工代表大会，支持教职工代表大会的活动。教职工代表大会每学年至少召开一次。遇有重大事项，经学校、学校工会或1/3以上教职工代表大会代表提议，可以临时召开教职工代表大会。教职工代表大会每3年或5年为一届。期满应当进行换届选举。

教职工代表大会须有2/3以上教职工代表大会代表出席。教职工代表大会根据需要可以邀请离退休教职工等非教职工代表大会代表，作为特邀代表或者列席代表参加会议。特邀代表或者列席代表在教职工代表大会上不具有选举权、被选举权和表决权。教职工代表大会的议题，应当根据学校的中心工作、教职工的普遍要求，由学校工会提交学校研究确定，并提请教职工代表大会表决通过。教职工代表大会的选举和表决，须经教职工代表大会代表总数半数以上通过方为有效。

教职工代表大会在教职工代表大会代表中推选人员，组成主席团主持会议。主席团应当由学校各方面人员组成，其中包括学校、学校工会主要领导，教师代表应占多数。

教职工代表大会可根据实际情况和需要设立若干专门委员会（工作小组），完成教职工代表大会交办的有关任务。专门委员会（工作小组）对教职工代表大会负责。教职工代表大会根据实际情况和需要，可以在教职工代表大会代表中选举产生执行委员会。执行委员会中，教师代表应占多数。教职工代表大会闭会期间，遇有急需解决的重要问题，可由执行委员会联系有关专门委员会（工作小组）与学校有关机构协商处理。其结果向下一次教职工代表大会报告。

4. 教职工代表大会的工作机构及其职责

学校工会是教职工代表大会的工作机构。学校工会承担以下与教职工代表大会相关的工作职责：①做好教职工代表大会的筹备工作和会务工作，组织选举教职工代表大会代表，征集和整理提案，提出会议议题、方案和主席团建议人选；②教职工代表大会闭会期间，组织传达贯彻教职工代表大会精神，督促检查教职工代表大会决议的落实，组织各代表团（组）及专门委员会（工作小组）的活动，主持召开教职工代表团（组）长、专门委员会（工作小组）负责人联席会议；③组织教职工代表大会代表的培训，接受和处理教职工代表大会代表的建议和申诉；④就学校民主管理工作向学校党组织汇报，与学校沟通；⑤完成教职工代表大会委托的其他任务。选举产生执行委员会的学校，其执行委员会根据教职工代表大会的授权，可承担前款有关职责。

学校应当为学校工会承担教职工代表大会工作机构的职责提供必要的工作条件和经费保障。

5. 教职工代表大会代表的权利与义务

凡与学校签订聘任聘用合同、具有聘任聘用关系的教职工，均可当选为教职工代表大会代表。教职工代表大会代表占全体教职工的比例，由地方省级教育等部门确定；地方省级教育等部门没有确定的，由学校自主确定。

教职工代表大会代表以学院、系（所、年级）、室（组）等为单位，由教职工直接选举产生。教职工代表大会代表可以按照选举单位组成代表团（组），并推选出团（组）长。教职工代表大会代表以教师为主体，教师代表不得低于代表总数的60%，并应当根据学校实际，保证一定比例的青年教师和女教师代表。民族地区的学校和民族学校，少数民族代表应当占有一定比例。教职工代表大会代表接受选举单位教职工的监督。

教职工代表大会代表实行任期制，任期3年或5年，可以连选连任。选举、更换和撤换教职工代表大会代表的程序，由学校根据相关规定，并结合本校实际予以明确规定。

教职工代表大会代表享有以下权利：①在教职工代表大会上享有选举权、被选举权和表决权；②在教职工代表大会上充分发表意见和建议；③提出提案并对提案办理情况进行询问和监督；④就学校工作向学校领导和学校有关机构反映教职工的意见和要求；⑤因履行职责受到压制、阻挠或者打击报复时，向有关部门提出申诉和控告。

教职工代表大会代表应当履行以下义务：①努力学习并认真执行党的路线方针政策、国家的法律法规、党和国家关于教育改革发展的方针政策，不断提高思想政治素质和参与民主管理的能力；②积极参加教职工代表大会的活动，认真宣传、贯彻教职工代表大会决议，完成教职工代表大会交给的任务；③办事公正，为人正派，密切联系教职工群众，如实反映群众的意见和要求；④及时向本部门教职工通报参加教职工代表大会活动和履行职责的情况，接受评议监督；⑤自觉遵守学校的规章制度和职业道德，提高业务水平，做好本职工作。

三、我国现今大学的主要意定内部机构

（一）理事会

1. 理事会的概念

《国家中长期教育改革和发展规划纲要（2010—2020年）》提出"探索建立高等学校理事会或董事会，健全社会支持和监督学校发展的长效机制"。教育部《普通高等学校理事会规程（试行）》（2014年）是关于高校理事会的指导性法律文件。该"规程"第2条第1款规定，理事会（或者董事会、校务委员会等）是指"国家举办的普通高等学校（以下简称：高等学校）根据面向社会依法自主办学的需要，设立的由办学相关方面代表参加，支持学校发展的咨询、协商、审议与监督机构，是高等学校实现科学决策、民主监督、社会参与的重要组织形式和制度平台。"

根据上述法律规定，理事会只是"支持学校发展的咨询、协商、审议与监督机构"，在法律属性上，这个机构是大学的一个外部咨询机构。

《普通高等学校理事会规程（试行）》（2014年）第14条规定："高等学校应当向社会公布理事会组成及其章程。理事会应当主动公开相关信息及履行职责的情况，接受教职工、社会和高等学校主管部门的监督。"第15条规定："已设立理事会或相关机构的普通高等学校，其组成或者职责与本规程不一致的，应依据本规程予以调整。高等职业学校可以参照本章程组建理事会，并可以按照法律和国家相关规定，进一步明确行业企业代表在理事会的地位与作用。民办高等学校理事会或者董事会依据《民办教育促进法》组建并履

行职责，不适用本规程；但可参照本规程，适当扩大理事会组成人员的代表性。"

2. 理事会的组成

理事会一般应包含以下方面的代表：①学校举办者、主管部门、共建单位的代表；②学校及职能部门相关负责人，相关学术组织负责人，教师、学生代表；③支持学校办学与发展的地方政府、行业组织、企业事业单位和其他社会组织等理事单位的代表；④杰出校友、社会知名人士、国内外知名专家等；⑤学校邀请的其他代表。各方面代表在理事会所占的比例应当相对均衡，有利于理事会充分、有效地发挥作用。

理事会组成人员一般不少于21人，可分为职务理事和个人理事。职务理事由相关部门或者理事单位委派；理事单位和个人理事由学校指定机构推荐或者相关组织推选。学校主要领导和相关职能部门负责人可以确定为当然理事。根据理事会组成规模及履行职能的需要和学校实际，可以设立常务理事、名誉理事等。理事会每届任期一般为5年，理事可以连任。理事会可设理事长一名，副理事长若干名。理事长可以由学校提名，由理事会全体会议选举产生；也可以由学校举办者或者学校章程规定的其他方式产生。理事、名誉理事应当具有良好的社会声誉、在相关行业、领域具有广泛影响，积极关心、支持学校发展，有履行职责的能力和愿望。理事、名誉理事不得以参加理事会及相关活动，获得薪酬或者其他物质利益；不得借职务便利获得不当利益。

3. 理事会的职责

理事会主要履行以下职责：①审议通过理事会章程、章程修订案；②决定理事的增补或者退出；③就学校发展目标、战略规划、学科建设、专业设置、年度预决算报告、重大改革举措、学校章程拟定或者修订等重大问题进行决策咨询或者参与审议；④参与审议学校开展社会合作、校企合作、协同创新的整体方案及重要协议等，提出咨询建议，支持学校开展社会服务；⑤研究学校面向社会筹措资金、整合资源的目标、规划等，监督筹措资金的使用；⑥参与评议学校办学质量，就学校办学特色与教育质量进行评估，提出合理化建议或者意见；⑦学校章程规定或者学校委托的其他职能。

4. 理事会的工作方式

理事会应当建立例会制度，每年至少召开一次全体会议；也可召开专题会议，或者设立若干专门小组负责相关具体事务。理事会会议应遵循民主协商的原则，建立健全会议程序和议事规则，保障各方面代表能够就会议议题充分讨论、自主发表意见，并以协商或者表决等方式形成共识。

理事会可以设秘书处，负责安排理事会会议，联系理事会成员，处理理事会的日常事务等。高等学校应当提供必要的经费保证理事会正常开展活动。理事会组织、职责及运行的具体规则，会议制度，议事规则，理事的权利义务、产生办法等，应当通过理事会章程予以规定。理事会章程经理事会全体会议批准后生效。

5. 大学应当充分发挥理事会的作用

高等学校应当结合实际，在以下事项上充分发挥理事会的作用：①密切社会联系，提升社会服务能力，与相关方面建立长效合作机制；②扩大决策民主，保障与学校改革发展相关的重大事项，在决策前，能够充分听取相关方面意见；③争取社会支持，丰富社会参与和支持高校办学的方式与途径，探索、深化办学体制改革；④完善监督机制，健全社会对学校办学与管理活动的监督、评价机制，提升社会责任意识。

（二）校务委员会和董事会

中国政法大学有两个咨询机构，一个是校内咨询机构"校务委员会"，一个是校外咨询机构"董事会"。

1. 校务委员会

《中国政法大学章程》（2022年）第23条规定："学校设立校务委员会。校务委员会是学校咨询机构，依其章程对学校事业发展规划、重大改革措施、校园建设等重大事项，提出意见和建议。校务委员会主席由校党委书记担任。校务委员会由学校党委和行政主要领导、相关职能部门负责人、党外人士代表、教师代表、学生代表和离退休教职工代表等组成。"校务委员会既然是咨询机构，不赋予其实体决策权也符合法律规定；但其既然是校内咨询机构，则当然应该拥有相应的程序权力，即决策机构决策应征询校务委员会的咨询意见。遗憾的是，《中国政法大学章程》（2022年）并未赋予校务委员会有此项权力。

2. 董事会

2010年12月12日中国政法大学第一届董事会第一次会议通过，2014年12月27日中国政法大学第二届董事会第一次会议修订的《中国政法大学董事会章程》（2014年）第2条规定："校董会负责对学校发展战略规划、学科建设、人才培养、科学研究及社会服务等重要事务进行咨询、指导和评议，是学校与校董单位及校董个人建立和发展长期、全面、紧密合作关系的组织形式，代表学校与政府机关、企事业单位及社会组织开展沟通与联络，致力于社会服务与人才培养，筹措学校教育发展资金，支持学校改革与发展事业。"《中国政法大学章程》（2022 年）第 22 条规定："学校设立'中国政法大学董事会'。董事会由热心高等教育，关心、支持中国政法大学发展的各界人士组成。董事会是学校咨询议事与监督机构。董事会负责对学校发展规划、学科建设、人才培养、科学研究及社会服务等重要事务提供咨询、指导和评议；代表学校与政府机关、企事业单位及社会组织开展沟通与联络；促进学校与社会建立广泛联系与合作、筹措教育发展资金，支持学校事业。董事会依其章程开展活动。"根据这两条规定，中国政法大学董事会是中国政法大学的校外咨询机构。既然是咨询机构，应当赋予其在程序方面拥有某些权力，当然因其只是校外咨询机构，其在程序方面的权力的效力不强，也属合理。

（三）监察委员会、人才培养委员会和教学委员会

1. 监察委员会

北京大学有一个内部管理机构"监察委员会"。《北京大学章程》（2017年）第 30 条规定，学校设监察委员会，由校纪委委员代表、民主党派代表、教职工代表、学生代表组成。监察委员会对学校机构及人员具有检查权、调查权、建议权、处分权。监察委员会独立行使监察职权，对学校机构及人员实施监察，主要履行下列职责：①检查学校机构及人员在遵守和执行学校规章制度和决定中的问题；②受理对学校机构及人员违反校纪校规行为的控告、检举；③调查处理学校机构及人员违反校纪校规的行为；④受理学校机构及人员对处分决定的异议或者申诉，依法依规维护其权益。监察委员会对校长负责。学校监察室是监察委员会的办事机构。学校制定监察委员会章程。监察委员会按其章程开展工作。

2. 人才培养委员会

中国人民大学有一个内部管理机构"人才培养委员会"。《中国人民大学章程》（2019 年）第 31 条规定，学校设置人才培养委员会，由人才培养委员会主任主持开展工作。人才培养委员会的主要职责是：①研究人才培养方面的突出问题、重大趋势，并提出决策咨询建议；②依据法律和有关规定，负责组织审定人才培养规划、人才培养方案、管理制度设计和重要表彰、处分

方案；③指导招生、专业建设、课程建设、教材建设、教学组织建设、教学设施建设、教师教学培训和学生管理等工作；④听取和审议人才培养年度工作计划与年度质量报告，审阅人才培养状况基本数据，研究讨论人才培养质量改进及保障措施；⑤其他需要人才培养委员会决策的重大事项。人才培养委员会会议由委员会主任主持，实际到会人数达到应到会人数的 2/3 以上方可召开，采取表决制作出决定，赞成人数超过应到会人数的 1/2 方为通过。

3. 教学委员会

清华大学有一内部管理机构"教学委员会"。《清华大学章程》（2014 年）第 28 条规定，教学委员会负责审议本校教学计划方案，评定教学成果、教学质量，检查、指导教学管理和教学队伍建设等重要事项，对教育教学改革和人才培养工作提出咨询建议。教学委员会由教师代表委员和职务委员组成，设主任委员 1 名、副主任委员若干名。主任委员由校长担任；副主任委员和委员经学校党委常委会会议确定后，由校长聘任。委员实行任期制，任期一般为 5 年，连续任职一般不超过 2 届。

▶ 思考题

1. 以一个特定大学为例，详细说明该大学的所有内部机构（包括法定内部机构和意定内部机构）。

第七章
大学的权利、义务与法律责任

　　现代大学一般都是独立的法人，当然拥有法定的权利并承担相应的法律义务。根据我国法律的规定，大学拥有"招生的权利""组织实施教育教学活动的权利""自主开展科学研究、技术开发和社会服务的权利"等九项权利；应当承担"遵守法律、法规的义务""提供合格教学、科研和服务的义务""维护受教育者、教师及其他职工的合法权益的义务"等七项义务。当然，如果大学不履行义务或者违法，应当承担相应的法律责任，比如"违规招生的法律责任""违规收费的法律责任""违规颁发学业证书的法律责任"等。

第一节　大学的权利

一、大学权利概述

（一）大学权利的概念

　　大学的权利，是指作为一个法律主体的大学所拥有的权利。它有广义和狭义两个概念。广义的大学权利，是指大学拥有的所有权利，比如大学的自治权、当合同对方当事人违约时的违约请求权、当受到其他法律主体侵权时的损害赔偿请求权等；狭义的大学权利，仅指大学的自治权。

（二）正确理解大学自治权

　　大学自治权，即大学"按照章程"以及其他法律法规"自主管理"其内部事务的权利。大学自治权是大学最主要的权利。理解大学自治权需要注意以下几个方面的问题：

（1）大学自治权的效力表现为，大学作为一个拥有自治权的主体，在其自治权范围内，可以对抗任何人，易言之，即任何人不得非法干预大学自治权范围内的事项。这里的"任何人"包括大学的举办者、任何外部势力比如政府、教会、党派、团体，以及大学的内部成员等。

（2）大学自治权的范围应限制在学术活动之内。从权利能力和行为能力的角度审视，自然人的权利能力和行为能力几无限制（无行为能力人和限制行为能力人除外），但法人的权利能力和行为能力均受其章程或特许状的限制。因此，大学的权利能力和行为能力被限制在学术活动范围之内，其自治权当然不得超越学术活动的范围。

（3）虽然《高等教育法》（2018年）规定了大学自治权的范围，但各个大学在其大学章程中应当尽可能详细地规定其自治权，也就是说，大学章程中关于大学自治权的规定应该尽量清楚、明确，而不是照搬《高等教育法》（2018年）的有关规定。

（4）国家通过其相应机关比如省政府、教育部、教育厅、人事部等，可以对大学的事务进行管理和指导，但其干预范围应当适当，干预方式应当有所选择。一般而言，对属于大学自治权范围的事务的干预，应当通过法律监督的方式进行，只进行合法性审查，不进行合理性审查；对于大学接受国家委托的行政任务的干预，可以通过业务监督的方式进行，既可以进行合法性审查，也可以进行合理性审查。另外，我国以后的高等教育立法，应当对法律监督与业务监督的范围作出明确的、细致的规定。

二、大学权利列举

（一）招生权

1. 招生权的概念

招生权，即大学招收学生的权利，有广义和狭义两种含义。广义的招生权，包括大学决定招收学生的数量、标准以及调节系科招生比例的权利。狭义的招生权，仅指大学决定招收学生数量的权利。教学是学校的核心职能，招生权是任何学校必须拥有的权利。那些没有学生、不从事教学只从事科学研究的机构，可以称为研究所、研究院，但绝对不能称为学校。[1]

2. 大学招生权的法律性质

从法定权利的角度来说，大学的招生权利来源于国家法律的明文规定。但从具体的操作角度来说，大学的招生权利又是源自教育行政主管机关的行政许可。因此，大学的招生权利是大学通过行政许可程序而获得的一项民事权利。在该行政程序中，大学是申请人，教育行政主管机关是许可机关，许可事项是大学的招生权利。

国家在核准大学章程、批准法人资格、颁发办学许可证时，许可大学之权利能力和行为能力肯定是提供高等教育服务的权利能力和行为能力。该种"权利能力和行为能力"天然地包含招生权利在内，否则，办学许可证即丧失意义。当然，大学每年的招生人数等事项尚需教育行政部门每年通过具体的行政许可程序确定。我们不能因为法律规定或大学办学许可证赋予大学以招生权，就想当然地认定大学的招生权是国家授予的行政权。

大学在行使招生权利时，应当接受国家的监督。只不过所受国家监督力度的大小有所差异而已。英美法系国家，大学行使招生权利时受国家监督的力度较小。比如，美国私立大学和教会大学的招生权利就很少受到国家的限制和监督，如果政府要求私立大学承担促进州政府或联邦政府的利益，则应当采取财政资助的形式，只有如此，政府才可以在其财政资助的范围内对大学的招生录取行为进行适当的干预；大学在政府资助的范围内，遵守法律法规和正当法律程序的要求，即履行了自己的义务。大陆法系国家，大学行使招生权利时受国家监督的力度较大。我国公立高校的招生录取，受国家指令、监督的力度非常大。但国家对大学招生录取的这种干预和监督，仅表示国家

---

[1] 《教育法》（2021 年）第 29 条第 1 款第 3 项规定，大学拥有"招收学生或者其他受教育者"的权利。《高等教育法》（2018 年）第 32 条规定："高等学校根据社会需求、办学条件和国家核定的办学规模，制定招生方案，自主调节系科招生比例。"教育部《关于实施〈中华人民共和国高等教育法〉若干问题的意见》（1999 年）第 9 条规定："国务院有关部委和省、自治区、直辖市应尽快核定所主管的高等学校的办学规模。国家举办的高等学校按照原国家教委颁布的《普通高等学校本、专科招生计划管理意见》中'核定普通高等学校招生规模办学条件标准'的规定，在核定的办学规模内制定年度招生计划，根据本校情况和专业特点提出招生附加条件，自主决定系科招生比例，提出面向省级行政区域招生数，经国务院教育行政部门综合平衡后下达本专科招生来源计划。社会力量举办的高等学校根据《社会力量办学条例》的有关规定，行使招生自主权。经国家批准招收研究生的高等学校和科学研究机构，在国家下达的年度招生规模数额内，自行确定招生面向的地域或行业系统，自主决定各专业的招生人数，提出招生附加条件。"

对被许可人（大学）行使其被许可权利（招生权利）的监督力度大，并不能从中推导出大学的招生行为本身是大学对学生的行政许可。

（二）组织实施教育教学活动的权利

根据《教育法》（2021年）第29条第1款第2项的规定，大学拥有"组织实施教育教学活动"的权利。

1. 自主设置和调整学科、专业的权利

《高等教育法》（2018年）第33条规定："高等学校依法自主设置和调整学科、专业。"教育部《关于实施〈中华人民共和国高等教育法〉若干问题的意见》（1999年）第10条规定："国务院教育行政部门在已下放专科专业和部分本科专业设置、调整权的基础上，进一步调查研究，尽快组织修订现行的有关专业设置管理规定，依法落实高等学校本科专业设置、调整权。"

2. 自主制定教学计划、选编教材、组织实施教学活动的权利

《高等教育法》（2018年）第34条规定："高等学校根据教学需要，自主制定教学计划、选编教材、组织实施教学活动。"教育部《关于实施〈中华人民共和国高等教育法〉若干问题的意见》（1999年）第11条规定："根据《高等教育法》第三十四条的规定，各高等学校根据国家的教育方针、国务院教育行政部门确定的人才培养目标和基本规格，并从学科专业实际和社会需要出发，自主制定人才培养方案和具体教学计划，确定课程、课时和学分，编写教学大纲和教材，组织考试和开展其他教学活动。"

（三）自主开展科学研究、技术开发和社会服务的权利

《高等教育法》（2018年）第35条规定："高等学校根据自身条件，自主开展科学研究、技术开发和社会服务。国家鼓励高等学校同企业事业组织、社会团体及其他社会组织在科学研究、技术开发和推广等方面进行多种形式的合作。国家支持具备条件的高等学校成为国家科学研究基地。"教育部《关于实施〈中华人民共和国高等教育法〉若干问题的意见》（1999年）第12条规定："高等学校要以培养人才为中心，自主开展科学研究和社会服务活动。高等学校应重视并积极开展基础研究和高新技术研究，要围绕经济建设中的重大科学技术问题，开展科技攻关，为改造传统产业、调整产业结构、培育国家经济发展新的生长点服务。开展哲学社会科学研究要以马克思列宁主义、毛泽东思想和邓小平理论为指导，紧密结合国民经济和社会发展的重大理论和实践问题，充分发挥高等学校'思想库'、'人才库'的优势，为各级政府

部门决策和实践提供理论依据。要加强产学研结合，建立和完善高等学校之间、高等学校与科学研究机构以及企事业组织之间协作的运行机制，真正做到资源共享，优势互补，不断提高高等教育资源的使用效益和人才培养质量。"

（四）自主管理和使用学校所拥有的财产的权利

根据《教育法》（2021年）第29条第1款第7项的规定，大学拥有"管理、使用本单位的设施和经费"的权利。《高等教育法》（2018年）第38条规定："高等学校对举办者提供的财产、国家财政性资助、受捐赠财产依法自主管理和使用。高等学校不得将用于教学和科学研究活动的财产挪作他用。"

教育部《关于实施〈中华人民共和国高等教育法〉若干问题的意见》（1999年）第15条规定："依照1997年财政部和原国家教委制定的《高等学校财务制度》、1995年原国家国有资产管理局和财政部制定的《行政事业单位国有资产管理办法》的规定，高等学校应对举办者提供的财产、国家财政性资助、受捐赠财产自主管理和使用。高等学校可依照国家有关规定多渠道筹集事业资金；在国家有关部门核定学校总收支情况后，可自主安排学校预算；对于国家有关财务规章制度没有统一规定支出范围和标准的，学校可以结合本校实际情况自行规定，报主管部门和财政部门备案。"

（五）聘用、管理大学教职员工的权利

根据《教育法》（2021年）第29条第1款第6项的规定，大学拥有"聘任教师及其他职工，实施奖励或者处分"的权利。《高等教育法》（2018年）第37条规定："高等学校根据实际需要和精简、效能的原则，自主确定教学、科学研究、行政职能部门等内部组织机构的设置和人员配备；按照国家有关规定，评聘教师和其他专业技术人员的职务，调整津贴及工资分配。"教育部《关于实施〈中华人民共和国高等教育法〉若干问题的意见》（1999年）第14条规定："……高等学校可根据实际需要和精简、效能的原则，自主确定和调整学校的教学、科研组织机构及其管理体制；在国家规定的学校内设管理机构限额内，自主设置内部管理机构；在学校主管部门核定下达的人员编制定额内，自主确定人员配备和各类人员的构成比例，并可依据校内各方面承担的任务和工作性质，选择不同的用人制度和管理体制；依据教学、科研等任务需要和国家的有关规定，自主设置和调整专业技术职务岗位，进行专业技术职务聘任工作；在实行工资总额包干的前提下，自主确定校内分配办法和津贴标准。"

根据以上法律法规的规定，大学在关于教职员工方面的权利包括：

（1）自主评聘教师和其他专业技术人员的职务，调整津贴及工资分配的权利；

（2）自主确定内部组织机构的设置和人员配备的权利；

（3）对教师进行培养与培训的权利、对教师进行考核、奖励和处分的权利等。

（六）对大学学生的权利

根据《教育法》（2021年）第29条第1款第3、4、5项的规定，大学对学生的权利主要有下列三项：

（1）招收学生、要求大学学生及时缴纳学费、努力学习的权利；

（2）对学生进行学籍管理、实施奖励或者处分的权利；

（3）为学生颁发相应的学业证书的权利。

（七）自主开展与境外高等学校之间的科学技术文化交流与合作的权利

《高等教育法》（2018年）第36条规定："高等学校按照国家有关规定，自主开展与境外高等学校之间的科学技术文化交流与合作。"教育部《关于实施〈中华人民共和国高等教育法〉若干问题的意见》（1999年）第13条规定："……高等学校依法自主开展与境外高等学校之间的教育、科学技术和文化的交流与合作，包括缔结校际交流协议、互换人员（包括留学人员、讲学人员等）、科研合作、举办学术研讨会、合作办学、参加国际学术组织及其学术活动、学术考察等。"

（八）自主管理权

大学的自主管理权，是指大学自我管理、排除他人非法干涉的权利。根据《教育法》（2021年）第29条第1款第1项的规定，大学拥有"按照章程自主管理"的权利；根据《教育法》（2021年）第29条第1款第8项的规定，大学拥有"拒绝任何组织和个人对教育教学活动的非法干涉"的权利。

（九）法律、法规规定的其他权利

上述八项权利并非大学权利的完全列举，《教育法》（2021年）、《高等教育法》（2018年）中的其他条款所规定的权利以及其他法律、法规所规定的权利，当然属于大学应当享有的权利。

三、大学权利的分类

对于大学所拥有的众多权利，我们按照不同的标准对其进行分类。

（一）对抗举办者、政府、社会以及内部人员的权利

根据大学权利对抗的不同对象，我们将其划分为以下四类：

（1）对抗大学举办者的权利。这类权利主要是防御举办者非法干预的权利、请求举办者履行其义务（主要是拨款义务）的权利。大学与其举办者之间的法律关系是公务法人与其所属行政主体之间的法律关系，双方各有其权利和义务。大学履行其所属主体委托的国家任务，该委托事务属于行政事务，大学与其所属主体之间就委托事务所形成的法律关系，是行政合同关系。在这种行政合同关系中，大学举办者是行政主体方当事人，享有行政合同中行政方当事人的特权与其他各种权利，如监督权、单方解约权等；大学是行政相对人方当事人，接受行政主体方当事人的委托，享有拨款请求权、解约损害补偿请求权等。

（2）对抗政府的权利。这类权利主要是防御政府（特别是教育行政主管部门比如教育部、教育厅等）非法干预的权利、请求政府保护的权利。

（3）对抗社会其他组织比如党派、宗教团体、商业企业等的权利。这类权利主要是防止这些社会其他组织非法干扰大学活动的权利，主要表现为合同请求权、侵权赔偿请求权、家主权。

（4）对抗大学内部的教师、学生的权利。这类权利主要是聘用、解聘、奖励、处分教师的权利，招收、责令退学、奖励与处分学生的权利等。

（二）人事权、业务权、内部构造权、财产权、学业确认权、司法权和家
　　　主权

按照不同内容，我们将大学权利划分为七类：

（1）人事权，即大学自主任用教职员工的权利。

（2）业务权，即大学自主开展教学、科研等活动的权利。

（3）内部构造权，即大学自主设立内部机构的权利。

（4）财产权，即大学自主管理和分配大学自我拥有、自我支配的财产的权利。

（5）学业确认权。即大学根据其自身设定的学术标准颁发学业证书（毕业证、学位证）的权利。

（6）司法权，即大学自主地对于违法违纪内部成员进行纪律制裁的权利，比如给予教职员工、学生各种纪律处分的权利。

（7）家主权，是指大学对于大学的校园所拥有的控制权利。详言之，即大学管理和控制大学校园内人员进出、维护大学校园内的文明秩序的权利。比如，非大学成员未经大学同意不得进入校园；无论校内人员还是校外人员，在大学校园内均得遵守大学关于校园的管理规定。

第二节　大学的义务与法律责任

一、大学的义务

大学的义务，即大学应当承担的法律义务。根据《教育法》（2021年）、《高等教育法》（2018年）等相关法律、法规和规章的规定，大学应当履行下列七项义务。

（一）遵守法律、法规的义务

《教育法》（2021年）第30条规定："学校及其他教育机构应当履行下列义务：（一）遵守法律、法规；……"

（二）提供合格教学、科研和服务的义务

《教育法》（2021年）第30条规定："学校及其他教育机构应当履行下列义务：……（二）贯彻国家的教育方针，执行国家教育教学标准，保证教育教学质量；……"《高等教育法》（2018年）第31条规定："高等学校应当以培养人才为中心，开展教学、科学研究和社会服务，保证教育教学质量达到国家规定的标准。"

（三）维护受教育者、教师及其他职工的合法权益的义务

《教育法》（2021年）第30条规定："学校及其他教育机构应当履行下列义务：……（三）维护受教育者、教师及其他职工的合法权益；……"

（四）以适当方式为受教育者及其监护人了解受教育者的学业成绩及其他有关情况提供便利的义务

《教育法》（2021年）第30条规定："学校及其他教育机构应当履行下列义务：……（四）以适当方式为受教育者及其监护人了解受教育者的学业成绩及其他有关情况提供便利；……"

（五）遵照国家有关规定收取费用并公开收费项目的义务

《教育法》（2021 年）第 30 条规定："学校及其他教育机构应当履行下列义务：……（五）遵照国家有关规定收取费用并公开收费项目；……"《高等教育法》（2018 年）第 64 条规定："高等学校收取的学费应当按照国家有关规定管理和使用，其他任何组织和个人不得挪用。"《高等教育法》（2018年）第 65 条规定："高等学校应当依法建立、健全财务管理制度，合理使用、严格管理教育经费，提高教育投资效益。高等学校的财务活动应当依法接受监督。"

（六）依法接受监督的义务

《教育法》（2021 年）第 30 条规定："学校及其他教育机构应当履行下列义务：……（六）依法接受监督。"《高等教育法》（2018 年）第 44 条规定："高等学校应当建立本学校办学水平、教育质量的评价制度，及时公开相关信息，接受社会监督。教育行政部门负责组织专家或者委托第三方专业机构对高等学校的办学水平、效益和教育质量进行评估。评估结果应当向社会公开。"

大学接受社会监督的义务，主要是接受教育行政部门负责组织专家或者委托第三方专业机构对高等学校的办学水平、效益和教育质量进行评估。

（七）公开信息的义务

根据教育部《高等学校信息公开办法》（2010 年）第 2 条规定："高等学校在开展办学活动和提供社会公共服务过程中产生、制作、获取的以一定形式记录、保存的信息，应当按照有关法律法规和本办法的规定公开。"

二、大学违法应当承担的法律责任

根据《教育法》（2021 年）、《高等教育法》（2018 年）等法律法规的规定，[1]大学违反法定义务应当承担相应的法律责任。

（一）校舍或教育教学设施安全事故的法律责任

《教育法》（2021 年）第 73 条规定："明知校舍或者教育教学设施有危险，而不采取措施，造成人员伤亡或者重大财产损失的，对直接负责的主管

---

〔1〕《高等教育法》（2018 年）第 66 条规定："对高等教育活动中违反教育法规定的，依照教育法的有关规定给予处罚。"

人员和其他直接责任人员，依法追究刑事责任。"

（二）违规招生的法律责任

《教育法》（2021年）第76条规定："学校或者其他教育机构违反国家有关规定招收学生的，由教育行政部门或者其他有关行政部门责令退回招收的学生，退还所收费用；对学校、其他教育机构给予警告，可以处违法所得五倍以下罚款；情节严重的，责令停止相关招生资格一年以上三年以下，直至撤销招生资格、吊销办学许可证；对直接负责的主管人员和其他直接责任人员，依法给予处分；构成犯罪的，依法追究刑事责任。"

《教育法》（2021年）第77条第1款规定："在招收学生工作中滥用职权、玩忽职守、徇私舞弊的，由教育行政部门或者其他有关行政部门责令退回招收的不符合入学条件的人员；对直接负责的主管人员和其他直接责任人员，依法给予处分；构成犯罪的，依法追究刑事责任。"

（三）违规收费的法律责任

《教育法》（2021年）第78条规定："学校及其他教育机构违反国家有关规定向受教育者收取费用的，由教育行政部门或者其他有关行政部门责令退还所收费用；对直接负责的主管人员和其他直接责任人员，依法给予处分。"

（四）考试违规的法律责任

《教育法》（2021年）第80条规定："任何组织或者个人在国家教育考试中有下列行为之一，有违法所得的，由公安机关没收违法所得，并处违法所得一倍以上五倍以下罚款；情节严重的，处五日以上十五日以下拘留；构成犯罪的，依法追究刑事责任；属于国家机关工作人员的，还应当依法给予处分：（一）组织作弊的；（二）通过提供考试作弊器材等方式为作弊提供帮助或者便利的；（三）代替他人参加考试的；（四）在考试结束前泄露、传播考试试题或者答案的；（五）其他扰乱考试秩序的行为。"《教育法》（2021年）第81条规定："举办国家教育考试，教育行政部门、教育考试机构疏于管理，造成考场秩序混乱、作弊情况严重的，对直接负责的主管人员和其他直接责任人员，依法给予处分；构成犯罪的，依法追究刑事责任。"

（五）违规颁发学业证书的法律责任

《教育法》（2021年）第82条第1款规定："学校或者其他教育机构违反本法规定，颁发学位证书、学历证书或者其他学业证书的，由教育行政部门或者其他有关行政部门宣布证书无效，责令收回或者予以没收；有违法所得的，没收违法所得；情节严重的，责令停止相关招生资格一年以上三年以下，直至撤销招生资格、颁发证书资格；对直接负责的主管人员和其他直接责任人员，依法给予处分。"

（六）侵犯教师、学生合法权益的法律责任

《教育法》（2021年）第83条规定："违反本法规定，侵犯教师、受教育者、学校或者其他教育机构的合法权益，造成损失、损害的，应当依法承担民事责任。"

▶ **思考题**

1. 列举我国大学的具体权利。

2. 列举我国大学的具体义务。

3. 简述大学违法时应当承担的法律责任。

第八章
大学的设立、变更与终止

　　大学的设立有狭义和广义两个概念。狭义的设立，是指大学的举办者根据法律规定的条件和程序向审批者（批准者/核准者/许可者）申请，由审批者进行审批进而成立大学的行为。广义的设立，不但包括大学的设立（狭义的设立），还包括大学的分立、合并与终止。我国《高等教育法》（2018 年）第三章标题"高等学校的设立"中的"设立"是广义的设立，但其具体条文中的设立，又采用了狭义的概念。

第一节　大学的设立

一、大学设立概述

（一）大学设立的概念
　　大学的设立，是指大学的举办者根据法律规定的条件和程序向审批者（批准者/核准者/许可者）申请，由审批者进行审批进而成立大学的行为。
　　公立大学是一个公务法人，有关行政主体创制公务法人的目的就是赋予其自治权，以使其有效地从事特殊公务。大学的举办者设立大学的行为，是创制一个新的法律主体的活动。举办者设立大学后，其设立行为已经结束，其与新的法律主体（大学）之间的法律关系，是两个独立法律主体之间的法律关系。大学举办者与大学之间的权利义务，应当由国家相关法律法规和大学章程中的有关条款加以调整。根据我国法律的规定和大学章程中的惯例条款，它们之间的法律关系的性质，与公司股东和公司之间的法律关系的性质差异颇大。公司股东拥有股东权而无出资义务，但大学的举办者不但其"出资人所享有的股东权利"受到较大限制，而且还应当负担较重的出资和后期连续拨款进行支持的义务。

（二）大学的举办者、大学设立的审批者与大学自身

设立大学主要涉及三个法律主体，即大学的举办者、大学设立的审批者与大学自身。

1. 大学的举办者

大学的举办者即举办大学的主体。根据《教育法》（2021年）第26条、[1]国务院《普通高等学校设置暂行条例》（1986年）第19条、[2]教育部《普通本科学校设置暂行规定》（2006年）"三、设置申请，4"、[3]教育部《实施本科及以上教育的高等学校的设立、分立、合并、变更和终止审批服务指南》"八、申请材料"[4]之规定，我国大学的举办者有两类：

（1）"国家"（以相应行政机关为其代表）。具体而言有二：一是国务院部门以及相应级别的事业单位和国有公司，比如外交部、科学技术部、国家民族事务委员会、交通运输部、教育部、中国科学院等；二是地方人民政府。在我国现阶段，只有省级人民政府、计划单列市和地级市人民政府才可举办大学，其他级别的人民政府（比如县级人民政府、乡镇人民政府）尚无举办大学的资格。这类举办者举办的大学，即为公立大学（又称公办大学）。

（2）"企业事业组织、社会团体、其他社会组织及公民个人。"除了

---

〔1〕《教育法》（2021年）第26条规定："国家制定教育发展规划，并举办学校及其他教育机构。国家鼓励企业事业组织、社会团体、其他社会组织及公民个人依法举办学校及其他教育机构。国家举办学校及其他教育机构，应当坚持勤俭节约的原则。以财政性经费、捐赠资产举办或者参与举办的学校及其他教育机构不得设立为营利性组织。"

〔2〕《普通高等学校设置暂行条例》（1986年）第19条规定："凡经过论证，确需设置普通高等学校的，按学校隶属关系，由省、自治区、直辖市人民政府或国务院有关部门向国家教育委员会提出筹建普通高等学校申请书，并附交论证报告。国务院有关部门申请筹建普通高等学校，还应当附交学校所在地的省、自治区、直辖市人民政府的意见书。"

〔3〕《普通本科学校设置暂行规定》（2006年）规定"……三、设置申请……4. 凡经过论证，确需设置普通本科学校的，按学校隶属关系，由省、自治区、直辖市人民政府或国务院有关部门向教育部提出申请，并附交论证报告及拟设学校的章程。国务院有关部门申请设立普通本科学校的，还应当附交学校所在地的省、自治区、直辖市人民政府的意见书。……"

〔4〕《实施本科及以上教育的高等学校的设立、分立、合并、变更和终止审批服务指南》规定："……八、申请材料（一）申请材料清单1. 申请报告（由省级人民政府或国务院有关部门以公文报送）。……"

相应级别的行政机关和事业单位、国有公司可以举办大学外，其他符合办学条件的私人组织和个人经过国家机关的批准，也可以成为大学的举办者。这类举办者举办的大学，即为私立大学（我国法律上称为"民办大学"）。

2. 大学设立的审批者

《高等教育法》（2018年）第29条第1款规定："设立实施本科及以上教育的高等学校，由国务院教育行政部门审批；设立实施专科教育的高等学校，由省、自治区、直辖市人民政府审批，报国务院教育行政部门备案；设立其他高等教育机构，由省、自治区、直辖市人民政府教育行政部门审批。……"据此，我国大学设立的审批者有三：

（1）国务院教育行政部门（教育部）。教育部审批"实施本科及以上教育的高等学校"的设立。

（2）省级人民政府（比如浙江省人民政府、上海市人民政府）。省级人民政府审批"实施专科教育的高等学校"的设立，但须报教育部备案。

（3）省级教育行政部门（教育厅/教育委员会）。教育厅审批"其他高等教育机构"的设立。

3. 大学自身

因我国法律确认大学是法人，是故经审批者审批而大学宣告成立后，大学自身即作为一个新的独立的法律主体。

（三）大学设立的原则

大学设立的原则，是指大学的批准机关（教育部、省级人民政府、教育厅）在决定是否批准设立大学的申请时，应当遵循的精神与准则。《高等教育法》（2018年）第24条规定："设立高等学校，应当符合国家高等教育发展规划，符合国家利益和社会公共利益。"根据国务院《普通高等学校设置暂行条例》（1986年）第3条、第4条、第5条之规定，国务院教育行政管理部门应当做好以下几个方面的工作：

（1）应当根据经济建设和社会发展的需要、人才需求的科学预测和办学条件的实际可能，编制全国普通高等教育事业发展规划，调整普通高等教育的结构，妥善地处理发展普通高等教育同发展成人高等教育、中等专业教育和基础教育的关系，合理地确定科类和层次。

（2）应当根据学校的人才培养目标、招生及分配面向地区以及现有普通高等学校的分布状况等，统筹规划普通高等学校的布局，并注意在高等教育事业需要加强的省、自治区有计划地设置普通高等学校。

（3）凡通过现有普通高等学校的扩大招生、增设专业、接受委托培养、联合办学及发展成人高等教育等途径，能够基本满足人才需求的，不另行增设普通高等学校。

二、大学设立的条件

（一）一般规定

根据《教育法》（2021 年）第 27 条[1]、《高等教育法》（2018 年）第 25 条[2]、第 26 条[3]之规定，设立大学应当同时符合以下几点要求：

（1）设立高等学校，应当具备《教育法》（2021 年）规定的基本条件。《教育法》（2021 年）规定的基本条件是："（一）有组织机构和章程；（二）有合格的教师；（三）有符合规定标准的教学场所及设施、设备等；（四）有必备的办学资金和稳定的经费来源。"

（2）大学或者独立设置的学院还应当具有较强的教学、科学研究力量，较高的教学、科学研究水平和相应规模，能够实施本科及本科以上教育。大学还必须设有 3 个以上国家规定的学科门类为主要学科。其中，设立高等学校的具体标准由国务院制定。设立其他高等教育机构的具体标准，由国务院授权的有关部门或者省、自治区、直辖市人民政府根据国务院规定的原则制定。

（3）设立高等学校，应当根据其层次、类型、所设学科类别、规模、教学和科学研究水平，使用相应的名称。

---

〔1〕《教育法》（2021 年）第 27 条规定："设立学校及其他教育机构，必须具备下列基本条件：（一）有组织机构和章程；（二）有合格的教师；（三）有符合规定标准的教学场所及设施、设备等；（四）有必备的办学资金和稳定的经费来源。"

〔2〕《高等教育法》（2018 年）第 25 条规定："设立高等学校，应当具备教育法规定的基本条件。大学或者独立设置的学院还应当具有较强的教学、科学研究力量，较高的教学、科学研究水平和相应规模，能够实施本科及本科以上教育。大学还必须设有三个以上国家规定的学科门类为主要学科。设立高等学校的具体标准由国务院制定。设立其他高等教育机构的具体标准，由国务院授权的有关部门或者省、自治区、直辖市人民政府根据国务院规定的原则制定。"

〔3〕《高等教育法》（2018 年）第 26 条规定："设立高等学校，应当根据其层次、类型、所设学科类别、规模、教学和科学研究水平，使用相应的名称。"

（二）具体条件

关于设立高等学校基本条件更加详细的规定，主要有《普通高等学校设置暂行条例》（1986 年）和《普通本科学校设置暂行规定》（2006 年）等。我们以《普通本科学校设置暂行规定》（2006 年）为例，对普通本科学校设置的基本条件加以说明。

根据《普通本科学校设置暂行规定》（2006 年）的规定，普通本科学校设置的基本条件如下：

1. 办学规模

普通本科学校主要实施本科及本科以上教育。

（1）称为学院的，全日制在校生规模应在 5000 人以上。

（2）称为大学的，全日制在校生规模应在 8000 人以上，在校研究生数不低于全日制在校生总数的 5%。

（3）艺术、体育及其他特殊科类或有特殊需要的学院，经教育部批准，办学规模可以不受此限。

2. 学科与专业

（1）在人文学科（哲学、文学、历史学）、社会学科（经济学、法学、教育学）、理学、工学、农学、医学、管理学等学科门类中，称为学院的应拥有 1 个以上学科门类作为主要学科，称为大学的应拥有 3 个以上学科门类作为主要学科。

（2）称为学院的其主要学科门类中应能覆盖该学科门类 3 个以上的专业；称为大学的其每个主要学科门类中的普通本科专业应能覆盖该学科门类 3 个以上的一级学科，每个主要学科门类的全日制本科以上在校生均不低于学校全日制本科以上在校生总数的 15%，且至少有 2 个硕士学位授予点，学校的普通本科专业总数在 20 个以上。

3. 师资队伍

（1）普通本科学校应具有较强的教学、科研力量，专任教师总数一般应使生师比不高于 18∶1；兼任教师人数应当不超过本校专任教师总数的 1/4。

（2）称为学院的学校在建校初期专任教师总数不少于 280 人。专任教师中具有研究生学历的教师数占专任教师总数的比例应不低于 30%，具有副高级专业技术职务以上的专任教师人数一般应不低于专任教师总数的 30%，其中具有正教授职务的专任教师应不少于 10 人。各门公共必修课程和专业基础必修课程，至少应当分别配备具有副高级专业技术职务以上的专任教师2人；各门专业必修课程，至少应当分别配备具有副高级专业技术职务以上的专任教师1人；每个专业至少配备具有正高级专业技术职务的专任教师1人。

（3）称为大学的专任教师中具有研究生学位的人员比例一般应达到50%以上，其中具有博士学位的专任教师占专任教师总数的比例一般应达到20%以上；具有高级专业技术职务的专任教师数一般应不低于400人，其中具有正教授职务的专任教师一般应不低于100人。

4. 教学与科研水平

（1）普通本科学校应具有较强的教学力量和较高的教学水平，在教育部组织的教学水平评估中，评估结论应达到"良好"以上（对申办学院的学校是指高职高专学校教学工作水平评估；对学院更名为大学的学校是指普通高等学校本科教学工作水平评估）。称为大学的学校应在近两届教学成果评选中有2个以上项目获得过国家级一、二等奖或省级一等奖。

（2）普通本科学校应具有较高的科学研究水平。称为大学的学校还应达到以下标准：①近五年年均科研经费，以人文、社会学科为主的学校至少应达到500万元，其他类高校至少应达到3000万元；②近五年来科研成果获得省部级以上（含省部级）奖励20项，其中至少应有2个国家级奖励；③设有省部级以上（含省部级）重点实验室2个和重点学科2个；③一般至少应具有10个硕士点，并且有5届以上硕士毕业生。

5. 基础设施

（1）土地。普通本科学校生均占地面积应达到60平方米以上。学院建校初期的校园占地面积应达到500亩以上。

（2）建筑面积。普通本科学校的生均校舍建筑面积应达到30平方米以上。称为学院的学校，建校初期其总建筑面积应不低于15万平方米；普通本科学校的生均教学科研行政用房面积，理、工、农、医类应不低于20平方米，人文、社科、管理类应不低于15平方米，体育、艺术类应不低于30平方米。

（3）仪器设备。普通本科学校生均教学科研仪器设备值，理、工、农、医类和师范院校应不低于5000元，人文、社会科学类院校应不低于3000元，体育、艺术类院校应不低于4000元。

（4）图书。普通本科学校生均适用图书，理、工、农、医类应不低于 80 册，人文、社会科学类和师范院校应不低于 100 册，体育、艺术类应不低于 80 册。各校都应建有现代电子图书系统和计算机网络服务体系。

（5）实习、实训场所。普通本科学校必须拥有相应的教学实践、实习基地。以理学、工学、农林等科类专业教育为主的学校应当有必需的教学实习工厂和农（林）场和固定的生产实习基地；以师范类专业教育为主的学校应当有附属的实验学校或固定的实习学校；以医学专业教育为主的学校至少应当有一所直属附属医院和适用需要的教学医院。

6. 办学经费

普通本科学校所需基本建设投资和教育事业费，须有稳定、可靠的来源和切实的保证。

7. 领导班子

必须具备《教育法》（2021 年）、《高等教育法》（2018 年）、《民办教育促进法》（2018 年）等有关法律规定的关于高等学校领导任职条件要求，即具有较高政治素质和管理能力、品德高尚、熟悉高等教育、有高等教育副高级以上专业技术职务的专职领导班子。

8. 关于学校名称

（1）本科层次的普通高等学校称为"××大学"或"××学院"。

（2）设置普通学校，应当根据学校的人才培养目标、办学层次、类型、学科门类、教学和科研水平、规模、领导体制、所在地等，确定名实相符的学校名称。

（3）校名不冠以"中国""中华""国家"等字样，不以个人姓名命名，不使用省、自治区、直辖市和学校所在城市以外的地域名。

（4）普通高等学校实行一校一名制。

三、大学设立的程序

（一）大学设立程序一般规定

大学设立程序一般规定包括三个方面的内容：

（1）大学设立程序的总体步骤。《教育法》（2021 年）第 28 条规定："学校及其他教育机构的设立、变更和终止，应当按照国家有关规定办理审核、批准、注册或者备案手续。"

（2）设置普通高等学校的审批程序，一般分为审批筹建和审批正式建校招生两个阶段。完全具备建校招生条件的，也可以直接申请正式建校招生。

（3）关于设立大学的程序的法律渊源，主要有《普通高等学校设置暂行条例》（1986年）、《普通本科学校设置暂行规定》（2006年）和教育部《实施本科及以上教育的高等学校的设立、分立、合并、变更和终止审批服务指南》。

（二）大学设立程序的具体步骤与环节

我们以设立普通本科学校为例对大学设立程序的具体步骤与环节加以说明。

1. 举办者申请

关于举办者应当提交的材料。根据《高等教育法》（2018年）第27条之规定，申请设立高等学校，应当向审批机关提交下列材料：

（1）申办报告。

（2）可行性论证材料，主要是论证报告。《普通本科学校设置暂行规定》（2006年）"三、设置申请，3"规定："设置普通本科学校，应当由学校的主管部门委托其教育行政部门邀请规划、人才、劳动人事、财政、基本建设等有关部门和专家共同进行考察、论证，并提出论证报告。论证报告应包括下列内容：①拟建学校的名称、校址、类型、办学定位、学科和专业设置、规模、领导体制、办学特色、服务面向；②人才需求预测、办学效益、本地区高等教育的布局结构；③拟建学校的发展规划，特别是师资队伍建设规划、学科建设规划和校园基本建设规划；④拟建学校的经费来源和财政保障。"

（3）章程。这里的章程，是已获批准的章程。大学的举办者在送审设立大学的材料之前，必须先将大学章程（草案）送交教育部（或者教育厅）审批。教育部将原始大学章程以及大学章程修改之备案认定为行政许可，该行政许可是教育部（教育厅）准予设立大学的前置许可。

（4）审批机关依照《高等教育法》（2018年）规定要求提供的其他材料。

关于举办者的申请期限。《普通本科学校设置暂行规定》（2006年）"三、设置申请，1"规定："教育部每年第4季度办理设置普通本科学校的审批手续。设置普通本科学校的主管部门，应当在每年第 3 季度提出申请，逾期则延至下次审批时间办理。"

2. 审批机关审查是否受理

教育部（由其内部机构"发展规划司"）接受申请人的申请材料，并审查是否受理。如果材料不全或者材料不符合法定形式，应当一次性告知申办单位补全材料。如果材料齐全、符合法定形式，则受理申请人的申请。

3. 审批机关的审查与决定

审批机关的审查与决定的具体步骤如下：

（1）教育部（由其内部机构"发展规划司"）初审，并提出意见。

（2）教育部形式审查。如不通过，则作出不予许可决定并通知申请人。

（3）专家考察。教育部形式审查通过后，则转入专家审查。如果专家审查不通过，则作出不予许可决定并通知申请人。

（4）专家评议。专家考察通过则进入专家评议环节。如果评议不通过，则作出不予许可决定并通知申请人。

（5）部领导审查签批，作出行政许可决定。如果专家评议通过，则进入该环节。部领导可以作出准予设立的许可决定，也可以作出不予许可的决定。

4. 送达

送达，用教育部《实施本科及以上教育的高等学校的设立、分立、合并、变更和终止审批服务指南》中的语言，即教育部"复函省级人民政府或者国务院有关部门"。用更加专业性的法律术语表达就是：无论教育部的决定是准予许可的决定还是不予许可的决定，教育部均应将决定书送达申请人。其中，不予许可的决定应当说明不予许可的理由。

（三）大学设立程序图示

根据教育部《实施本科及以上教育的高等学校的设立、分立、合并、变更和终止审批服务指南》，我国设立高等学校的程序如下图 1 所示：

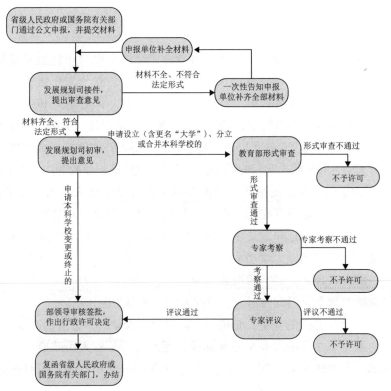

图 1　我国设立高等学校的程序

第二节　大学的变更与终止

一、大学的变更

（一）大学变更的概念

大学的变更，是指已经设立的大学的举办者、名称、办学层次、类别、章程等发生改变或者已经设立的大学出现分立、合并等情况。《高等教育法》（2018 年）第 29 条第 3 款规定："高等学校和其他高等教育机构分立、合并、终止，变更名称、类别和其他重要事项，由本条第一款规定的审批机关审批；修改章程，应当根据管理权限，报国务院教育行政部门或者省、自治区、直辖市人民政府教育行政部门核准。"

（二）大学变更的形式

大学变更大约有以下几种基本形式：

（1）大学的分立，是指一所大学分成两个或两个以上相互独立的大学的行为。按照分立后原学校是否存在为标准，大学的分立分为存续式分立和创设式分立两种模式。存续式分立，是指原学校将其一部分财产和师资力量分出去，成立一个或几个新的学校的行为。新的学校取得法人资格，原学校也继续保留法人资格。创设式分立，是指大学以其全部财产依法分别成立两个或两个以上的大学，并解散原学校的行为。创设式分立时，原学校的法人资格消灭。

（2）大学的合并，是指两个或两个以上的大学结合为一所大学的行为。按照合并后原大学是否存在为标准，大学的合并分为吸收式合并和新设式合并两种形式。吸收式合并，又称"兼并""吞并"，是指原大学与其他大学合并，其他大学归并到原大学中去，其他大学不复存在、原大学继续存在的合并模式。新设式合并，是指两所或两所以上的学校合并为一所新的大学的行为，原有的大学全部因此而消灭，新的大学因此而产生。

（3）大学举办者的变更，是指在办学过程中大学的举办者的改变。比如，某大学的原先举办者是国务院的某部委，现改变为某省人民政府，该大学由原先的部属大学转换为省属大学。当然，大学的分立和合并，均有可能产生大学举办者的变更。

（4）大学名称、层次、类别的变更。大学名称的变更，即大学改换名称。比如，将原来的名称"某某学院"改成"某某大学"。近年来我国高校似乎掀起了一个改换名称的热潮。

大学层次的变更，即大学办学层次的改变。比如，由专科变为本科。近年来我国大学层次的变更热度更高。

大学类别的变更，是指大学改变其类别的行为。比如，由原先的理工大学、师范大学、农业大学、医科大学、财经大学等转换为综合性大学；由原先的二本大学升为一本大学等。

（5）其他事项的变更。除以上各种变更外，大学变更还包括学校地址的变动、章程修改、经费筹措方式的重大变化、印章样式变更等对办学活动产生较大影响的事项。

（三）大学变更的程序

大学变更应当履行相应的批准程序。大学的分立、合并、终止，变更名称、类别和其他重要事项，应当由举办者报教育部、省政府或者教育厅批准；修改章程，应当根据管理权限，报国务院教育行政部门或者省、自治区、直辖市人民政府教育行政部门核准。至于大学非重要事项的变更，也应当向相应的行政机关备案。

二、大学的终止

大学的终止，是指大学停办、消灭法人资格的行为。在下列几种情形下，大学应当终止：

（1）大学章程规定的终止条件出现；

（2）被吊销办学资格；

（3）因资不抵债无法继续办学。

大学终止应当报原审批机关审批。

第三节 我国公立大学设立模式之探讨

一、通过登记而设立

世界各国设立大学大约通过以下四种途径：

（1）由主权者颁发特许状而设立。比如，达特茅斯学院因英王乔治三世颁发《达特茅斯学院特许状》（1769年）而设立；京师大学堂因大清帝国光绪皇帝颁发《京师大学堂章程》（1898年）而设立；

（2）由立宪机关通过宪法条款而设立。比如，美国加州大学（系统）即是根据加州《宪法》第9条第9款（California Constitution，Article 9 Education，Sec. 9.）而设立的大学；

（3）由立法机关通过法律条款而设立。比如，康奈尔大学即是由《纽约教育法典》第115条（第5701款至第5716款）而设立的大学；

（4）由行政机关登记而设立。比如，我国的公立、私立大学基本采取由教育部、省级人民政府或者教育厅登记核准而设立。

一般而言，公立大学通过前三种途径设立；私立大学通过第四种模式设立。但在我国，无论私立大学还是公立大学均是通过第四种途径设立。

二、举办者与审批者身份特殊

《普通高等学校设置暂行条例》（1986年）第19条规定："凡经过论证，确需设置普通高等学校的，按学校隶属关系，由省、自治区、直辖市人民政府或国务院有关部门向国家教育委员会[1]提出筹建普通高等学校申请书，并附交论证报告。国务院有关部门申请筹建普通高等学校，还应当附交学校所在地的省、自治区、直辖市人民政府的意见书。"《高等教育法》（2018年）第29条第1款规定："设立实施本科及以上教育的高等学校，由国务院教育行政部门审批；设立实施专科教育的高等学校，由省、自治区、直辖市人民政府审批，报国务院教育行政部门备案；设立其他高等教育机构，由省、自治区、直辖市人民政府教育行政部门审批。……"根据此两条规定，我们可以得出这样的两个结论：

（1）我国公立大学的审批者是"教育部（原国家教育委员会）""省、自治区、直辖市人民政府""省、自治区、直辖市人民政府教育行政部门"。

（2）我国公立大学的举办者是"省、自治区、直辖市人民政府"（比如浙江省人民政府）或"国务院有关部门"（比如交通运输部，甚至包括审批者自己教育部）。随着时代的发展，现在又加上了计划单列市人民政府和地级市人民政府。

我国公立大学的设立是一个由一个行政机关（比如省级人民政府或者国务院职能部门）申请、另一个行政机关（比如教育部）审批的行为。举办者与审批者之特殊身份，违反了最基本的法理，理由如下：行政主体有二种：一是地域公法人，比如国家、省、市、县、乡镇等；二是公务公法人，比如公法社团（律师协会等）、公法财团（各种公法基金会等）、公营造物（公立学校、公立医院等）。[2]大学属于公营造物。创设公立大学是一个由一个行政

---

[1]　1998年3月10日，国家教育委员会更名为教育部。

[2]　我国传统的行政主体理论认为，行政主体有两类：行政机关与法律法规授权的组织。其中，行政机关包括国务院及其职能部门（比如教育部、公安部）；省政府及其职能部门（比如省文化和旅游厅、省公安厅）；副省级市、地级市的政府及其职能部门（比如市自然资源局、市教育局）；县级市、县的政府及其职能部门（比如县商业局、县农业农村局）；乡镇人民政府；人民政府的派出机关即街道办事处等；法律法规授权的组织，是指某些本无行政权的社会组织，因受到法律法规的直接授权（法律法规条文的明文规定）而拥有特定的行政权，因而拥有行政职权、履行行政职责的组织，比如律师协会、工商业主协会、学校、医院、盐业公司、邮政公司、铁路公司等。

主体（一般是地域行政主体）创设另一个行政主体（一般是公务公法人，大学是公营造物），应当由该地域行政主体通过立法的形式进行；而不能采取由地域行政主体所属的一个机关（比如省、自治区、直辖市人民政府或国务院有关部门）向其所属的另一个机关（比如教育部）申请，由该另一个机关进行审批的形式进行。

三、大学举办者无可靠的救济措施

关于公立高等学校（包括国务院部门设立和地方行政主体设立的高校）之设立，如果审批者不予批准，则举办者有何救济措施？这就涉及我们对大学设立行为的法律性质的认定问题。

如果我们将其认定为行政许可法律行为，则举办者（国家、省或市等行政主体）是申请人，教育部/教育厅（代表国家行政权力）是许可人。如果申请人与许可人之间就大学的设立发生争议，申请人应当有权申请行政复议或者行政诉讼。如果将其认定为国家机关之间的权力关系的话，则申请人理应采用宪法诉讼救济。鉴于我国无宪法诉讼，按理说，司法实践中可以援用行政诉讼作为救济手段。

我国的主流法律理论认为，公立大学的设立行为属于内部行政行为。根据我国行政法基本理论，对于内部行政行为，行政相对人只能申诉，不能行政复议和行政诉讼。然而，我国《普通高等学校设置暂行条例》（1986 年）、《普通本科学校设置暂行规定》（2006 年）、《高等教育法》（2018 年）、《教育法》（2021 年）对于大学的举办者的救济权利没有规定，只有教育部《实施本科及以上教育的高等学校的设立、分立、合并、变更和终止审批服务指南》在"十六、申请人权利义务"中规定了大学的举办者少许的救济权利："申请人依法享有陈述权、申辩权。……行政机关不得要求申请人提交与其申请的行政许可事项无关的材料。"

▶ 思考题

1. 简述申请开办大学的程序和所需材料。
2. 简述开办本科类大学所要达到的基本条件。
3. 简述大学变更的种类、大学终止的条件。

第九章
大学的评估

大学成立后，有关机构主要是国家主管机关、社会组织需要对大学的办学条件和办学活动进行评估。大学评估分为自我评估与他人评估、合格评估（鉴定）、办学水平评估和选优评估等。评估的主体有国家普通高等学校教育评估领导小组、省级普通高等学校教育评估领导小组、国务院有关部门普通高等学校教育评估领导小组等。评估有其目的、任务、标准与程序。我国对于大学评估的救济途径的设定，还存在不足。

第一节　大学评估的概念与种类

一、大学评估的概念

大学评估，是指有关主体根据一定的标准、原则对大学的办学水平、办学条件和办学质量等进行综合或单项考核和评定的行为。

二、大学评估的种类

（一）自我评估与他人评估

根据评估的主体是大学本身还是大学之外的组织，可以将评估分为自我评估和他人评估。

1. 自我评估

自我评估，又称学校内部评估，是指学校内部自行组织实施的评估。这种评估是加强学校管理的重要手段，也是各级人民政府及其教育行政部门组织的普通高等学校教育评估工作的基础，其目的是通过自我评估，不断提高办学水平和教育质量，主动适应社会主义建设需要。学校主管部门应给予鼓励、支持和指导。

自我评估的重点是思想政治教育、专业（学科）、课程或其他教育工作的单项评估，基础是经常性的教学评估活动。评估计划、评估对象、评估方案、评估结论表达方式以及有关政策措施，由学校根据实际情况和《普通高等学校教育评估暂行规定》（1990 年）的要求自行确定。

学校应建设毕业生跟踪调查和与社会用人部门经常联系的制度，了解社会需要，收集社会反馈信息，作为开展自我评估的重要依据。

2. 他人评估

他人评估，是指大学自身之外的政府机关、其他社会组织或者个人等对大学的办学进行的评估。国家教育委员会《普通高等学校教育评估暂行规定》（1990 年）第 6 条第 2 款规定："在学校自我评估的基础上，以组织党政有关部门和教育界、知识界以及用人部门进行的社会评估为重点，在政策上体现区别对待、奖优罚劣的原则，鼓励学术机构、社会团体参加教育评估。"他人评估又可分为政府评估和非政府组织的评估：

（1）政府评估，是指由政府（包括公立大学的举办者、高等教育行政主管部门或其他政府部门等）组织的评估。本节主要讲述的是政府评估。

（2）社会评估，是指由政府之外的社会团体、专家学者甚至商业组织等对大学进行的评估。包括国外组织对我国大学进行的评估。

（二）合格评估（鉴定）、办学水平评估和选优评估

普通高等学校教育评估主要有合格评估（鉴定）、办学水平评估和选优评估三种基本形式。各种评估形式应制定相应的评估方案（包含评估标准、评估指标体系和评估方法），评估方案要力求科学、简易、可行、注重实效，有利于调动各类学校的积极性，在保证基本教育质量的基础上办出各自的特色。

1. 合格评估

合格评估（鉴定）是国家对新建普通高等学校的基本办学条件和基本教育质量的一种认可制度，由教育部（原国家教育委员会）组织实施，在新建普通高等学校被批准建立之后有第一届毕业生时进行。办学条件鉴定的合格标准应当以《普通高等学校设置暂行条例》（1986 年）为依据，教育质量鉴

定的合格标准应当以《学位条例》（2004 年）[1]中关于学位授权标准的规定和国家制订的有关不同层次教育的培养目标和专业（学科）的基本培养规格为依据。鉴定结论分合格、暂缓通过和不合格三种。鉴定合格的学校，由教育部（原国家教育委员会）公布名单并发给鉴定合格证书。鉴定暂缓通过的学校需在规定期限内采取措施，改善办学条件，提高教育质量，并需重新接受鉴定。经鉴定不合格的学校，由教育部（原国家教育委员会）区别情况，责令其限期整顿、停止招生或停办。

2. 办学水平评估

办学水平评估，是对已经鉴定合格的学校进行的经常性评估，它分为整个学校办学水平的综合评估和学校中思想政治教育、专业（学科）、课程及其他教育工作的单项评估。办学水平的综合评估，根据国家对不同类别学校所规定的任务与目标，由上级政府和有关学校主管部门组织实施，目的是全面考察学校的办学指导思想，贯彻执行党和国家的路线、方针、政策的情况，学校建设状况以及思想政治工作、人才培养、科学研究、为社会服务等方面的水平和质量。其中重点是学校领导班子等的组织建设、马列主义教育、学生思想政治教育的状况。这是各级人民政府和学校主管部门对学校实行监督和考核的重要形式。办学水平的综合评估一般每 4 年至 5 年进行一次（和学校领导班子任期相一致），综合评估结束后应作出结论，肯定成绩，指出不足，提出改进意见，必要时由上级人民政府或学校主管部门责令其限期整顿。学校应在综合评估结束后的 3 个月内向上级人民政府和学校主管部门写出改进报告，上级人民政府和学校主管部门应组织复查。

思想政治教育、专业（学科）、课程或其他教育工作的单项评估，主要由国务院有关部门和省（自治区、直辖市）教育行政部门组织实施。目的是通过校际思想政治教育、专业（学科）、课程或其他单项教育工作的比较评估，诊断教育工作状况，交流教育工作经验，促进相互学习，共同提高。评估结束后应对每个被评单位分别提出评估报告并作出评估结论，结论分为优秀、良好、合格、不合格四种，不排名次。对结论定为不合格的由组织实施教育评估的国务院有关部门或省（自治区、直辖市）教育行政部门责令其限期整

---

〔1〕 2025 年 1 月 1 日起《学位法》施行，《学位条例》同时废止。届时，教育质量鉴定的合格标准应当以《学位法》为依据。

顿，并再次进行评估。

3. 选优评估

选优评估是在普通高等学校进行的评比选拔活动，其目的是在办学水平评估的基础上，遴选优秀，择优支持，促进竞争，提高水平。选优评估分省（部门）、国家两级。根据选优评估结果排出名次或确定优选对象名单，予以公布，对成绩卓著的给予表彰、奖励。

第二节　大学评估的主体、原则与程序

一、大学评估的主体

根据《普通高等学校教育评估暂行规定》（1990 年）第 19 条至第 21 条的规定，我国大学的评估主体有三：

（一）国家普通高等学校教育评估领导小组

根据《普通高等学校教育评估暂行规定》（1990 年）第 19 条的规定，国家普通高等学校教育评估领导小组，在教育部（原国家教育委员会）的领导下，负责全国普通高等学校教育评估工作。其具体职责是：

（1）制订普通高等学校教育评估的基本准则和实施细则。

（2）指导、协调、检查各部门、各地区的普通高等学校教育评估工作，根据需要组织各种评估工作或试点。

（3）审核、提出鉴定合格学校名单报教育部（原国家教育委员会）批准公布，接受并处理学校对教育评估工作及评估结论的申诉。

（4）收集、整理和分析全国教育评估信息，负责向教育管理决策部门提供。

（5）推动全国教育评估理论和方法的研究，促进教育评估学术交流，组织教育评估骨干培训。

（二）省级普通高等学校教育评估领导小组

根据《普通高等学校教育评估暂行规定》（1990 年）第 20 条的规定，省（自治区、直辖市）普通高等学校教育评估领导小组在省（自治区、直辖市）的高校工委、教育行政部门和国家普通高等学校教育评估领导小组指导下，负责全省（自治区、直辖市）普通高等学校教育评估工作。其具体职责是：

（1）依据《普通高等学校教育评估暂行规定》（1990年）和教育部（原国家教育委员会）有关文件，制订本地区的评估方案和实施细则。

（2）指导、组织本地区所有普通高等学校的教育评估工作，接受教育部（原国家教育委员会）委托进行教育评估试点。

（3）审核、批准本地区有关高等学校思想政治教育、专业（学科）、课程及其他单项教育工作评估的结论。

（4）收集、整理和分析本地区教育评估信息，负责向有关教育管理决策部门提供。

（5）推动本地区教育评估理论和方法的研究，促进教育评估学术交流，组织教育评估骨干培训。

（三）国务院有关部门普通高等学校教育评估领导小组

根据《普通高等学校教育评估暂行规定》（1990年）第21条的规定，国务院有关部门普通高等学校教育评估领导小组，在国务院有关部门教育行政部门和国家普通高等学校教育评估领导小组领导下，负责直属普通高等学校和教育部（原国家教育委员会）委托的对口专业（学科）的教育评估工作。其具体职责是：

（1）依据《普通高等学校教育评估暂行规定》（1990年）和教育部（原国家教育委员会）有关文件，制订本部门所属普通高等学校和教育部（原国家教育委员会）委托的对口专业（学科）的教育评估方案和实施细则。

（2）领导和组织本部门直属普通高等学校的教育评估工作，审核、批准本部门直属普通高等学校教育评估的结论。

（3）领导和组织教育部（原国家教育委员会）委托的对口专业（学科）教育评估，审核、提出对口专业（学科）教育评估结论，报国务院有关部门教育行政部门批准公布。

（4）收集、整理、分析本部门和对口专业（学科）教育评估信息，负责向有关教育决策部门提供。

（5）推动本部门和对口专业（学科）教育评估理论、方法的研究，促进教育评估学术交流，组织教育评估骨干培训。

另外，根据《普通高等学校教育评估暂行规定》（1990年）第19条至第22条的规定，我国大学的评估主体，根据需要，在各级普通高等学校教育评估领导小组领导下，可以设立新建"普通高等学校鉴定委员会""普通高等学校专业（学科）教育评估委员会""普通高等学校课程教育评估委员会"等专家组织，指导、组织新建普通高等学校的合格评估（鉴定）和专业（学科）、课程的办学水平评估工作。

二、大学评估的原则

根据《普通高等学校教育评估暂行规定》（1990 年）第 2 条、第 3 条、第 4 条的规定，大学设立后评估的目的、基本任务、基本标准如下：

（1）普通高等学校教育评估的主要目的，是增强高等学校主动适应社会需要的能力，发挥社会对学校教育的监督作用，自觉坚持高等教育的社会主义方向，不断提高办学水平和教育质量，更好地为社会主义建设服务。

（2）普通高等学校教育评估的基本任务，是根据一定的教育目标和标准，通过系统地搜集学校教育的主要信息，准确地了解实际情况，进行科学分析，对学校办学水平和教育质量作出评价，为学校改进工作、开展教育改革和教育管理部门改善宏观管理提供依据。

（3）普通高等学校教育评估坚持社会主义办学方向，认真贯彻教育为社会主义建设服务、与生产劳动相结合、德智体全面发展的方针，始终把坚定正确的政治方向放在首位，以能否培养适应社会主义建设实际需要的社会主义建设者和接班人作为评价学校办学水平和教育质量的基本标准。

三、大学评估的程序

大学评估的一般程序是：

（1）学校提出申请；

（2）评估（鉴定）委员会审核申请；

（3）学校自评，写出自评报告；

（4）评估（鉴定）委员会派出视察小组到现场视察，写出视察报告，提出评估结论建议；

（5）评估（鉴定）委员会复核视察报告，提出正式评估结论；必要时报请有关教育行政部门和各级政府批准、公布评估结论。

第三节　大学评估的救济措施

一、大学评估救济措施的种类

《普通高等学校教育评估暂行规定》（1990年）第24条规定："申请学校如对评估结论有不同意见，可在1个月内向上一级普通高等学校教育评估领导小组提出申诉，上一级教育评估领导小组应认真对待，进行仲裁，妥善处理。"也就是说，对于提出申请的学校有哪些救济措施，本条只规定了一项：向上一级教育评估领导小组申诉。

二、大学评估救济措施评述

讨论高校评估的救济措施，必先准确确定高校评估的法律性质。因校内评估不存在救济措施的问题，故我们只讨论社会评估的法律性质及其救济措施。

（1）合格评估与办学水平评估的法律性质，是行政机关实施行政许可后对被许可人的行政检查行为。既然是行政检查，行政相对人当然拥有向复议机关提起行政复议和向人民法院提出行政诉讼的权利。《普通高等学校教育评估暂行规定》（1990年）第24条规定的所谓"申诉"，实质上就是指行政复议。

（2）选优评估，属于行政确认。如果被评估人被确认为优秀者，还可获得行政奖励。因此，被评估的大学如果不服评估结论，应当有权提起行政复议或者行政诉讼。

▶ 思考题

1. 简述大学评估的种类。
2. 简述大学评估的目的、任务与标准。
3. 简述大学评估的程序。
4. 简述大学评估的救济措施。

第十章
大学章程

大学章程是大学成立与运行的基本法律文件。大学章程具有对内对外两个方面的法律效力，其对外的法律效力表现为可以对抗包括国家在内的任何第三人；其对内的法律效力表现为它是大学内部运行的总纲。我国《高等教育法》（2018年）第28条规定，大学章程的必备内容有10项，诸如办学宗旨、法律性质、内部构造以及章程的制定与修改等。

第一节　大学章程概述

一、大学章程的概念

大学章程，是指规制大学的成立与运行的基础性法律文件。大学章程一般规定大学的法人资格、办学宗旨、成员构成、自治权范围、内部构造以及大学章程本身的修改权限与程序等。[1]在大学内部，大学章程是具有最高法律效力的法律渊源。

大学章程的表现形式与大学的设立方式密切相关。大学的设立方式大约有四种，大学章程亦有相应的四种表现形式：①由国王或者皇帝直接颁发特

---

〔1〕　汉语"章程"一词，其基本含义是某组织的法律地位、组织原则等重要事项的记载。根据其法律性质，章程大略可以分为三类：第一类是多人（亦有单人）磋商一致同意，旨在将某组织创制为独立法人的法律文件。该类章程，有可能经有权机关认可而创制法人成功；亦有可能未获有关机关认可而创制法人失败。第二类是组织内部立约规制下属成员或单位的法律文件。这类章程对内有效，但不能对抗外部组织之外的人。第三类系多人磋商获得一致同意，旨在创建某个松散联盟而不是创制法人的法律文件，其对内部成员的约束力非常有限，该类章程具有道德约束力但不具有法律效力。大学章程中的章程一词，是第一种含义上的章程。

定法律文件而设立的大学，其章程的表现形式为特许状（charter）；②由立宪机关通过宪法条款而设立的大学，其章程的表现形式为特定的宪法条款；③由立法机关通过一般法律条款而设立的大学，其章程的表现形式为特定的一般法律条款；④由行政机关登记而设立的大学，其章程的表现形式为由行政登记机关认可的法律文件。[1]

大学章程具有对内、对外的双重法律效力。大学章程的对外效力表现为：大学根据其章程获得独立的法律主体地位，拥有大学章程规定的自治权，任何其他法律主体均不得非法干涉。大学依据其章程所享有的权利可以对抗任何第三人，包括赋予其法人资格的国家。大学章程的对内效力表现为，大学章程是大学的"宪章"：大学的运行必须按照章程的规定进行；大学的治理结构必须符合章程的规定；大学的任何成员根据章程享有权利、承担义务，不得拥有超越章程规定的特权等。

二、理解我国大学章程需要注意的问题

理解我国大学章程的概念还需注意以下三点：

（1）大学举办者应当起草大学章程（草案）。当然，大学举办者也可以委托他人代为起草。大学举办者在其起草的大学章程（草案）中关于大学自治权的规定应当清楚、明确。国家对大学的干预方式有两种：一种是法律监督的方式，即国家对大学自治事务只进行合法性监督，不进行合理性审查；另一种是业务监督的方式，即国家对于大学接受国家委托的行政任务，可对其具体业务的合理性进行审查甚至直接发出指令或直接操作。国家对大学事务进行法律监督和业务监督的范围区分，应当有法律法规的明确规定。但是，由于我国现行法律法规在这方面的规定较为粗糙，而大学章程又是对大学自治权范围进行界定的专门法律文件。因此，大学章程中关于大学自治权的范围、大学举办者与大学之间的权利义务等内容，应当尽量清楚、明确，而不是照搬《高等教育法》的有关规定。

（2）大学章程（草案）必须经过教育部或者教育厅的核准。根据教育部

---

〔1〕 大学章程有广义和狭义两个概念。广义的大学章程，包括文中的四种法律文件；狭义的大学章程，仅指文中第四种情形之下的"由行政登记机关认可的法律文件"。大学特许状亦有广义和狭义两个概念。广义的大学特许状与广义的大学章程同义；狭义的大学特许状专指上述第一种情形之下的法律文件。

的定性，大学章程（草案）核准在法律性质上属于行政许可。也就是说，章程（草案）核准程序是大学举办者申请办学之前必须经过的一个独立行政程序。教育部或者教育厅核准之日即是章程（草案）生效日期。

（3）大学举办者在申请办学时，必须提交已经通过教育部或者教育厅核准程序的大学章程，即已经生效的大学章程是大学举办者申请办学时必须提交的材料之一。一般来讲，公立大学应当由主权者直接颁发特许状或者由议会通过立法的方式而设立；私立大学可以由行政主管机关通过行政许可行为而设立。在我国，无论是公立大学还是私立大学，其设立均采用行政主管机关行政许可的方式。从严格意义上来说，我国大学的成立文件应当是教育部或教育厅关于准许大学举办者办学的批准文件；尽管大学章程规定了大学的成立、性质、运行等根本性的内容，但其仅是教育部或教育厅准许大学举办者办学的批准文件的附件。

第二节　我国大学章程的主要内容及其评述

一、我国大学章程的主要内容

（一）大学章程的法定内容与酌定内容

大学章程的内容，是指大学章程中应当进行规定的事项。我国大学章程的内容可以分为法定内容和酌定内容两部分。大学章程的法定内容，是指按照法律大学章程中必须规定的事项；大学章程的酌定内容，是指大学章程中除法定内容之外的其他事项。当然，大学章程中的酌定内容，不得违反法律且必须是对于大学自治权范围内的事项的规定。由于几乎所有大学的章程中都有属于自己特色的酌定内容，这就使得大学章程的酌定内容过于繁杂；又由于大学章程的酌定内容相对于法定内容而言，处于次要地位，故我们这里只对大学章程的法定内容进行列举。

（二）《高等教育法》（2018 年）规定的法定内容

《高等教育法》（2018 年）第 28 条对大学章程的法定内容作出了总体规定。该条规定："高等学校的章程应当规定以下事项：（一）学校名称、校址；（二）办学宗旨；（三）办学规模；（四）学科门类的设置；（五）教育形式；（六）内部管理体制；（七）经费来源、财产和财务制度；（八）举办者与学校之间的权利、义务；（九）章程修改程序；（十）其他必须由章程规定的事项。"

（三）《高等学校章程制定暂行办法》（2012年）规定的法定内容

教育部《高等学校章程制定暂行办法》（2012年）第7条至第15条对大学章程的法定内容进行了更加细致的列举性规定。

（1）《高等学校章程制定暂行办法》（2012年）第7条规定："章程应当按照高等教育法的规定，载明以下内容：（一）学校的登记名称、简称、英文译名等，学校办学地点、住所地；（二）学校的机构性质、发展定位，培养目标、办学方向；（三）经审批机关核定的办学层次、规模；（四）学校的主要学科门类，以及设置和调整的原则、程序；（五）学校实施的全日制与非全日制、学历教育与非学历教育、远程教育、中外合作办学等不同教育形式的性质、目的、要求；（六）学校的领导体制、法定代表人，组织结构、决策机制、民主管理和监督机制，内设机构的组成、职责、管理体制；（七）学校经费的来源渠道、财产属性、使用原则和管理制度，接受捐赠的规则与办法；（八）学校的举办者，举办者对学校进行管理或考核的方式、标准等，学校负责人的产生与任命机制，举办者的投入与保障义务；（九）章程修改的启动、审议程序，以及章程解释权的归属；（十）学校的分立、合并及终止事由，校徽、校歌等学校标志物、学校与相关社会组织关系等学校认为必要的事项，以及本办法规定的需要在章程中规定的重大事项。"

（2）《高等学校章程制定暂行办法》（2012年）第8条规定："章程应当按照高等教育法的规定，健全学校办学自主权的行使与监督机制，明确以下事项的基本规则、决策程序与监督机制：（一）开展教学活动、科学研究、技术开发和社会服务；（二）设置和调整学科、专业；（三）制订招生方案，调节系科招生比例，确定选拔学生的条件、标准、办法和程序；（四）制订学校规划并组织实施；（五）设置教学、科研及行政职能部门；（六）确定内部收入分配原则；（七）招聘、管理和使用人才；（八）学校财产和经费的使用与管理；（九）其他学校可以自主决定的重大事项。"

（3）《高等学校章程制定暂行办法》（2012年）第9条规定："章程应当依照法律及其他有关规定，健全中国共产党高等学校基层委员会领导下的校长负责制的具体实施规则、实施意见，规范学校党委集体领导的议事规则、决策程序，明确支持校长独立负责地行使职权的制度规范。章程应当明确校长作为学校法定代表人和主要行政负责人，全面负责教学、科学研究和其他管理工作的职权范围；规范校长办公会议或者校务会议的组成、职责、议事规则等内容。"

（4）《高等学校章程制定暂行办法》（2012年）第10条规定："章程应当根据学校实际与发展需要，科学设计学校的内部治理结构和组织框架，明确学校与内设机构，以及各管理层级、系统之间的职责权限，管理的程序与规则。章程根据学校实际，可以按照有利于推进教授治学、民主管理，有利于调动基层组织积极性的原则，设置并规范学院（学部、系）、其他内设机构以及教学、科研基层组织的领导体制、管理制度。"

（5）《高等学校章程制定暂行办法》（2012年）第11条规定："章程应当明确规定学校学术委员会、学位评定委员会以及其他学术组织的组成原则、负责人产生机制、运行规则与监督机制，保障学术组织在学校的学科建设、专业设置、学术评价、学术发展、教学科研计划方案制定、教师队伍建设等方面充分发挥咨询、审议、决策作用，维护学术活动的独立性。章程应当明确学校学术评价和学位授予的基本规则和办法；明确尊重和保障教师、学生在教学、研究和学习方面依法享有的学术自由、探索自由，营造宽松的学术环境。"

（6）《高等学校章程制定暂行办法》（2012年）第12条规定："章程应当明确规定教职工代表大会、学生代表大会的地位作用、职责权限、组成与负责人产生规则，以及议事程序等，维护师生员工通过教职工代表大会、学生代表大会参与学校相关事项的民主决策、实施监督的权利。对学校根据发展需要自主设置的各类组织机构，如校务委员会、教授委员会、校友会等，章程中应明确其地位、宗旨以及基本的组织与议事规则。"

（7）《高等学校章程制定暂行办法》（2012年）第13条规定："章程应当明确学校开展社会服务、获得社会支持、接受社会监督的原则与办法，健全社会支持和监督学校发展的长效机制。学校根据发展需要和办学特色，自主设置有政府、行业、企事业单位以及其他社会组织代表参加的学校理事会或者董事会的，应当在章程中明确理事会或者董事会的地位作用、组成和议事规则。"

（8）《高等学校章程制定暂行办法》（2012年）第14条规定："章程应当围绕提高质量的核心任务，明确学校保障和提高教育教学质量的原则与制度，规定学校对学科、专业、课程以及教学、科研的水平与质量进行评价、考核的基本规则，建立科学、规范的质量保障体系和评价机制。"

（9）《高等学校章程制定暂行办法》（2012 年）第 15 条规定："章程应当体现以人为本的办学理念，健全教师、学生权益的救济机制，突出对教师、学生权益、地位的确认与保护，明确其权利义务；明确学校受理教师、学生申诉的机构与程序。"

二、我国大学章程主要内容评述

（一）关于大学的宗旨

我国教育学界喜欢用"大学宗旨"这个术语。该术语有广义的和狭义的两个概念。广义的大学宗旨包括大学的职能（大学的目的事业、业务范围）与大学的目的；狭义的大学宗旨仅指大学的目的。我们这里用其广义。

1. 外国著名大学的大学章程中关于大学宗旨的规定

美国《康奈尔大学特许状》（2002 年）载明的大学宗旨是："教授与农业、机械工艺有关的学问分支，包括军事谋略在内。旨在对工商界人士进行自由教育和专业教育，以促进其未来人生追求和职业生活。"[1]

美国《达特茅斯学院特许状》（1769 年）写明其宗旨是："建立该学院的目的，系教育和训练这块土地上的印第安部落青年之读、写、各种看起来必要的和适宜的能促进异族儿童文明开化和基督教化的知识，以及所有的社会科学（liberal arts）与自然科学（science）。该学院亦应惠及当地的英国青年和任何其他人。"[2]

美国《耶鲁大学特许状》（1701 年）规定的大学宗旨是："为该殖民地青

---

〔1〕 Charter of Cornell University as Amended Through May 22, 2002, http://www.cornell.edu/trus-tees/cornell-charter.Pdf, 2023-04-09. 康奈尔大学的原始章程生效于 1865 年 4 月 27 日。当时系纽约州议会法案授予其特许状，编为《纽约州法典》（1865 年）第 585 章。后经屡次修改，现为纽约州教育法典汇编第 115 条第 5701 款至第 5716 款。其第 5702 款"该法人的目标和权力"下，载有该大学的目标。原文是："The leading objects of said corporation shall be teach such branches of learning as are related to agriculture and the mechanic arts, including military tactics, in order to promote the liberal and practical educa-ton of industrial classes in the several persuits and professions of life." 该段文字系本人翻译，未竟信、达、雅，敬请谅解。

〔2〕 Dartmouth College Charter, 1769, http://www.dartmouth.edu/~library/rauner/dartmouth/dc-charter.html, 2023-04-09.

年提供社会科学（arts）和自然科学（sciences）的教育，万能的上帝保佑，这些青年将适宜于教会和文官政府的雇佣以提供公共服务。"[1]

法国《巴黎第四大学章程》（2005 年）第 6 条第 1 款规定其职能与宗旨是："巴黎第四大学的普遍使命是在文学、语言和人文与社会科学领域从事知识设计与知识传授、初始培训与继续培训、文化进步、研究的提升与增值。它通过其物质、智力与精神的全部组成部分，研究不同文明的历史发展和现状。"[2]

日本《早稻田大学校章》（1949 年）第 1 章第 1 条规定："本大学致力于学问的独立、真理的追求及学理的应用，在教授、普及高深精专的学术和艺术的同时，培养具有个性、高素质、能成为国家和社会栋梁的优秀人才，并引导他们为文化的创造和发展、为人类的幸福做出应有贡献。"[3]

2. 我国大学章程关于大学宗旨的规定及其评述

《吉林大学章程》（2014 年）第 1 章"总则"第 5 条规定："学校全面贯彻国家教育方针，立德树人，培养德智体美全面发展，……具有创新精神、实践能力和国际视野的高级专门人才。"第 2 章"学校功能和教育形式"第 8 条规定："学校以人才培养和知识创新为根本任务，开展教学、科学研究和社会服务活动。"[4]《中国政法大学章程》（2010 年）（该章程已于 2015 年和 2022 年进行了两次修改）第 1 章"总则"第 5 条规定："学校秉承推动国家政治进步、法制昌明、社会繁荣的办学传统，弘扬经国纬政、法泽天下的法大精神，尊重学术自由，鼓励学术创新，致力于人才培养、科学研究和社会服务。"第 2 章"中心工作"第 11 条规定："学校以人才培养和知识创新为根本任务。学校的中心工作是教学、科研、社会服务和国际交流。学校的其他工作服务和服从于中心工作。"[5]

在中国的大学章程中，《中国政法大学章程》（2010 年）算得上比较好的章程。与《吉林大学章程》（2014 年）相比较，《中国政法大学章程》（2010 年）

---

〔1〕　The Yale Corporation Charter and Legislation, Printed for The President and Fellows. http://www. yale. edu/about/governance. html，最后访问时间：2023 年 4 月 9 日。

〔2〕　马陆亭、范文曜主编：《大学章程要素的国际比较》，教育科学出版社 2010 年版，第 62 页。

〔3〕　湛中乐主编：《大学章程精选》，中国法制出版社 2010 年版，第 625 页。

〔4〕　湛中乐主编：《大学章程精选》，中国法制出版社 2010 年版，第 13 页。

〔5〕　《中国政法大学章程》（2010 年），http://www. cupl. edu. cn/ch/8577. html，最后访问时间：2023 年 4 月 9 日。现行《中国政法大学章程》于 2015 年 6 月 26 日经中华人民共和国教育部核准通过，又于 2022 年 11 月 15 日根据教育部《关于同意中国政法大学章程部分条款修改的批复》修正。

中关于大学宗旨的规定要精确得多。《吉林大学章程》（2014年）"培养……高级专门人才""开展教学、科学研究和社会服务活动"的宗旨规定，大而空，也不精深；《中国政法大学章程》（2010年）"尊重学术自由，鼓励学术创新，致力于人才培养、科学研究和社会服务""学校以人才培养和知识创新为根本任务"的规定，还是点出了大学传授高深学问、探求普遍真理、培养杰出人才以及服务社会的大学理念。每个大学有自己的特殊宗旨。在秉承大学传授高深学问、探求普遍真理、服务社会的基础上，大学应特别注明本校的特殊宗旨，标明办学特色即某项特殊的学科或特殊的领域，以彰显本大学的基本理念。中国政法大学作为一所政法类大学，应该突出其政法特色。

大学章程中关于大学宗旨的规定，应该尽量体现大学的特色，而不是照抄《教育法》《高等教育法》中的法律条文。

（二）关于大学的法律性质

世界上比较著名大学的章程中，一般都明确规定了其法律性质。如果是法人，则明确表明其法人性质或法人成员构成。《哈佛大学特许状》（1650年）规定："位于新英格兰中塞克斯郡（Middlesex）剑桥镇（Cambridge）的哈佛学院，具有法人资格（a Corporation），该法人由校长1名（a President）、5名评议员（five Fellows）、司库或会计1名（a Treasurer or Bursar）共7名成员构成。"[1]这其中就规定了法人的构成。2007年2月7日颁布并生效的德国《波鸿—鲁尔大学章程》第1条总则第1款"法律地位"第1项规定："鲁尔大学作为科学性大学是公共权力的团体，由联邦州设立。取名为波鸿—鲁尔大学，并在徽章和印章中使用。"[2]该章程明确规定其法律性质是联邦州设立的公营造物。法国《巴黎第一大学章程》序言明确规定："巴黎第一大学（先贤祠索邦大学）是科学、文化和职业性质的公立机构，依据教育法典L711-1条及其后条款的规定设立。"[3]该规定明确了该大学是法国科学、文化和职业公务法人。2005年日本《新大学宪章（草案）》规定："2005年东京都都立的四所大学合并为新大学，并且根据地方独立行政法人法以'公立

〔1〕 Harvard Charter of 1650, Held in the Harvard University Archives, http://hul. harvard. edu/huarc/charter. html, 2023-04-09.

〔2〕 马陆亭、范文曜主编：《大学章程要素的国际比较》，教育科学出版社2010年版，第184页。

〔3〕 湛中乐主编：《大学章程精选》，中国法制出版社2010年版，第677页。

大学法人'的形式正式成立。"〔1〕该规定表明了该大学是公立大学法人,属于地方独立行政法人,有别于国立大学法人。

我国大学章程中关于大学法律性质的规定,大多仿照《高等教育法》中关于大学具有法人地位的条文,至于大学具体是什么性质的法人,则普遍语焉不详。比如《吉林大学章程》(2014 年)第 1 章"总则"第 4 条规定:"学校为非营利性事业组织,具有独立法人资格,依法享有教学、科研、行政及财务自主权,独立承担法律责任。"《中国政法大学章程》(2010 年)第 1 章"总则"第 4 条规定:"学校由国家设立,直属中华人民共和国教育部,具有法人资格。"如果大学是法人,章程中应规定大学法人的性质,即慈善信托模式或者公法社团、公法财团、公营造物法人等等。从《中国政法大学章程》(2010 年)第 16 条"学校由党政职能机构、教学科研机构及其他机构组成。成员包括教师、其他专业技术人员、学生、管理人员和工勤人员"的规定看,似乎符合公法社团法人的定位;但从后续的关于中国政法大学党委、校长、校务委员会、学位评定委员会、教职工代表大会的规定,中国政法大学又是典型的公营造物。

当今大学大多具有法人地位,但也有不少依然属于所属行政主体的分支机构,我们不能认为所有大学都是法人。其中,美国慈善信托模式的大学,其受托人团/受托人委员(trustees、board of trustees)是法人,大学本身不是法人;州立大学的受托人团/管理委员会如果被法律确认为法人,则受托人团是法人,大学也不是法人;州立大学的受托人团/管理委员会如果未被法律确定为法人,那么该大学纯粹是政府机构(相当于州所属的无权利能力的公营造物),不具有法人地位。

保障学术自由,确认大学自治权,无论公立大学还是私立大学,问题的核心不在于大学章程是否规定大学具有法人地位,或者国家高等教育法是否规定大学是法人,而在于大学的自治权是否获得实在的保障。如果政府部门业务监督范围广大无边,干预程度事无巨细,举凡财政、人事、组织、课程、教学、科研、教学程序、学位论文写作步骤,甚至学位论文装订方法等,均囊括其中,而大学无任何救济措施,是否具有法人地位又有什么意义呢?

大学章程中,应该注明大学的举办者(设立人)。《吉林大学章程》(2014

---

〔1〕　马陆亭、范文曜主编:《大学章程要素的国际比较》,教育科学出版社 2010 年版,第 300 页。

年）未标明吉林大学的设立人，如果是吉林省设立，则应注明设立人是吉林省。《中国政法大学章程》（2010 年）中注明该大学的设立人是国家，此点符合我国大学设立人的规定，但其特别注明"直属中华人民共和国教育部"，不知为何？不过，修改后的《中国政法大学章程》（2022 年）关于举办者的规定，则解决了这一问题，其第 4 条第 1 款规定："学校由国家举办，国务院教育行政部门主管，国务院教育行政部门、北京市人民政府共建。……"

（三）关于大学的自治权

大学具有独立的法人资格，则应当拥有一定的自治权。大学的自治权主要表现为大学依法享有办学自主权。具体而言，即大学在学科专业设置和调整、招生、教学和科学研究、对外学术交流与合作、机构设置和调整、人员聘任和管理、财产管理和使用等方面依法自主办学，不受任何组织和个人的非法干预。

大学章程中，应规定大学的自治权范围、举办者与大学之间的法律关系等。鉴于目前我国学界和实务界对大学章程的法律效力认识尚不清楚，而我国大学的举办者又主要是国家、省和计划单列市等行政主体，按法理言，举办者与大学之间的法律关系，应该由全国人大及其常委会、省人大及其常委会和计划单列市人大及其常委会专门立法，规定举办者与其创设的大学之间的法律关系。这些法律法规将成为判断举办者与大学之间关系的准据法。同时，国家在对大学进行干预时，应当依事务的性质而有所区分：对于大学自治事务应通过法律监督的方式，只进行合法性监督，不进行合理性审查；对于大学接受国家委托的行政任务，可进行业务监督、合理性审查。法律法规应对法律监督和业务监督的范围区分，作出明确规定。大学章程中关于大学自治权的规定，亦应该尽量清楚、明确，而不是照搬《高等教育法》的规定。

（四）关于大学的内部构造

大学章程应规定大学的成员构成、成员之权利、大学内部部门之划分以及大学的组织方式等。需要特别提及的是，美国大学的内部权力构造与大陆法系大学的内部权力构造有重大不同。就决策权力的组织方式而言，大陆法系国家趋向于校内分权，其决策权（比如大学委员会）、行政权（比如校长）、学术确认终局决定权（比如学术委员会）等处于平行分离状态；而美国大学则趋向于集权，具体表现为大学的管理委员会（governance board/governing board，即 board of trustees）为校内最高机构，大学所有决策、执行、学术确认之终局权力均由其掌控。管理委员会之分委员会如校务委员会、学术委员会、总法律顾问等只是管理委员会的分支机构，而不是与管理委员会相平行的权力机构。

我国《高等教育法》（2018 年）第 39 条、第 41 条、第 42 条、第 43 条，[1] 以及《学位条例》（2004 年）相关条款，对我国高校内部构造进行了原则性的规定。我国大学的内部构造原理可以简称为"党委领导下的校长负责制"。我国大学内部构造的主要内容有：党委领导；校长负责行政事务；学术委员会负责一般学术事务；学位评定委员会负责学位确认；教职工通过教代会和工会行使民主权利参与管理和监督。其他内部机构的设置，则授权大学在不违反基本原则的前提下自行决定。法律给予大学章程非常大的自主规定权。

《中国政法大学章程》（2022 年）第 3 章第 1 节"学校组织机构"中，核心的组织机构是党委（包括常务委员会）、校长、校务委员会、学术委员会、学位评定委员会和教职工代表大会。《中国政法大学章程》（2022 年）第 18 条是对学校内部组织机构的总体规定；[2] 第 19 条、第 20 条是对党委和纪委

---

〔1〕《高等教育法》（2018 年）第 39 条第 1 款规定："国家举办的高等学校实行中国共产党高等学校基层委员会领导下的校长负责制。中国共产党高等学校基层委员会按照中国共产党章程和有关规定，统一领导学校工作，支持校长独立负责地行使职权，其领导职责主要是：执行中国共产党的路线、方针、政策，坚持社会主义办学方向，领导学校的思想政治工作和德育工作，讨论决定学校内部组织机构的设置和内部组织机构负责人的人选，讨论决定学校的改革、发展和基本管理制度等重大事项，保证以培养人才为中心的各项任务的完成。"第 41 条规定："高等学校的校长全面负责本学校的教学、科学研究和其他行政管理工作，行使下列职权：（一）拟订发展规划，制定具体规章制度和年度工作计划并组织实施；（二）组织教学活动、科学研究和思想品德教育；（三）拟订内部组织机构的设置方案，推荐副校长人选，任免内部组织机构的负责人；（四）聘任与解聘教师以及内部其他工作人员，对学生进行学籍管理并实施奖励或者处分；（五）拟订和执行年度经费预算方案，保护和管理校产，维护学校的合法权益；（六）章程规定的其他职权。高等学校的校长主持校长办公会议或者校务会议，处理前款规定的有关事项。"第 42 条规定："高等学校设立学术委员会，履行下列职责：（一）审议学科、专业的设置，教学、科学研究计划方案；（二）评定教学、科学研究成果；（三）调查、处理学术纠纷；（四）调查、认定学术不端行为；（五）按照章程审议、决定有关学术发展、学术评价、学术规范的其他事项。"第 43 条规定："高等学校通过以教师为主体的教职工代表大会等组织形式，依法保障教职工参与民主管理和监督，维护教职工合法权益。"

〔2〕《中国政法大学章程》（2022 年）第 18 条规定："学校根据实际需要和精简、效能的原则，设置、调整党政职能机构、教学科研机构、教辅机构、保障服务机构及其他机构。"

的规定；[1] 第 21 条是对校长的规定；[2] 第 24 条是对学术委员会的规定；[3] 第

---

[1] 《中国政法大学章程》（2022 年）第 19 条规定："学校党委依照宪法、法律、《中国共产党章程》及其他党内法规开展活动，全面领导学校工作，支持校长依法积极主动、独立负责地行使职权，保证教学、科研、行政管理等各项任务的完成。学校党委承担管党治党、办学治校主体责任，把方向、管大局、作决策、抓班子、带队伍、保落实。主要职责是：（一）宣传和执行党的路线方针政策，宣传和执行党中央以及上级党组织和本组织的决议，坚持社会主义办学方向，依法治校，依靠全校师生员工推动学校科学发展，培养德智体美劳全面发展的社会主义建设者和接班人；（二）坚持马克思主义指导地位，组织党员认真学习马克思列宁主义、毛泽东思想、邓小平理论、"三个代表"重要思想、科学发展观、习近平新时代中国特色社会主义思想，学习党的路线方针政策和决议，学习党的基本知识，学习业务知识和科学、历史、文化、法律等各方面知识；（三）审议确定学校基本管理制度，讨论决定学校改革发展稳定以及教学、科研、行政管理中的重大事项；（四）坚持党管干部、党管人才原则，讨论决定学校内部组织机构的设置及其负责人的人选。按照干部管理权限，负责干部的教育、培训、选拔、考核和监督。加强领导班子建设、干部队伍建设和人才队伍建设，做好每支队伍的建设规划与统筹发展，创新工作体制机制，加强对人才的政治引领和政治吸纳；（五）按照党要管党、全面从严治党要求，加强学校党组织建设。落实基层党建工作责任制，发挥学校基层党组织战斗堡垒作用和党员先锋模范作用；（六）履行学校党风廉政建设主体责任，领导、支持内设纪检组织履行监督执纪问责职责，接受同级纪检组织和上级纪委监委及其派驻纪检监察机构的监督；（七）领导学校思想政治工作和德育工作，落实意识形态工作责任制，维护学校安全稳定，促进和谐校园建设；（八）履行党管教师工作的职能，强化党委教师工作委员会作用，完善教师思想政治和师德师风建设工作体制机制，落实师德师风第一标准；（九）领导学校群团组织、学术组织和教职工代表大会；（十）做好统一战线工作。对学校内民主党派的基层组织实行政治领导，支持其依照各自章程开展活动。支持无党派人士等统一战线成员参加统一战线相关活动，发挥积极作用。加强党外知识分子工作和党外代表人士队伍建设。加强民族和宗教工作，深入开展铸牢中华民族共同体意识教育，坚决防范和抵御各类非法传教、渗透活动。学校党委实行民主集中制，健全集体领导和个人分工负责相结合的制度。凡属重大问题都应当按照集体领导、民主集中、个别酝酿、会议决定的原则，由党委集体讨论，作出决定；党委成员应当根据集体的决定和分工，切实履行职责。学校党的委员会经党员代表大会选举产生，对党员代表大会负责并报告工作。学校党的委员会全体会议在党员代表大会闭会期间领导学校工作。党的委员会设立常务委员会。学校党委全体会议和学校党委常委会依其议事规则履行职责。"第 20 条规定："中国共产党中国政法大学纪律检查委员会是学校的党内监督专责机关，在学校党委和上级纪委双重领导下进行工作，履行监督执纪问责职责。主要任务是：（一）维护党章和其他党内法规，检查党的路线方针政策和决议的执行情况，协助学校党委推进全面从严治党、加强党风建设和组织协调反腐败工作；（二）经常对党员进行遵守纪律的教育，作出关于维护党纪的决定；（三）对党的组织和党员领导干部履行职责、行使权力进行监督，受理处置党员群众检举举报，开展谈话提醒、约谈函询；（四）检查和处理党的组织和党员违反党章和其他党内法规的比较重要或者复杂的案件，决定或者取消对这些案件中的党员的处分；进行问责或者提出责任追究的建议；（五）受理党员的控告和申诉，保障党员权利不受侵犯。"

[2] 《中国政法大学章程》（2022 年）第 21 条规定："学校校长是学校的法定代表人。学校副校长协助校长行使职权。校长在学校党委的领导下，组织实施学校党委有关决议，行使高等教育法等规定的各项职权，全面负责学校教学、科研、行政管理工作，行使下列职权和职责：（一）组织拟订和实施学校发展规划、基本管理制度、重要行政规章制度、重大教学科研改革措施、重要办学资源配置方案。组织制定和实施具体规章制度、年度工作计划；（二）组织拟订和实施学校内部组织机构的设置

25 条是对"学位评定委员会"的规定。[1]

《中国政法大学章程》（2010 年）的显著亮点，在于其对教职工大学代表大会职权的规定。该章程第 26 条赋予教职工代表大会 5 项重大权力：修改学校章程的权力；学校重大事务的建议权；讨论"通过"与教职工权益有关的重要规章制度的权力；审议"决定"有关教职工生活福利事项的权力；参与学校重要人事任免的权力。[2]《中国政法大学章程》（2010 年）对教职员工代表大会的权力安排，既不违反我国《宪法》《教育法》和《高等教育法》的原则，同时还体现了我国民主制度之精髓，是基层民主体制之创新，民主参与制度之发展。在中国大陆地区现有大学的章程中，尚未见有此规定者。这项

（接上页）方案。按照国家法律和干部选拔任用工作有关规定，推荐副校长人选，任免内部组织机构的负责人；（三）组织拟订和实施学校人才发展规划、重要人才政策和重大人才工程计划。负责教师队伍建设，依据有关规定聘任与解聘教师以及内部其他工作人员；（四）组织拟订和实施学校重大基本建设、年度经费预算等方案。加强财务管理和审计监督，管理和保护学校资产；（五）组织开展教学活动和科学研究，创新人才培养机制，提高人才培养质量，推进文化传承创新，服务国家和地方经济社会发展，把学校办出特色、争创一流；（六）组织开展思想品德教育，负责学生学籍管理并实施奖励或处分，开展招生和就业工作；（七）做好学校安全稳定和后勤保障工作；（八）组织开展学校对外交流与合作，依法代表学校与各级政府、社会各界和境外机构等签署合作协议，接受社会捐赠；（九）向党委报告重大决议执行情况，向教职工代表大会报告工作，组织处理教职工代表大会、学生代表大会、工会会员代表大会和团员代表大会有关行政工作的提案。支持学校各级党组织、民主党派基层组织、群众组织和学术组织开展工作；（十）履行法律法规和学校章程规定的其他职权。校长办公会议是学校行政议事决策机构，主要研究提出拟由党委常委会讨论决定的重要事项方案，具体部署落实党委常委会决议的有关措施，研究决定教学、科研、行政管理工作。校长办公会议依其议事规则履行职责。"

〔3〕《中国政法大学章程》（2022 年）第 24 条规定："学校依法设立学术委员会。校学术委员会是学校最高学术机构，统筹行使学术事务的决策、审议、评定和咨询等职权，在学科建设、学术评价、学术发展和学风建设等事项上发挥职能作用。凡涉及校学术委员会职责范围的事务，在提交校党委常委会议、校长办公会议讨论前，应当经校学术委员会咨询、评定或审议。校学术委员会依其章程履行职责。"

〔1〕《中国政法大学章程》（2022 年）第 25 条规定："学校依法设立学位评定委员会。校学位评定委员会依据法律及有关规定负责学位的评定、授予等工作。学位评定委员会依其章程履行职责。"

〔2〕《中国政法大学章程》（2010 年）第 25 条规定："教职工代表大会是全体教职员工在党委领导下行使民主权利，参与学校民主管理和监督的重要形式。学校尊重和支持教职工代表大会参与学校民主管理和监督，落实教职工代表大会有关决议和提案。学校建立二级教代会和职代会。教职工代表大会行使下列职权：（一）修改学校章程；（二）听取讨论校长工作报告，对学校的办学指导思想、发展规划、重大改革方案、财务工作报告及其他有关学校发展的重大问题提出意见和建议；（三）讨论通过学校提出的校内教职员工聘任、奖惩、分配改革的原则、办法及其他与教职员工权益有关的重要规章制度；（四）审议决定学校提出的有关教职员工生活福利的事项；（五）根据主管机关的部署，参与民主评议领导干部，参与民主推荐学校行政领导人选。"

规定既是《中国政法大学章程》（2010 年）的创新之处，亦是《中国政法大学章程》（2010 年）的最大特色。遗憾的是，《中国政法大学章程》（2015 年）第 26 条将中国政法大学教职工代表大会的"修改学校章程"的职权，修改为"对学校章程的制定和修改提出意见和建议"的职权。[1]

第三节 大学章程的制定、修改、核准与监督

一、大学章程的制定

（一）大学章程制定的概念

大学章程的制定，分为广义的制定与狭义的制定。广义的制定包括起草、审议、修订、核准、备案等环节或步骤；狭义的制定仅指新设大学的原始章程（草案）的起草和审议。

根据《教育法》（2021 年）第 27 条、第 28 条、第 29 条第 1 款、[2]《高等教育法》（2018 年）第 27 条、第 29 条、[3]国家教委《关于实施〈中华人民共和国教育法〉若干问题的意见》（1995 年）第 15 条、[4]教育部《关于实

---

〔1〕《中国政法大学章程》（2015 年）第 26 条（现行章程第 27 条）第 3 款规定："教职工代表大会行使下列职权：（一）对学校章程的制定和修改提出意见和建议；……"

〔2〕《教育法》（2021 年）第 27 条规定："设立学校及其他教育机构，必须具备下列基本条件：（一）有组织机构和章程；（二）有合格的教师；（三）有符合规定标准的教学场所及设施、设备等；（四）有必备的办学资金和稳定的经费来源。"第 28 条规定："学校及其他教育机构的设立、变更和终止，应当按照国家有关规定办理审核、批准、注册或者备案手续。"第 29 条第 1 款规定："学校及其他教育机构行使下列权利：（一）按照章程自主管理；……"

〔3〕《高等教育法》（2018 年）第 27 条规定："申请设立高等学校的，应当向审批机关提交下列材料：（一）申办报告；（二）可行性论证材料；（三）章程；（四）审批机关依照本法规定要求提供的其他材料。"第 29 条规定："设立实施本科及以上教育的高等学校，由国务院教育行政部门审批；设立实施专科教育的高等学校，由省、自治区、直辖市人民政府审批，报国务院教育行政部门备案；设立其他高等教育机构，由省、自治区、直辖市人民政府教育行政部门审批。审批设立高等学校和其他高等教育机构应当遵守国家有关规定。审批设立高等学校，应当委托由专家组成的评议机构评议。高等学校和其他高等教育机构分立、合并、终止，变更名称、类别和其他重要事项，由本条第一款规定的审批机关审批；修改章程，应当根据管理权限，报国务院教育行政部门或者省、自治区、直辖市人民政府教育行政部门核准。"

〔4〕国家教委《关于实施〈中华人民共和国教育法〉若干问题的意见》（1995 年）第 15 条第 1 款规定："各级各类学校及其他教育机构，原则上应实行'一校一章程'。《教育法》施行前依法设立的学校及其他教育机构，凡未制定章程的，应依法逐步制定和完善学校的章程，报主管教育行政部门核准。"

施〈中华人民共和国高等教育法〉若干问题的意见》（1999 年）第 24 条[1]之规定，设立大学必须制定大学章程并经国家有权机关核准。

（二）大学章程的制定者

新设大学之章程草案制定人，当然是大学的举办者。至于章程草案是由举办者亲自起草还是委托他人实际撰写在所不问。教育部《高等学校章程制定暂行办法》（2012 年）第 32 条规定："新设立的高等学校，由学校举办者或者其委托的筹设机构，依法制定章程，并报审批机关批准；其中新设立的国家举办的高等学校，其章程应当具备本办法规定的内容；民办高等学校和中外合作举办的高等学校，依据相关法律法规制定章程，章程内容可参照本办法的规定。"

（三）大学章程的制定程序

《高等学校章程制定暂行办法》（2012 年）第 2 条规定："国家举办的高等学校章程的起草、审议、修订以及核准、备案等，适用本办法。"其中，关于设立时原始的大学章程（草案）的起草和审议的具体细节，《高等学校章程制定暂行办法》（2012 年）未加规定，可以参照大学章程补报之细节规定；关于大学章程的修订、补报、核准等，《高等学校章程制定暂行办法》（2012 年）有比较详细的规定。

（四）大学章程的生效

大学章程是大学举办者申请办学的基本材料之一。当其尚处于申请材料时，"章程"并不是已经发生法律效力的章程，而是章程草案。章程草案获得国家有权机关审核通过，作为国家有权机关批准文件之附件备案，始获法律效力。此时，章程草案自动转化为具有法律效力的章程。章程生效日期是国家有权机关批准之日。

二、大学章程的修改

（一）大学章程修改的概念

大学章程的修改，是指大学举办者或者大学自身根据办学之需要，对已

---

[1]　教育部《关于实施〈中华人民共和国高等教育法〉若干问题的意见》（1999 年）第 24 条规定："根据《高等教育法》第二十七条和第二十八条的规定，今后申请设立高等学校者，必须向审批机关提交章程。在《高等教育法》施行前设立的高等学校，未制定章程的，其章程补报备案工作由其教育主管部门制定规定逐步进行。"

生效的大学章程进行修订或补充的行为。根据《高等学校章程制定暂行办法》（2012 年）第 28 条、第 29 条的规定，高等学校应当保持章程的稳定。高等学校发生分立、合并、终止，或者名称、类别层次、办学宗旨、发展目标、举办与管理体制等重大事项变化时，可以依据章程规定的程序，对章程进行修订。高等学校章程的修订案，应当依法报原核准机关核准。章程修订案经核准后，高等学校应当重新发布章程。

（二）大学章程的修改权

大学章程的修改权属于大学的举办者。但是，如果大学举办者在大学的原始章程中将大学章程（中某些事项的）修改权授予大学自身，则大学自身即拥有大学章程的修改权。很多时候，大学章程的修改权被认为是大学自身的固有权利。[1]

考察我国的相关法律、惯例等，我国大学章程的修改权均已赋予大学本身。大学章程修改的监督权亦已转移至相应的国家机关。章程修改之法律关系，已经变更为大学自治权与国家监督权之间的法律关系。既然章程修改的启动、章程修改草案的起草、章程备案手续的办理等属于高校自治权范围，大学章程之修改理当由大学根据其自身任务、条件等进行，那种认为由教育部给全国大学统一启动、统一起草、统一备案之方案，违反最基本的法理。另外，还有一点需要特别强调，即大学章程修改的启动权归属问题。我们说，大学章程的修改权由大学自身行使，但是，由于大学是一个法人，我们还需进一步确定大学内部的哪个具体机构或个人拥有启动修改程序、撰写章程修改草案的最终决定权。

---

〔1〕 英国牛津大学 18 世纪中期因《劳德法典》而产生的争议，可视为大学自身有权修改章程的有力证明。1795 年，英国牛津大学顾问团发表意见称："我们认为，未经学校成员接受、同意和确认，在最初法人成立法案（Original Act of Incorporation）之后，国王的特权或其他权力并未赋予国王给予牛津大学任何立法或条例（Laws or Statutes）的权力。我们还认为，大学没有权力将其制定良善规程（By-laws）或条例的权力委托给任何臣民，甚至是国王；未经大学教职员工全体会议（Convocation）同意或确认，任何由上述委托而制定的条例均系无效。我们认为，正因如此每个条例才得以被赋予其确定法律效力，且大学本身亦无权制定颁布任何不可更改、不可废除之条例。因此，我们认为，不可将权力委托给任何臣民甚至国王，由他们颁布或制定任何未经臣民或其后嗣、国王或其继任者同意即不可废除之法律。同时，尽管在某些情形下，大学已实际将权力委托给国王由其给大学颁布管理条例，国王亦已行使该权力且这些条例亦由国王确认。然而，即便条例如此制定并确认，仍不能（我们认为）废除大学固有的和当然的法定权力。"Preface：Constitution and Statute-making Powers of the University，http：//www.admin.ox.ac.Uk/statutes/375-092.shtml，2023-09-13.

　　《中国政法大学章程》（2010年）第26条曾赋予教职工代表大会修改学校章程的权力；《吉林大学章程》（2014年）附则第93条规定："本章程的修订由学校党委常委会提出，校长办公会议拟定修改草案，经教职工代表大会讨论，广泛征求师生员工意见后，由学校党委会审定，报教育部核准。"张文显、周其凤在其文章《大学章程：现代大学制度的载体》中，对吉林大学教职工代表大会的职权作了如下解释："关于章程的制定和修改程序，也在法律规定之下作了符合法理的规定，应当说也带有一定的创新性。章程作为代表学校法人组织意志的根本性规定，理应由学校最高权力机构来通过。在最终确定章程由学校党代会通过之前，我们也曾考虑过是否可由教代会或是一个特别成立的组织来通过，后经大家讨论认为，教代会是教职工参与民主管理的组织形式，而非学校最高权力机构，由其通过章程的法律依据和权威性不足；而对于成立特别的组织机构，大家讨论认为也不可以，因为这样一个机构它是根据党委会的决定成立的，肯定也不是学校最高权力机构，而且为制定章程专门成立这样的组织也没有法律依据，存在合法性方面的问题。因此根据高教法和党章规定，学校最后选择了由党代会制定和通过章程。与此同时，我们也考虑到，党代会通过章程必须有一个充分的群众基础，所以章程规定，学校章程要经过校务委员会和教职工代表大会审议，这是党代会讨论的前提和必经程序，即只有在校务委员会和教职工代表大会审议通过的情况下，才有可能由学校党委提请党代会审议通过。"[1]从其规定和解释看，《吉林大学章程》启动权属于党委，但通过则设置了一个程序性条件，即校务委员会和教职工代表大学审议。

　　《中国政法大学章程》（2010年）中对大学的权力安排，与英国《牛津大学条例》（2023年）极为相似。党委相当于牛津大学校一级的管理委员会，教职工代表大会相当于牛津大学全校教师组成的评议会或者教职员全体会议。该种设计方案，符合我国的民主原则，即教职工全体会议具有制约能力，也是教职工参与权的唯一的一项实质性表现和制度安排。公平而论，赋予教职工代表大会章程修改启动权，更符合我国实际，更符合民主原则，大学内部构造也更合理。

　　（三）大学章程修改的效力

　　大学自身拥有法律或章程规定范围内的自治权，包括提起或申请修改章

---

〔1〕　张文显、周其凤：《大学章程：现代大学制度的载体》，载《中国高等教育》2006年第20期。

程的权利。如情势需要，大学认为有必要修改章程，应提请国家有权机关核准。《高等教育法》（2018年）第29条第3款规定："……修改章程，应当根据管理权限，报国务院教育行政部门或者省、自治区、直辖市人民政府教育行政部门核准。"只有经过核准，大学章程之修改部分始发生法律效力。

无论是章程的核准或备案，如果大学与政府主管部门之间发生争议，大学有何救济措施？从行政法基本法理看，大学应当有权提起行政复议和行政诉讼；如果大学决策机构不提起行政救济程序，则教职工代表大会应有权提起行政救济程序。

三、大学章程的核准

根据我国法律规定，大学章程的制定和大学章程的修改，均需经过相应行政机关的核准始发生法律效力。

（一）原始大学章程（草案）的核准

原始大学章程（草案），是指新设大学的大学章程（草案）。《高等学校章程制定暂行办法》（2012年）第23条规定："地方政府举办的高等学校的章程由省级教育行政部门核准，其中本科以上高等学校的章程核准后，应当报教育部备案；教育部直属高等学校的章程由教育部核准；其他中央部门所属高校的章程，经主管部门同意，报教育部核准。"因此，大学章程的核准机关是教育厅和教育部。

原始大学章程（草案）的核准程序如下：

（1）章程报送。大学举办者或者大学自身在章程制定后，应当向核准机关报送核准。章程报送核准应当提交以下材料：核准申请书、章程核准稿、对章程制定程序和主要内容的说明。

（2）核准机关初步审查。《高等学校章程制定暂行办法》（2012年）第25条第1款第1句规定："核准机关应当指定专门机构依照本办法的要求，对章程核准稿的合法性、适当性、规范性以及制定程序，进行初步审查。"第26条规定："核准机关应当自收到核准申请2个月内完成初步审查。涉及对核准稿条款、文字进行修改的，核准机关应当及时与学校进行沟通，提出修改意见。有下列情形之一的，核准机关可以提出时限，要求学校修改后，重新申请核准：（一）违反法律、法规的；（二）超越高等学校职权的；（三）章程核准委员会未予通过或者提出重大修改意见的；（四）违反本办法相关规定的；

（五）核准期间发现学校内部存在重大分歧的；（六）有其他不宜核准情形的。"

（3）核准机关评议。《高等学校章程制定暂行办法》（2012 年）第 25 条第 1 款第 2 句和第 2 款规定："审查通过的，提交核准机关组织的章程核准委员会评议。章程核准委员会由核准机关、有关主管部门推荐代表，高校、社会代表以及相关领域的专家组成。"

（4）核准决定。《高等学校章程制定暂行办法》（2012 年）第 27 条规定："经核准机关核准的章程文本为正式文本。高等学校应当以学校名义发布章程的正式文本，并向本校和社会公开。"

（二）大学章程修订案的核准

大学成立后，如果对大学章程进行修改，其修订案亦需报送核准。《高等学校章程制定暂行办法》（2012 年）第 29 条规定："高等学校章程的修订案，应当依法报原核准机关核准。章程修订案经核准后，高等学校应当重新发布章程。"《高等教育法》（2018 年）第 29 条第 3 款规定："……修改章程，应当根据管理权限，报国务院教育行政部门或者省、自治区、直辖市人民政府教育行政部门核准。"

这里有一个问题需要探讨，即是否章程的任何修改均需原审批机关核准？

根据《高等学校章程制定暂行办法》（2012 年）第 29 条的规定，大学章程的修改必须报原核准机关核准。但笔者认为，没有这个必要。理由是：大学章程的内容大致可以"法定内容"与"酌定内容"两部分。其中，法定内容包括法人主体资格必要要件、大学宗旨、组织基本构造等；酌定内容包括课程设置、专业设置等。两种不同内容的修改，政府监督的方式也应有所不同。关于法定内容的修改，政府监督可以采用事前核准方式；关于酌定内容的修改，政府监督宜采事后备案方式。如果法定内容和自治权内容之归属产生争议，政府应采用法律监督的方式，一般不能采用行政命令的方式。

（三）大学章程核准的法律性质及其救济措施

我国现阶段，无论是创办大学时的原始大学章程还是大学设立后对大学章程的修改，均须获得相应等级的教育行政管理部门的核准方能生效。

（1）对于公立大学而言，这种行政机关对其本身所属之上级行政机关的行为进行核准，是否符合法理？国家或其他行政主体创设公立大学，在法律上是国家、省、市等地域公法人或者公务公法人创设另外一个公务公法人的行为，按照法理，应当由这些地域公法人或者公务公法人以立法的形式进行。

比如，香港大学、香港中文大学都是香港立法会立法（《香港大学条例》《香港中文大学条例》）而成立的大学；美国加州大学是加州议会立宪（加州《宪法》第9条第9款）而成立的大学等。像我国这样由一个地域公法人（比如浙江省）所属之一个行政机关（比如浙江省人民政府）代表该地域公法人，向另一个行政机关比如教育部或者向该地域公法人所属之另一个下级行政机关（浙江省教育厅）提交申请请求核准，值得商榷。

（2）即使可以进行核准，这种公立大学章程的核准是否行政许可？虽然教育部明确将大学章程的核准认定为行政许可，但依然有质疑的余地。行政许可是行政机关对外部行政相对人的一种审查和批准的行为，私立大学的章程由公民、法人或其他组织起草并申请核准，教育部门对私立大学章程的核准可以认定为行政许可。

但公立大学章程的核准却是教育部、教育厅对国务院职能部门、省级人民政府、计划单列市人民政府、地级市人民政府进行审查和批准的行为，不能说是外部行政行为，故不可能是一种行政许可。如果再进一步，公立大学的章程由全国人大及其常委会、地方人大及其常委会通过立法的形式确定，是否需要教育行政部门核准都有疑问，即使法律规定需要教育行政部门核准，这种核准的法律性质也肯定不是行政许可。

（3）如果申请人（大学的举办者或者大学自身）与核准机关之间因大学章程核准发生争议，申请人有何救济措施？遗憾的是，《教育法》（2021年）、《高等教育法》（2018年）、《高等学校章程制定暂行办法》（2012年）对此均无规定。因此，法律救济措施是采取行政复议、行政诉讼的方式还是采取由相应国家机关裁决的方式，有待法律的进一步明确。

按法理，公立大学章程核准的申请人与核准人都是行政机关，它们之间的争议应当属于宪法争议，鉴于我国暂无宪法诉讼，以行政复议和行政诉讼救济为宜。如此，申请人（大学的举办者或者大学自身）有权提起行政复议和行政诉讼；如果大学决策机构不提起行政复议和行政诉讼，教职工代表大会应有权提起行政复议和行政诉讼。

四、大学章程的监督

大学章程生效后，与大学有关的主体必须尊重大学章程的法律效力。高校与教育行政主管部门亦应对大学章程的实施情况进行监督。大学章程实施情况的监督有两种形式：

（1）高等学校自身的监督。《高等学校章程制定暂行办法》（2012年）第30条规定："高等学校应当指定专门机构监督章程的执行情况，依据章程审查学校内部规章制度、规范性文件，受理对违反章程的管理行为、办学活动的举报和投诉。"

（2）教育行政部门的监督。《高等学校章程制定暂行办法》（2012年）第31条规定："高等学校的主管教育行政部门对章程中自主确定的不违反法律和国家政策强制性规定的办学形式、管理办法等，应当予以认可；对高等学校履行章程情况应当进行指导、监督；对高等学校不执行章程的情况或者违反章程规定自行实施的管理行为，应当责令限期改正。"

五、公立大学章程制定模式的讨论

我国现行的大学章程制定模式，是由举办者（比如省政府、市政府）撰写章程草案，由审批者（比如教育部、教育厅）进行备案，该章程草案生效而成为正式大学章程的模式。本书认为，更加合理的做法是，应当由全国人大及其常委会、省人大及其常委会、市级人大及其常委会代表创设公立大学的行政主体，为拟将设立的公立大学制定章程，其具体措施是由它们为拟将设立的大学进行专门立法，该专门立法所形成的法律文件自然就是该公立大学的大学章程。理由如下：

第一，举办者举办大学是举办者创制一个新的法律主体的活动；经审批者审批同意后，大学成立并成为一个独立的法律主体。大学的创设主体（大学的举办者）与其创设物（大学）之间的权利义务，除了由《教育法》《高等教育法》《民办教育促进法》等一般法律规范调整之外，大学章程是创设主体与大学之间权利义务最重要的准据法。我国公立大学的举办者是行政机关（国务院部门、省级、市级人民政府），原始大学章程由该行政机关起草，由另外的行政机关（教育部、教育厅）审批，大学章程的制定和批准均由行政机关决定。对于大学章程这种重要的准据法，仅由行政机关单方面决定，这种制度设计肯定不符合基本法理。

第二，我国法律并未规定在大学成立后，大学有对举办者的后续行为（比如不按照规定拨款等）或对教育行政主管机关的管理行为提起行政复议或行政诉讼的权利，大学自身在举办者、审批者面前将处于绝对的弱势地位。[1] 如果大学章程是效力更高、更稳定和公开的立法者的立法文件，则大学举办者、大学监管者与大学之间的法律关系将更加明确，大学自身的权利也更有保障。

第三，大学章程是学校自主发展、自主管理、自我约束的基本依据，也是学校依法接受行政监督和司法审查的重要依据。在如学籍行政管理、毕业确认、学位授予等方面，大学承担着国家的行政任务。按照我国行政法理论，大学属于法律法规授权的组织；按照行政法的一般理论，大学属于与地域公法人相对应的公务公法人。成立公务公法人、授予其行政权力、界定其与举办者之间的权限划分，原本属于立法机关的固有职能。因此，公立大学的大学章程应当是由立法机关进行专门立法而形成的法律文件。大学章程即使由行政机关进行决定，行政机关也应当以作出抽象行政行为的形式进行，而不宜采用由一个行政机关（比如省政府）申请并由另一个行政机关（比如教育部）审批的这种具体行政行为的方式进行。

▶ **思考题**

1. 简述大学章程的概念与法律效力。
2. 简述大学章程的法定内容。
3. 简述大学章程的制定、修改、补办的主体。
4. 简述大学章程的核准主体与程序、核准的法律性质。
5. 简述我国公立大学章程修改时应当注意哪些问题。
6. 以慈善信托模式法律框架为我国民办高校设计一款大学章程。

---

〔1〕 私立大学在登记成立前，其举办人的举办意思、大学章程（草案）需要获得主管部门的批准；大学成立后，对于教育行政主管部门的很多重要的行政管理行为（比如章程修改的审批），私立大学也无行政复议或者行政诉讼的权利。

第十一章
私立大学的特殊规定

私立大学，在我国的立法上叫作民办大学。与公立大学相比较，其有不同的特征：比如是否可以营利、内部构造上拥有更大的自由裁量权等。当然，私立大学的设立、变更、终止，私立大学的权利义务，国家对私立大学的管理与监督、扶持与鼓励，私立大学违法时应当承担的法律责任等亦是本章的主要内容。

第一节　私立大学的概念与特征

一、私立大学的概念

私立大学，是指国家机构以外的社会组织或者个人，利用非国家财政性经费，面向社会举办的大学。私立大学是与公立大学相对应的大学，其在法律性质、自治权范围与内部构造等方面与公立大学有相当大的差异。

二、私立大学的特征

理解私立大学需要注意以下两个特点：

（一）法律适用方面的特点

根据《民办教育促进法》（2018 年）第 2 条的规定，私立大学优先适用《民办教育促进法》，《民办教育促进法》没有规定的事项，依照《教育法》和其他有关教育法律执行。

（二）是否可以营利方面的特点

根据《民办教育促进法》（2018 年）第 19 条的规定，私立大学的举办者可以自主选择设立非营利性私立大学或者营利性私立大学。其中，非营利性私立大学的举办者不得取得办学收益，学校的办学结余全部用于办学。营利性私立大学的举办者可以取得办学收益，学校的办学结余依照《公司法》等有关法律、行政法规的规定处理。

第二节　私立大学的设立、变更与终止

一、私立大学的设立

（一）举办者的法律资格

根据《民办教育促进法》（2018 年）第 10 条的规定，举办私立大学的社会组织，应当具有法人资格；举办私立大学的个人，应当具有政治权利和完全民事行为能力。私立大学应当具备法人条件。

（二）设立条件与审批机关

根据《民办教育促进法》（2018 年）第 11 条的规定，设立私立大学应当符合当地教育发展的需求，具备《教育法》和其他有关法律、法规规定的条件。私立大学的设置标准参照同级同类公办学校的设置标准执行。

举办私立大学，由省级人民政府教育行政部门按照国家规定的权限审批。

（三）设立程序

1. 举办者申请

申请举办私立大学，有两种申请方式。第一种是"筹设——正式设立方式"；第二种是"直接正式设立"方式。

（1）"筹设——正式设立方式"。这种设立方式分两步完成：

第一步，申请筹设。申请筹设私立大学，举办者应当向审批机关提交下列材料：①申办报告，内容应当主要包括：举办者、培养目标、办学规模、办学层次、办学形式、办学条件、内部管理体制、经费筹措与管理使用等；②举办者的姓名、住址或者名称、地址；③资产来源、资金数额及有效证明文件，并载明产权；④属捐赠性质的校产须提交捐赠协议，载明捐赠人的姓名、所捐资产的数额、用途和管理方法及相关有效证明文件。

审批机关应当自受理筹设私立大学的申请之日起 30 日内以书面形式作出是否同意的决定。同意筹设的，发给筹设批准书。不同意筹设的，应当说明

理由。筹设期不得超过 3 年。超过 3 年的，举办者应当重新申报。

第二步，申请正式设立。申请正式设立私立大学，举办者应当向审批机关提交下列材料：①筹设批准书；②筹设情况报告；③学校章程、首届学校理事会、董事会或者其他决策机构组成人员名单；④学校资产的有效证明文件；⑤校长、教师、财会人员的资格证明文件。

（2）直接正式设立方式。如果具备办学条件，达到设置标准，可以直接申请正式设立。直接申请正式设立的，应当提交《民办教育促进法》（2018年）第 13 条〔1〕和第 15 条第 3 项、第 4 项、第 5 项规定的材料。〔2〕

2. 审批机关审批

申请正式设立私立大学，审批机关应当自受理之日起 3 个月内以书面形式作出是否批准的决定，并送达申请人；审批机关也可以自受理之日起 6 个月内以书面形式作出是否批准的决定，并送达申请人。

3. 审批机关颁发办学许可证、私立大学进行法人登记

审批机关对批准正式设立的私立大学，发给办学许可证。审批机关如果不批准，应当说明理由。

私立大学取得办学许可证后，进行法人登记，登记机关应当依法予以办理。

二、私立大学的变更

（一）分立与合并

私立大学的分立、合并，在进行财务清算后，由学校理事会或者董事会报审批机关批准。

申请分立、合并私立大学，审批机关应当自受理之日起 3 个月内以书面

---

〔1〕《民办教育促进法》（2018 年）第 13 条规定："申请筹设民办学校，举办者应当向审批机关提交下列材料：（一）申办报告，内容应当主要包括：举办者、培养目标、办学规模、办学层次、办学形式、办学条件、内部管理体制、经费筹措与管理使用等；（二）举办者的姓名、住址或者名称、地址；（三）资产来源、资金数额及有效证明文件，并载明产权；（四）属捐赠性质的校产须提交捐赠协议，载明捐赠人的姓名、所捐资产的数额、用途和管理方法及相关有效证明文件。"

〔2〕《民办教育促进法》（2018 年）第 15 条规定："申请正式设立民办学校的，举办者应当向审批机关提交下列材料：（一）筹设批准书；（二）筹设情况报告；（三）学校章程、首届学校理事会、董事会或者其他决策机构组成人员名单；（四）学校资产的有效证明文件；（五）校长、教师、财会人员的资格证明文件。"

形式答复；审批机关也可以自受理之日起 6 个月内以书面形式答复。

（二）举办者变更

私立大学举办者的变更，须由举办者提出，在进行财务清算后，经学校理事会或者董事会同意，报审批机关核准。

（三）名称、层次、类别变更

私立大学名称、层次、类别的变更，由学校理事会或者董事会报审批机关批准。

《民办教育促进法》（2018 年）第 55 条第 2 款规定："申请变更为其他民办学校，审批机关应当自受理之日起三个月内以书面形式答复；其中申请变更为民办高等学校的，审批机关也可以自受理之日起六个月内以书面形式答复。"

三、私立大学的终止

（一）终止的条件

私立大学如果有下列情形之一，应当终止：

（1）根据学校章程规定要求终止，并经审批机关批准的；

（2）被吊销办学许可证的；

（3）因资不抵债无法继续办学的。

（二）终止的程序与要求

私立大学终止时，应当妥善安置在校学生。

私立大学终止时，应当依法进行财务清算。私立大学自己要求终止的，由私立大学组织清算；被审批机关依法撤销的，由审批机关组织清算；因资不抵债无法继续办学而被终止的，由人民法院组织清算。

私立大学的财产应当按照下列顺序清偿：①应退受教育者学费、杂费和其他费用；②应发教职工的工资及应缴纳的社会保险费用；③偿还其他债务。非营利性私立大学清偿上述债务后的剩余财产继续用于其他非营利性学校办学；营利性私立大学清偿上述债务后的剩余财产，依照《公司法》的有关规定处理。

终止的私立大学，由审批机关收回办学许可证和销毁印章，并注销登记。

第三节　私立大学的自治权与内部构造

一、私立大学的自治权

私立大学的自治权如下：

（1）私立大学对招收的学生，根据其类别、修业年限、学业成绩，可以根据国家有关规定发给学历证书、结业证书或者培训合格证书。对接受职业技能培训的学生，经备案的职业技能鉴定机构鉴定合格的，可以发给国家职业资格证书。

（2）私立大学对举办者投入私立大学的资产、国有资产、受赠的财产以及办学积累，享有法人财产权。私立大学存续期间，所有资产由私立大学依法管理和使用，任何组织和个人不得侵占。任何组织和个人都不得违反法律、法规向民办教育机构收取任何费用。

（3）私立大学收取费用的项目和标准根据办学成本、市场需求等因素确定，向社会公示，并接受有关主管部门的监督。非营利性私立大学收费的具体办法，由省、自治区、直辖市人民政府制定；营利性私立大学的收费标准，实行市场调节，由学校自主决定。私立大学收取的费用应当主要用于教育教学活动、改善办学条件和保障教职工待遇。

二、私立大学的内部构造

（一）理事会

私立大学应当设立学校理事会、董事会或者其他形式的决策机构并建立相应的监督机制。私立大学的举办者根据学校章程规定的权限和程序参与学校的办学和管理。

学校理事会或者董事会由举办者或者其代表、校长、教职工代表等人员组成。其中1/3以上的理事或者董事应当具有5年以上教育教学经验。学校理事会或者董事会由5人以上组成，设理事长或者董事长1人。理事长、理事或者董事长、董事名单报审批机关备案。

学校理事会或者董事会行使下列职权：

（1）聘任和解聘校长；

（2）修改学校章程和制定学校的规章制度；

（3）制定发展规划，批准年度工作计划；

（4）筹集办学经费，审核预算、决算；

（5）决定教职工的编制定额和工资标准；

（6）决定学校的分立、合并、终止；

（7）决定其他重大事项。

其他形式决策机构的职权参照相关规定执行。

私立大学的法定代表人由理事长、董事长或者校长担任。

（二）校长

私立大学的校长是指私立大学的主要行政负责人。私立大学参照同级同类公办学校校长任职的条件聘任校长，年龄可以适当放宽。私立大学校长负责学校的教育教学和行政管理工作，行使下列职权：

（1）执行学校理事会、董事会或者其他形式决策机构的决定；

（2）实施发展规划，拟订年度工作计划、财务预算和学校规章制度；

（3）聘任和解聘学校工作人员，实施奖惩；

（4）组织教育教学、科学研究活动，保证教育教学质量；

（5）负责学校日常管理工作；

（6）学校理事会、董事会或者其他形式决策机构的其他授权。

（三）职代会与工会

私立大学依法通过以教师为主体的教职工代表大会等形式，保障教职工参与民主管理和监督。私立大学的教师和其他工作人员，有权依照《工会法》，建立工会组织，维护其合法权益。

第四节　国家对私立大学的管理

一、管理与监督

国家对私立大学的管理与监督要求如下：

（1）私立大学应当依法建立财务、会计制度和资产管理制度，并按照国家有关规定设置会计账簿。私立大学资产的使用和财务管理受审批机关和其他有关部门的监督。私立大学应当在每个会计年度结束时制作财务会计报告，委托会计师事务所依法进行审计，并公布审计结果。

（2）教育行政部门及有关部门应当对私立大学的教育教学工作、教师培训工作进行指导。教育行政部门及有关部门依法对私立大学实行督导，建立私立大学信息公示和信用档案制度，促进提高办学质量；组织或者委托社会中介组织评估办学水平和教育质量，并将评估结果向社会公布。

（3）私立大学的招生简章和广告，应当报审批机关备案。

（4）私立大学侵犯受教育者的合法权益，受教育者及其亲属有权向教育行政部门和其他有关部门申诉，有关部门应当及时予以处理。

（5）国家支持和鼓励社会中介组织为私立大学提供服务。

二、扶持与奖励

国家应当对私立大学进行扶持，如其成绩优异，应当给予一定的奖励。

（1）县级以上各级人民政府可以设立专项资金，用于资助私立大学的发展，奖励和表彰有突出贡献的集体和个人。

（2）县级以上各级人民政府可以采取购买服务、助学贷款、奖助学金和出租、转让闲置的国有资产等措施对私立大学予以扶持；对非营利性私立大学学校还可以采取政府补贴、基金奖励、捐资激励等扶持措施。

（3）私立大学享受国家规定的税收优惠政策；其中，非营利性私立大学享受与公办学校同等的税收优惠政策。

（4）私立大学依照国家有关法律、法规，可以接受公民、法人或者其他组织的捐赠。国家对向私立大学捐赠财产的公民、法人或者其他组织按照有关规定给予税收优惠，并予以表彰。国家鼓励金融机构运用信贷手段，支持私立大学教育事业的发展。

（5）人民政府委托私立大学承担教育任务，应当按照委托协议拨付相应的教育经费。

（6）新建、扩建非营利性私立大学，人民政府应当按照与公办学校同等原则，以划拨等方式给予用地优惠。新建、扩建营利性私立大学，人民政府应当按照国家规定供给土地。教育用地不得用于其他用途。

（7）国家采取措施，支持和鼓励社会组织和个人到少数民族地区、边远贫困地区举办私立大学，发展教育事业。

三、法律责任

（一）有关人员擅自设立私立大学的法律责任

根据《民办教育促进法》（2018 年）第 64 条的规定，违反国家有关规定擅自举办私立大学的，由所在地县级以上地方人民政府教育行政部门或者人力资源社会保障行政部门会同同级公安、民政或者市场监督管理等有关部门责令停止办学、退还所收费用，并对举办者处违法所得 1 倍以上 5 倍以下罚款；构成违反治安管理行为的，由公安机关依法给予治安管理处罚；构成犯罪的，依法追究刑事责任。

（二）私立大学违法的法律责任

私立大学在教育活动中如果有违反《教育法》《教师法》等法律法规的行为，相关国家机关应当依照《教育法》《教师法》的有关规定给予处罚。

根据《民办教育促进法》（2018 年）第 62 条的规定，私立大学有下列行为之一的，由县级以上人民政府教育行政部门、人力资源社会保障行政部门或者其他有关部门责令限期改正，并予以警告；有违法所得的，退还所收费用后没收违法所得；情节严重的，责令停止招生、吊销办学许可证；构成犯罪的，依法追究刑事责任：

（1）擅自分立、合并私立大学的；

（2）擅自改变私立大学名称、层次、类别和举办者的；

（3）发布虚假招生简章或者广告，骗取钱财的；

（4）非法颁发或者伪造学历证书、结业证书、培训证书、职业资格证书的；

（5）管理混乱严重影响教育教学，产生恶劣社会影响的；

（6）提交虚假证明文件或者采取其他欺诈手段隐瞒重要事实骗取办学许可证的；

（7）伪造、变造、买卖、出租、出借办学许可证的；

（8）恶意终止办学、抽逃资金或者挪用办学经费的。

（三）有关政府部门违法的法律责任

《民办教育促进法》（2018 年）第 63 条规定，县级以上人民政府教育行政部门、人力资源社会保障行政部门或者其他有关部门有下列行为之一的，由上级机关责令其改正；情节严重的，对直接负责的主管人员和其他直接责任人员，依法给予处分；造成经济损失的，依法承担赔偿责任；构成犯罪的，依法追究刑事责任：

（1）已受理设立申请，逾期不予答复的；

（2）批准不符合本法规定条件申请的；

（3）疏于管理，造成严重后果的；

（4）违反国家有关规定收取费用的；

（5）侵犯民办学校合法权益的；

（6）其他滥用职权、徇私舞弊的。

▶ **思考题**

1. 简述私立大学与公立大学在法律适用上的区别。

2. 对"原湖北函授大学鄂州分校诉湖北省教育部更名案"进行评析。

第四编

关于大学教师的法律制度

从大学雇佣角度看，某公民要想成为一名完整意义上的大学教师，必须完成以下三个步骤：第一步，获得高校教师资格。该项要求可以称为法定资格条件；第二步，该公民与某大学就有关岗位、职务、待遇、聘期等达成合意，缔结"聘用"合同，该步骤可以称为合意条件；第三步，该公民申请并被评定一个职称（助教、讲师、副教授或教授职务的资格，当然一旦被聘用，则至少被评定为助教职务资格），然后由大学根据该教师所拥有的职称"聘任"某职务（助教、讲师、副教授或教授职务）。学校完成教师聘任之后，还要对教师进行管理，教师享有法律规定的权利并履行相应的义务。教师权利受到侵害时，亦有权根据法定的程序进行救济。本编共六章。其中，第十二章讨论大学教师资格制度；第十三章讨论大学教师职位制度；第十四章讨论大学教师职务制度；第十五章讨论大学教师的管理，主要是大学对教师的考核、奖励与处分；第十六章讨论大学教师的权利与义务；第十七章讨论大学教师的权利受到侵害时，大学教师拥有哪些救济措施。

第十二章

大学教师资格制度

《教师法》（2009 年）第 10 条第 1 款规定："国家实行教师资格制度。"
《高等教育法》（2018 年）第 46 条第 1 句规定："高等学校实行教师资格制
度。"国务院《教师资格条例》（1995 年）第 2 条规定："中国公民在各级各
类学校和其他教育机构中专门从事教育教学工作，应当依法取得教师资格。"
高等教师资格制度是国家实行的一种法定职业许可制度，高校教师资格是一
种职业资格。也就是说，某人必须具备成为大学教师的基本条件并获有权机
构认定的资格，才拥有受聘到大学从而成为大学教师的权利。

第一节 教师资格之行政许可

一、教师资格的许可机关与申请人

（一）大学教师资格的许可机关

《教师法》（2009 年）第 13 条规定："……普通高等学校的教师资格由国
务院或者省、自治区、直辖市教育行政部门或者由其委托的学校认定。具备
本法规定的学历或者经国家教师资格考试合格的公民，要求有关部门认定其
教师资格的，有关部门应当依照本法规定的条件予以认定。……"《教师资格
条例》（1995 年）第 3 条规定："国务院教育行政部门主管全国教师资格工
作。"第 13 条第 2 款、第 3 款规定："受国务院教育行政部门或者省、自治
区、直辖市人民政府教育行政部门委托的高等学校，负责认定在本校任职的
人员和拟聘人员的高等学校教师资格。在未受国务院教育行政部门或者省、
自治区、直辖市人民政府教育行政部门委托的高等学校任职的人员和拟聘人

员的高等学校教师资格，按照学校行政隶属关系，由国务院教育行政部门认定或者由学校所在地的省、自治区、直辖市人民政府教育行政部门认定。"教育部《〈教师资格条例〉实施办法》（2000 年）第 21 条第 2 款规定："高等学校教师资格，由申请人户籍所在地或者申请人拟受聘高等学校所在地的省级人民政府教育行政部门认定；省级人民政府教育行政部门可以委托本行政区域内经过国家批准实施本科学历教育的普通高等学校认定本校拟聘人员的高等学校教师资格。"

根据以上法律、法规和规章的规定，关于高等学校教师资格的许可机关应当注意以下两个方面的问题：

（1）高等学校教师资格的许可机关有二：一是国务院教育行政部门，即教育部；二是省级教育行政机关，即省、自治区、直辖市的教育厅/教育委员会。

（2）关于高校教师资格认定的委托。高校受国务院教育行政部门或者省、自治区、直辖市人民政府教育行政部门委托的高等学校，受理本校拟聘人员的高等学校教师资格认定工作。

在行政法上，受托的高校与教育部、教育厅之间的关系是行政委托关系。教育部、教育厅是委托人，高校是受托人。根据行政法之行政委托法理，高校应当以委托机关（教育部、教育厅）的名义进行高校教师资格的认定，其法律后果亦由委托机关承担。如果相对人不服提起行政诉讼，应当以委托机关（教育部、教育厅）为被告；当然，可以将受托高校列为第三人或共同被告。

（二）大学教师资格的申请人

启动大学教师资格程序的人，称为申请人；当其获得许可机关的许可而获得大学教师资格证后，称为被许可人。

《〈教师资格条例〉实施办法》（2000 年）第 21 条第 2 款规定："高等学校教师资格，由申请人户籍所在地或者申请人拟受聘高等学校所在地的省级人民政府教育行政部门认定；省级人民政府教育行政部门可以委托本行政区域内经过国家批准实施本科学历教育的普通高等学校认定本校拟聘人员的高等学校教师资格。"按照常理，高校教师资格申请人应当有两类：一是高校拟聘人员；二是非高校拟聘人员。

但是，由于我国未启动第二类申请人的高校教师资格认定程序，因此，非高校拟聘人员现阶段无法启动申请审查程序，更不可能获得高校教师资格。

逻辑上，公民若要获得大学的聘用，必须首先拥有高等学校教师资格。但因我国大学教师资格认定程序不对公众开放，公民若要获得大学教师资格，又必须首先获得大学的"拟聘用"。如此这般则导致这样的一个结果："拟聘用"反过来成为高校教师资格行政许可申请人的先决条件，只有"拟聘人员"才能申请高校教师资格的认定。有鉴于此，现阶段高校可采用两种操作方法：

（1）高校与"拟聘人员"签订一份单独的"拟聘协议"（法律属性上，"拟聘协议"是预约合同，以签订正式聘用协议为合同标的），待"拟聘人员"通过高校教师资格认定，再与该"拟聘人员"签订正式聘用协议。如果该"拟聘人员"1年内通过高校教师资格认定，则高校与该人员再行签订正式聘任合同；如果该"拟聘人员"1年内不能通过高校教师资格认定，"预约合同"自动失效，后续的正式聘用合同不得签订。相对而言，这种方案比较稳妥，亦符合法理。

（2）高校直接与"拟聘人员"签订聘用协议，这也是实践中的常规操作手法。高校采用这种操作方法，法律风险较大。

此时"拟聘人员"尚未取得高校教师资格，协议是否因当事人一方无资格而无效、可撤销或者效力待定？如果该人员1年内未通过高校教师资格认定，高校该怎么处理？

由于我国法律上只有"拟聘人员"才可申请教师资格，而"拟聘人员"又因尚未取得高校教师资格，故该人员属于"无履约之资格"之人。该人的这种"无履约之资格"虽属法律瑕疵，但不影响该人事实上的履行能力，"拟聘协议"成立且生效。高校不能因"拟聘人员"暂无高校教师资格而认定"拟聘人员"无事实履约之能力。由于我国未启动"非拟聘人员"申请高校教师资格程序，高校和无高校教师资格之"拟聘人员"签订聘用协议，当事人双方均无过错。因此，在订约后的1年内，双方当事人应按照或者比照正式合约履行义务，高校不能以"拟聘人员"无高校教师资格为由行使单方合同解除权。如果1年后，"拟聘人员"无正当理由未获高校教师资格，高校可以行使单方合同解除权。由于在高校行使单方解除权之前，合同已经成立并生效，此期间该人员的福利待遇，高校不得收回；同时高校对该人员亦不负赔偿或补偿的责任。

二、教师资格的许可条件

《教师法》（2009 年）第 10 条第 2 款规定："中国公民凡遵守宪法和法律，热爱教育事业，具有良好的思想品德，具备本法规定的学历或者经国家教师资格考试合格，有教育教学能力，经认定合格的，可以取得教师资格。"《高等教育法》（2018 年）第 46 条规定："……中国公民凡遵守宪法和法律，热爱教育事业，具有良好的思想品德，具备研究生或者大学本科毕业学历，有相应的教育教学能力，经认定合格，可以取得高等学校教师资格。不具备研究生或者大学本科毕业学历的公民，学有所长，通过国家教师资格考试，经认定合格，也可以取得高等学校教师资格。"据此，我国高校教师资格的许可条件有四项：

（一）国籍条件

原则上，高校教师资格的申请人应当是中华人民共和国公民，特殊情况下外国人或无国籍人也可获得中国高校教师资格。[1]

（二）道德条件

申请人应当遵守宪法和法律、热爱教育事业、具有良好的思想品德。但是，受到剥夺政治权利或者因故意犯罪而受到有期徒刑以上的刑事处罚的人，不得申请教师资格。[2]

（三）学历条件

申请人应当具备研究生或者大学本科毕业学历，不具备研究生或者大学本科毕业学历的公民，学有所长，通过国家教师资格考试，经认定合格，也可以取得高等学校教师资格。

（四）能力条件

申请人必须具备"相应的教学能力"。《〈教师资格条例〉实施办法》（2000 年）第 8 条将"相应的教学能力"细化为三项：

1. 相应的教育教学基本素质和能力

《〈教师资格条例〉实施办法》（2000 年）第 8 条第 1 项规定："具备承担

---

〔1〕《教师法》（2009 年）第 42 条规定："外籍教师的聘任办法由国务院教育行政部门规定。"

〔2〕《教师法》（2009 年）第 14 条规定："受到剥夺政治权利或者故意犯罪受到有期徒刑以上刑事处罚的，不能取得教师资格；已经取得教师资格的，丧失教师资格。"

教育教学工作所必须的基本素质和能力。具体测试办法和标准由省级教育行政部门制定。"

2. 相应的普通话水平

《〈教师资格条例〉实施办法》（2000 年）第 8 条第 2 项规定："普通话水平应当达到国家语言文字工作委员会颁布的《普通话水平测试等级标准》二级乙等以上标准。少数方言复杂地区的普通话水平应当达到三级甲等以上标准；使用汉语和当地民族语言教学的少数民族自治地区的普通话水平，由省级人民政府教育行政部门规定标准。"

3. 良好的身体素质和心理素质

《〈教师资格条例〉实施办法》（2000 年）第 8 条第 3 项规定："具有良好的身体素质和心理素质，无传染性疾病，无精神病史，适应教育教学工作的需要，在教师资格认定机构指定的县级以上医院体检合格。"

另外，高等学校拟聘任副教授以上教师职务或具有博士学位的申请者，只需具备条件"3"即可。[1]

三、教师资格的许可程序

（一）申请与受理

1. 申请方式

《教师资格条例》（1995 年）第 14 条第 1 款规定："认定教师资格，应当由本人提出申请。"也就是说，高校教师资格申请不得委托他人代为申请。

2. 受理时间

《教师资格条例》（1995 年）第 14 条第 2 款规定："教育行政部门和受委托的高等学校每年春季、秋季各受理一次教师资格认定申请。具体受理期限由教育行政部门或者受委托的高等学校规定，并以适当形式公布。申请人应当在规定的受理期限内提出申请。"《〈教师资格条例〉实施办法》（2000 年）第 10 条规定："教师资格认定机构和依法接受委托的高等学校每年春季、秋季各受理一次教师资格认定申请。具体受理时间由省级人民政府教育行政部

---

〔1〕《〈教师资格条例〉实施办法》（2000 年）第 9 条规定："高等学校拟聘任副教授以上教师职务或具有博士学位者申请认定高等学校教师资格，只需具备本办法第六条、第七条、第八条（三）项规定的条件。"

门统一规定，并通过新闻媒体等形式予以公布。"第11条规定："申请认定教师资格者，应当在受理申请期限内向相应的教师资格认定机构或者依法接受委托的高等学校提出申请，领取有关资料和表格。"

据此，我国教育行政部门和受委托的高等学校，每年春季、秋季各受理一次教师资格认定申请，也就是说申请人每年有两次申请机会。

3. 申请材料

根据《教师资格条例》（1995年）第15条之规定，申请人应当提交教师资格认定申请表和下列证明或者材料：①身份证明；②学历证书或者教师资格考试合格证明；③教育行政部门或者受委托的高等学校指定的医院出具的体格检查证明；④户籍所在地的街道办事处、乡人民政府或者工作单位、所毕业的学校对其思想品德、有无犯罪记录等方面情况的鉴定及证明材料。申请人提交的证明或者材料不全的，教育行政部门或者受委托的高等学校应当及时通知申请人于受理期限终止前补齐。

根据《〈教师资格条例〉实施办法》（2000年）第12条之规定，申请认定教师资格者应当在规定时间向教师资格认定机构或者依法接受委托的高等学校提交下列基本材料：①由本人填写的《教师资格认定申请表》一式两份；②身份证原件和复印件；③学历证书原件和复印件；④由教师资格认定机构指定的县级以上医院出具的体格检查合格证明；⑤普通话水平测试等级证书原件和复印件；⑥思想品德情况的鉴定或者证明材料。其中，《〈教师资格条例〉实施办法》（2000年）在《教师资格条例》（1995年）的基础上增加了申请人普通话水平测试等级证书要求；体检项目"必须包含'传染病'、'精神病史'项目"。[1]

另外，根据《〈教师资格条例〉实施办法》（2000年）第16条之规定，各级各类学校师范教育类专业毕业生可以持毕业证书，向任教学校所在地或户籍所在地教师资格认定机构申请直接认定相应的教师资格。根据《教师资格条例》（1995年）第8条、第9条、第11条之规定，不具备《教师法》规定的教师资格学历的公民，申请获得教师资格，应当通过国家举办的或者认可的教师资格考试；高等学校教师资格考试根据需要举行。申请参加高等学

---

〔1〕《〈教师资格条例〉实施办法》（2000年）第13条第1款规定："体检项目由省级人民政府教育行政部门规定，其中必须包含'传染病'、'精神病史'项目。"

校教师资格考试的，应当学有专长，并有两名相关专业的教授或者副教授推荐。

（二）审查与决定

根据《教师资格条例》（1995 年）第 16 条、第 17 条之规定，非师范院校毕业或者教师资格考试合格的公民申请高校教师资格的，应当进行面试和试讲，考察其教育教学能力；根据实际情况和需要，教育行政部门或者受委托的高等学校可以要求申请人补修教育学、心理学等课程；已取得教师资格的公民拟取得更高等级学校或者其他教育机构教师资格的，应当通过相应的教师资格考试或者取得教师法规定的相应学历，并依照该条例第五章"教师资格认定"的规定，经认定合格后，由教育行政部门或者受委托的高等学校颁发相应的教师资格证书。

教师资格认定机构或者依法接受委托的高等学校，应当及时根据申请人提供的材料进行初步审查；教师资格认定机构或者依法接受委托的高等学校，应当组织成立教师资格专家审查委员会。教师资格专家审查委员会根据需要成立若干小组，按照省级教育行政部门制定的测试办法和标准组织面试、试讲，对申请人的教育教学能力进行考察，提出审查意见，报教师资格认定机构或者依法接受委托的高等学校。[1]

根据《行政许可法》（2019 年）和《实施教育行政许可若干规定》（2005年施行，已于 2024 年 2 月 22 日废止）的规定，申请人和利害关系人有申请听证的权利，许可机关亦可主动提起听证。教育行政部门应当根据听证笔录，作出准予行政许可或者不予行政许可的决定。

（三）期限、送达与费用

教师资格认定机构根据教师资格专家审查委员会的审查意见，在受理申请期限终止之日起 30 个法定工作日内作出是否认定教师资格的结论，并将认定结果通知申请人。符合法定的认定条件者，颁发相应的《教师资格证书》。[2]

申请人按照国家规定缴纳费用，各级各类学校师范教育类专业毕业生不缴纳认定费用。[3]

---

〔1〕《〈教师资格条例〉实施办法》（2000 年）第 18 条、第 19 条。

〔2〕《教师资格条例》（1995 年）第 16 条；《〈教师资格条例〉实施办法》（2000 年）第 20 条。

〔3〕《〈教师资格条例〉实施办法》（2000 年）第 17 条。

第二节　教师资格之行政处罚

一、教师资格的处罚机关与管辖

根据《教育行政处罚暂行实施办法》（1998 年施行，已于 2024 年 2 月 22 日废止，下同）第 5 条至第 8 条之规定：

（1）教育行政处罚由违法行为发生地的教育行政部门管辖。

（2）应当由国务院教育行政部门管辖的撤销教师资格的案件，由国务院教育行政部门管辖；其余的撤销高等教师资格的案件，由省级教育行政部门管辖。

（3）上一级教育行政部门认为必要时，可以将下一级教育行政部门管辖的处罚案件提到本部门处理；下一级教育行政部门认为所管辖的处罚案件重大、复杂或超出本部门职权范围，应当报请上一级教育行政部门处理。

（4）两个以上教育行政部门对同一个违法行为都具有管辖权的，由最先立案的教育行政部门管辖；主要违法行为发生地的教育行政部门处理更为合适的，可以移送主要违法行为发生地的教育行政部门处理。

（5）教育行政部门发现正在处理的行政处罚案件，还应由其他行政主管机关处罚的，应向有关行政机关通报情况、移送材料并协商意见；对构成犯罪的，应先移送司法机关依法追究刑事责任。

二、教师资格的处罚种类与条件

（一）丧失教师资格

所谓"丧失教师资格"，是指特定情形下教育行政部门剥夺某人的教师资格的行为。

《教师法》（2009 年）第 14 条规定："受到剥夺政治权利或者故意犯罪受到有期徒刑以上刑事处罚的，不能取得教师资格；已经取得教师资格的，丧失教师资格。"《教师资格条例》（1995 年）第 18 条规定："依照教师法第十四条的规定丧失教师资格的，不能重新取得教师资格，其教师资格证书由县级以上人民政府教育行政部门收缴。"这里的丧失教师资格，是指某已经取得教师资格的公民，一旦发生"受到剥夺政治权利或者故意犯罪受到有期徒刑以上刑事处罚的"情况，相应的教育行政部门应当作出吊销该人的教师资格证的处罚决定；并收缴该人的教师资格证。该人自此以后将不能再次申请教师资格证。

（二）撤销、吊销教师资格

《教师资格条例》（1995 年）第 19 条规定："有下列情形之一的，由县级以上人民政府教育行政部门撤销其教师资格：（一）弄虚作假、骗取教师资格的；（二）品行不良、侮辱学生，影响恶劣的。被撤销教师资格的，自撤销之日起 5 年内不得重新申请认定教师资格，其教师资格证书由县级以上人民政府教育行政部门收缴。"《〈教师资格条例〉实施办法》（2000 年）第 26 条规定："按照《教师资格条例》应当被撤销教师资格者，由县级以上人民政府教育行政部门按教师资格认定权限会同原发证机关撤销资格，收缴证书，归档备案。被撤销教师资格者自撤销之日起 5 年内不得重新取得教师资格。"根据以上法律规定，这里的"撤销教师资格"实际上包含了两种法律行为：

（1）撤销教师资格证。因某教师在申请教师资格证的过程中有违法行为，比如"弄虚作假、骗取教师资格证"的行为，教育行政机关将其已经取得的教师资格证予以撤销的行为。

（2）吊销教师资格证。因某教师合法取得的高校教师资格证后有特定情形，比如"品行不良、侮辱学生，影响恶劣"，教育行政机关"吊销"其高校教师资格证的行为。

（三）对使用假的教师资格证书的处罚

《〈教师资格条例〉实施办法》（2000 年）第 27 条规定："对使用假资格证书的，一经查实，按弄虚作假、骗取教师资格处理，5 年内不得申请认定教师资格，由教育行政部门没收假证书。对变造、买卖教师资格证书的，依法追究法律责任。"

（四）教师资格考试处罚

《教师资格条例》（1995 年）第 20 条规定："参加教师资格考试有作弊行为的，其考试成绩作废，3 年内不得再次参加教师资格考试。"《教育行政处罚暂行实施办法》（1998 年）第 19 条规定："参加教师资格考试的人员有作弊行为的，其考试成绩作废，并由教育行政部门给予三年内不得参加教师资格考试的处罚。"

三、教师资格的处罚程序

根据《行政处罚法》（2021 年）和《教育行政处罚暂行实施办法》（1998年）的规定，高校教师资格证的行政处罚，不能适用简易程序，只能适用一般程序。高校教师行政处罚的一般程序包括立案、调查、告知与听取意见、审查与决定、送达五个步骤。

（一）立案

当教育行政部门（教育部或者教育厅）有初步证据证明应当启动针对高校教师资格证进行惩罚程序时，教育行政部门应当作出立案决定，填写立案审查表并经单位主管负责人员批准。初步证据可能来自上级国家机关的转交，也可能来自大学的呈交或其他公民、单位的举报等。

（二）调查

教育行政部门立案后，应当进行调查。调查时，执法人员不得少于 2 人。执法人员与当事人有直接利害关系的，应当主动回避，当事人有权以口头或者书面方式申请他们回避。执法人员的回避，由其所在教育行政部门的负责人决定。

教育行政部门必须按照法定程序和方法，全面、客观、公正地调查、收集有关证据；必要时，依照法律、行政法规的规定，可以进行检查。教育行政部门在进行检查时，执法人员不得少于 2 人。教育行政部门在收集证据时，对可能灭失或者以后难以取得的证据，经教育行政部门负责人批准，可以将证据先行登记，就地封存。

（三）告知与听取意见

教育行政部门在作出处罚决定前，应当发出《教育行政处罚告知书》，告知当事人拟将作出的处罚决定的处罚种类与事实、理由、依据，并告知当事人依法享有的陈述权、申辩权和其他权利。

当事人在收到《教育行政处罚告知书》后 7 日内，有权向教育行政部门以书面方式提出陈述、申辩意见以及相应的事实、理由和证据。教育行政部门必须充分听取当事人的意见，对当事人提出的事实、理由和证据进行复核，当事人提出的事实，理由或者证据成立的，教育行政部门应当采纳。教育行政部门不得因当事人的申辩而加重处罚。

拟将作出撤销、吊销教师资格的处罚决定时，教师有请求听证的权利。

教育行政部门应当书面告知当事人有要求举行听证的权利。当事人在教育行政部门告知后 3 日内提出举行听证要求的，教育行政部门应当按照《行政处罚法》（2021 年）第 64 条〔1〕规定，组织听证。

听证结束后，听证主持人应当提出《教育行政处罚听证报告》，连同听证笔录和有关证据呈报教育行政部门负责人。教育行政部门负责人应当对《教育行政处罚听证报告》进行认真审查，并按照《行政处罚法》（2021 年）第 57 条的规定作出处罚决定。

（四）审查与决定

1. 审查方式

调查终结，案件承办人员应当向所在教育行政部门负责人提交《教育行政处罚调查处理意见书》，详细陈述所查明的事实、应当作出的处理意见及其理由和依据并应附上全部证据材料。教育行政部门负责人应当认真审查调查结果，对情节复杂或者重大违法行为给予行政处罚，行政机关负责人应当集体讨论决定。如果有下列情形之一，在行政机关负责人作出行政处罚的决定之前，应当由从事行政处罚决定法制审核的人员进行法制审核；未经法制审核或者审核未通过的，不得作出决定：

（1）涉及重大公共利益的；

（2）直接关系当事人或者第三人重大权益，经过听证程序的；

（3）案件情况疑难复杂、涉及多个法律关系的；

（4）法律、法规规定应当进行法制审核的其他情形。

行政机关中初次从事行政处罚决定法制审核的人员，应当通过国家统一法律职业资格考试取得法律职业资格。

2. 决定的类型

教育行政部门负责人应当对调查结果进行审查，根据不同情况，分别作

---

〔1〕《行政处罚法》（2021 年）第 64 条规定："听证应当依照以下程序组织：（一）当事人要求听证的，应当在行政机关告知后五日内提出；（二）行政机关应当在举行听证的七日前，通知当事人及有关人员听证的时间、地点；（三）除涉及国家秘密、商业秘密或者个人隐私依法予以保密外，听证公开举行；（四）听证由行政机关指定的非本案调查人员主持；当事人认为主持人与本案有直接利害关系的，有权申请回避；（五）当事人可以亲自参加听证，也可以委托一至二人代理；（六）当事人及其代理人无正当理由拒不出席听证或者未经许可中途退出听证的，视为放弃听证权利，行政机关终止听证；（七）举行听证时，调查人员提出当事人违法的事实、证据和行政处罚建议，当事人进行申辩和质证；（八）听证应当制作笔录。笔录应当交当事人或者其代理人核对无误后签字或者盖章。当事人或者其代理人拒绝签字或者盖章的，由听证主持人在笔录中注明。"

出如下决定：

（1）确有应受行政处罚的违法行为的，根据情节轻重及具体情况，作出行政处罚决定；

（2）违法行为轻微，依法可以不予行政处罚的，不予行政处罚；

（3）违法事实不能成立的，不予行政处罚；

（4）违法行为涉嫌犯罪的，移送司法机关。

3. 处罚决定书的内容

教育行政部门决定给予行政处罚的，应当按照《行政处罚法》（2021年）第59条的规定，制作《教育行政处罚决定书》。行政处罚决定书应当载明下列事项：

（1）当事人的姓名或者名称、地址；

（2）违反法律、法规、规章的事实和证据；

（3）行政处罚的种类和依据；

（4）行政处罚的履行方式和期限；

（5）申请行政复议、提起行政诉讼的途径和期限；

（6）作出行政处罚决定的行政机关名称和作出决定的日期。

行政处罚决定书必须盖有作出行政处罚决定的行政机关的印章。

（五）送达

《教育行政处罚决定书》的送达，应当按照《行政处罚法》（2021年）和《民事诉讼法》（2024年）的相关规定执行。根据《民事诉讼法》第7章第2节规定，送达有直接送达、留置送达、邮寄送达、公告送达等。根据《行政处罚法》（2021年）第61条的规定，《教育行政处罚决定书》应当在宣告后当场交付当事人；当事人不在场的，行政机关应当在7日内依照《民事诉讼法》（2024年）的有关规定，将《教育行政处罚决定书》送达当事人。当事人同意并签订确认书的，行政机关可以采用传真、电子邮件等方式，将《教育行政处罚决定书》等送达当事人。

▶ 思考题

1. 简述我国大学教师资格制度之行政许可。

2. 简述我国大学教师资格制度之行政处罚。

第十三章
大学教师职务制度与职称制度

大学教师的职务，是指大学教师在大学里所担任的教学、科研等具体岗位。我国大学教师职务分为助教、讲师、副教授、教授四种；不同的教师职务亦意味着不同的职责，当然也就有不同待遇。大学教师的职称是指大学教师担任职务的资格，这种资格是教师通过独立的行政许可程序而获得的一种任职资格。理论上讲，教师不服职称评定/评审决定，可以提起行政复议或者行政诉讼。

第一节　教师职务制度

一、教师职务的概念与种类

（一）大学教师职务的概念

我国高等学校实行教师职务制度。这里的职务，是指大学教师在大学里所担任的教学、科研等具体岗位。职务不同，教师的权利、职责及其相应的工资待遇标准亦不同。

教师现任职务或曾经担任过的最高职务，往往成为该教师的终身荣誉称号。大学里所有职务的教师，学生一般都称老师；但同事或其他人出于尊重和礼貌，经常以教师现任职务或曾任最高职务对其进行尊称。比如，某教师退休后，人们总是称他张教授、李教授。这时教授、副教授纯粹是一种礼貌和尊重的称号，而无丝毫职务的意思。

（二）大学教师职务的种类

世界各国大学教师职务虽然种类纷繁复杂，但其实质大致相同。美国大学教师的职务分为正教授（full professor）、副教授（associate professor）、助理教授（assistant professor），我国大学教师的职务分为教授、副教授、讲师、助教。

（三）大学教师职务的基本条件

根据《高等教育法》（2018年）第47条第2款、第3款的规定，高等学校的教师取得规定的职务应当具备下列基本条件：

（1）取得高等学校教师资格；

（2）系统地掌握本学科的基础理论；

（3）具备相应职务的教育教学能力和科学研究能力；

（4）承担相应职务的课程和规定课时的教学任务。

教授、副教授除应当具备以上基本任职条件外，还应当对本学科具有系统而坚实的基础理论和比较丰富的教学、科学研究经验，教学成绩显著，论文或者著作达到较高水平或者有突出的教学、科学研究成果。

（四）大学教师的职务与职位之间的关系

职务与职位之间既有区别亦有联系。

两者之间的区别有三个方面的表现：①教师职位涉及教师饭碗之有无、饭碗之软硬。职务的高低只表示该职位的含金量大小。比如，同为大学教师，虽然都是大学的雇员，但担任教授职务的教师与担任助教职务的教师之间，其权利、义务、职责、待遇自然有差异。②教师职位的取得（即是否被雇佣而取得教师职位）和教师职务的取得（即雇佣后被授予何种职务），是两种不同的法律行为。在我国，取得教职职位的法律行为是签订聘用合同；而取得教师职务的法律行为则相对比较复杂，即教师必须首先通过职称（即担任某种职务的资格）评定行政许可行为获得相应的职称（比如某教师被评定为拥有教授职务的任职资格），而后再由学校聘任该教师担任某种特定职务（比如教授）。③现阶段我国教师职位取得方式是"聘用制"；教师职务取得是"聘任制"。如果在聘期中间改变教师职务，比如由原来的副教授职务聘任为教授职务，其法律性质是教师与大学之间的既有聘用合同的内容变更；如果是首聘或续聘中确定教师担任某种特定职务，则为聘用合同订立时关于教师职务的条款内容的确定。

两者之间的联系有两个方面的表现：①职位与职务是同一工作法律关系的不同表达方式。职位是自然人与其他法律主体之间，就其个人之具体工作法律关系的总括概念，包括法律关系主体、内容和客体。职务则聚焦于职位法律关系内容的核心部分，旨在对职位法律关系中具体内容的特别表述与强调。逻辑上，职位与职务之间是包含与被包含的关系，某人获得一个职位，肯定有具体的职务（即具体的工作任务、工作位置）。职务是具体权利、义务和责任的集中体现。②教师职位的取得是教师职务的取得的先决条件。尽管事实上某人会同时获取教师职位与教师职务，但在逻辑上，某人只有首先取得教师职位，而后才能取得相应的教师职务。

（五）我国大学教师职务的发展历史

自中华人民共和国成立至改革开放这一段时间内，我国大学教师的法律身份一直是国家公务员；对于教师实行国家干部模式管理，按公务员任命，这一时期的制度可称为教师"职位"任命制（终身制）、"职务"任命制。[1]

1978 年恢复"职务评审制"。当年 3 月 7 日，国务院批转教育部《关于高等学校恢复和提升教师职务问题的请示报告》，决定恢复确定和提升高校教师职务工作。在国务院没有作出新的规定以前，仍执行 1960 年国务院颁发的《关于高等学校教师职务名称及确定与提升办法的暂行规定》，恢复原有教授，副教授、讲师、助教的职称。提升教授、副教授的审批权限改为省、自治区、直辖市批准，报教育部备案。至 1981 年，高等院校中原有的教授、副教授、讲师和助教都恢复了职务。

从 1986 年开始，我国大学教师职务采用"聘任制"。1986 年初，中共中央、国务院转发《关于改革职称评定、实行专业技术职务聘任制度的报告》，该报告提出："改革的中心是实行专业技术职务聘任制度，并相应地实行以职务工资为主要内容的结构工资制度。"

二、教师不同职务的具体职责

职责，是指某一职务所承担的具体工作任务。职务不同，职责当然不同。

（一）助教的职责

根据国家教育委员会制定、中央职称改革工作领导小组转发的《高等学校教师职务试行条例》（1986 年）第 4 条之规定，助教的职责如下：

---

〔1〕　其中主要文件有：1950 年政务院《关于高等学校领导关系的决定》；1953 年政务院《关于修订高等学校领导关系的决定》；1956 年国务院《高等学校教师学衔条例》；1956 年高等教育部《关于高等学校教师调动的暂行规定》；1960 年国务院《关于高等学校教师职务名称及其确定与提升办法的暂行规定》等。

（1）承担课程的辅导、答疑、批改作业、辅导课、实验课、实习课、组织课堂讨论等教学工作（公共外语、体育、制图等课程的教师还应讲课），经批准，担任某些课程的部分或全部讲课工作，协助指导毕业论文、毕业设计。

（2）参加实验室建设，参加组织和指导生产实习、社会调查等方面的工作。

（3）担任学生的思想政治工作或教学、科学研究等方面的管理工作。

（4）参加教学法研究或科学研究、技术开发、社会服务及其他科学技术工作。

（二）讲师的职责

根据《高等学校教师职务试行条例》（1986年）第5条之规定，讲师的职责如下：

（1）系统地担任一门或一门以上课程的讲授工作，组织课堂讨论，指导实习、社会调查，指导毕业论文、毕业设计。

（2）担任实验室的建设工作，组织和指导实验教学工作，编写实验课教材及实验指导书。

（3）参加科学研究、技术开发、社会服务及其他科学技术工作，参加教学法研究，参加编导、审议教材和教学参考书。

（4）根据工作需要协助教授、副教授指导研究生、进修教师等。

（5）担任学生的思想政治工作或教学、科学研究等方面的管理工作。

（6）根据工作需要，担任辅导、答疑、批改作业、辅导课、实验课、实习课和指导学生进行科学技术工作等教学工作。

（三）副教授的职责

根据《高等学校教师职务试行条例》（1986年）第6条之规定，副教授的职责如下：

（1）担任一门主干基础课或者两门或两门以上课程的讲授工作（其中一门应为基础课，包括专业基础课或技术基础课），组织课堂讨论，指导实习、社会调查，指导毕业论文、毕业设计。

（2）掌握本学科范围内的学术发展动态，参加学术活动并提出学术报告，参加科学研究、技术开发、社会服务及其他科学技术工作，根据需要，担任科学研究课题负责人，负责或参加审阅学术论文。

（3）主持或参加编写、审议新教材和教学参考书，主持或参加教学法研究。

（4）指导实验室的建设、设计，革新实验手段或充实新的实验内容。

（5）根据需要，指导硕士研究生，协助教授指导博士研究生，指导进修教师。

（6）担任学生的思想政治工作或教学、科学研究等方面的管理工作。

（7）根据工作需要，担任辅导、答疑、批改作业、辅导课、实验课、实习课和指导学生进行科学技术工作等教学工作。

（四）教授的职责

根据《高等学校教师职务试行条例》（1986年）第7条之规定，教授的职责如下：除担任副教授职责范围内的工作外，应当承担比副教授职责要求更高的工作。领导本学科教学、科学研究工作，根据需要并通过评审确认后指导博士研究生。

第二节　教师职称制度

一、职称的概念

（一）职称与职称评定的含义

职称是指专业技术职务的任职资格。大学教师的职称，即大学教师担任相应专业技术职务的任职资格。中共中央办公厅、国务院办公厅《关于深化职称制度改革的意见》（2017年）指出："职称是专业技术人才学术技术水平和专业能力的主要标志。"

职称评定（又称"职称评审"），是指依申请人的申请，有权机构对申请人是否具有某项专业技术职务任职资格进行审查、确认的活动。职称评定在法律性质上应该属于资格类行政许可事项。《高等教育法》（2018年）第48条第1款规定："高等学校实行教师聘任制。教师经评定具备任职条件的，由高等学校按照教师职务的职责、条件和任期聘任。"《教育法》（2021年）第35条规定："国家实行教师资格、职务、聘任制度，通过考核、奖励、培养和培训，提高教师素质，加强教师队伍建设。"《行政许可法》（2019年）第2条："本法所称行政许可，是指行政机关根据公民、法人或者其他组织的申请，经依法审查，准予其从事特定活动的行为。"第12条规定："下列事项可以设定行政许可：……（三）提供公众服务并且直接关系公共利益的职业、行业，需要确定具备特殊信誉、特殊条件或者特殊技能等资格、资质的事项；……"

（二）职称与职务之间的关系

"职称评定"是"职称"的获取方式，"职务聘任"是"职务"的获取方式，两者之间既有联系也有区别。

1. 职称与职务之间的联系

职称与职务之间的联系表现在两个方面：

第一，根据《高等教育法》（2018年）第48条第1款的规定，高校教师担任"职务"，须经"职称评定"与"职务聘任"两个相互连贯的法律行为，时间顺序上，"职称评定"在先，"职务聘任"在后。

第二，"职称评定"是"职务聘任"的前提条件。某些情形下，法律要求公民在担任某种专业技术职务之前，必须获得担任这种职务的资格；无此等资格则不得担任某种职务。在高等教育领域，这种情形则具体化为只有被评定为拥有教授、副教授、讲师、助教"职称"的人，才可以被大学聘用担任教授、副教授、讲师、助教"职务"。当然，根据惯例，高校一般也根据教师被"评定"的"职称"而"聘任"该教师担任相应的"职务"。

大学教师新入职后都会获得最低"助教"职称、最低"助教"职务。而后随着职称的提升，其职务亦随着提升。比如，某教师的"职称"由原先的讲师提升为副教授，学校当即将其提升担任副教授"职务"。前一段时间，我国有极少数高校曾经试行过"评聘分离""高职低聘、低职高聘"，其意思是"职称"与"职务"相分离，拥有较高职称的教师可以被聘任担任较低职务，拥有较低职称的教师也可以被聘任担任较高职务。比如，某教师只拥有副教授职称，可以被聘任担任教授职务；或者某具有教授职称的教师，可以被聘任担任副教授职务。但是，随着2017年中共中央办公厅、国务院办公厅《关于深化职称制度改革的意见》的颁发，大学教师之"评聘分离""高职低聘、低职高聘"的现象将会消失或者已经消失。该意见第15条规定："促进职称制度与用人制度的有效衔接。用人单位结合用人需求，根据职称评价结果合理使用专业技术人才，实现职称评价结果与各类专业技术人才聘用、考核、晋升等用人制度的衔接。对于全面实行岗位管理、专业技术人才学术技术水平与岗位职责密切相关的事业单位，一般应在岗位结构比例内开展职称评审。对于不实行岗位管理的单位，以及通用性强、广泛分布在各社会组织的职称系列和新兴职业，可采用评聘分开方式。坚持以用为本，深入分析职业属性、单位性质和岗位特点，合理确定评价与聘用的衔接关系，评以适用、以用促评。健全考核制度，加强聘后管理，在岗位聘用中实现人员能上能下。"

2. 职称与职务之间的区别

职称与职务之间的区别表现为："职称评定"与"职务聘任"是两个不同性质的法律行为："职称评定"是一个行政许可行为；"职务聘任"是一个民事合同行为。

一般而言，世界上其他国家大学教师职务的获得模式都是一次获得，无前续之独立的"职称评定"程序。比如，某校有教授职务缺额，则公开招聘。学校对应聘者进行考察，如应聘者符合本校教授职务的任职条件，则直接聘其为本校教授。我国当今高校教师职务的获得模式则是二次获得，即先有"职称评定"确定某教师拥有相应的"职称"，再由大学聘任其担任相应的"职务"。这种模式颇具特色。

二、职称评定的实施机关、受托组织与具体评审机构

我国高等学校教师职称评审以 2017 年中共中央办公厅、国务院办公厅《关于深化职称制度改革的意见》、教育部等五部门《关于深化高等教育领域简政放权放管结合优化服务改革的若干意见》的颁布为界，分为两个阶段。2017 年前，我国高校教师职称评审实行"双轨制"；2017 年后，我国高校教师职称评审实行"单轨制"。

（一）双轨制下的职称评定实施机关、受托组织与具体评审机构

根据《高等学校教师职务试行条例》（1986 年）第 14 条、[1] 国家教育委员会《高等学校教师职务评审组织章程》（1986 年）第 3 条、第 4 条的规

---

〔1〕《高等学校教师职务试行条例》（1986 年）第 14 条规定："国家教育委员会指导全国高等学校教师职务任职资格评审工作。省、自治区、直辖市高等学校教师职务评审工作应在各地职称改革工作领导小组领导下进行。省、自治区、直辖市成立高等学校教师职务评审委员会，负责在本地区的高等学校教师职务任职资格的评审工作。国务院有关部委根据所属高等学校某些专业的特殊需要和教师队伍的实际情况，可设立高等学校教师职务评审委员会，经国家教育委员会同意，负责所属高等学校某些专业教师职务任职资格的评审工作，其他教师职务的评审工作仍由所在省、自治区、直辖市高等学校教师职务评审委员会负责。有学士学位授予权的高等学校，成立教师职务评审委员会。没有学士学位授予权的高等学校，成立教师职务评审组。部分没有学士学位授予权的高等学校，已具备条件，经所在省、自治区、直辖市批准，也可成立教师职务评审委员会，并报国家教育委员会备案。"

定,〔1〕2017 年以前我国负责高校职称评审工作的组织有四个：

（1）教育部（原为国家教育委员会）。教育部只负责总体的指导，一般并不具体从事职称评审工作。

（2）省、自治区、直辖市职称改革工作领导小组。省级职称改革工作领导小组的职责是统一制定各地的职称评审政策，"领导"省、自治区、直辖市高等学校教师职务评审工作。该领导小组不具体从事职称评审工作。

（3）省、自治区、直辖市高等学校教师职务评审委员会，国务院有关部委高等学校教师职务评审委员会。这两个"高等学校教师职务评审委员会"〔下文简称"省（部委）高等学校教师职务评审委员会"〕具体负责本地区/本行业高校教师职务的评审工作。

（4）校（院）高等学校教师职务评审委员会/评审组〔下文简称"校（院）高等学校教师职务评审委员会"〕。该评审委员会/评审组，具体负责本校教师的相关职称的评审工作。

职称评审这个行政行为中的行政相对人，当然是教师（申请人）；职称评审这个行政行为中的行政主体，当然是指其实施机关。2017 年之前，职称评审的实施机关是省级人民政府、国务院有关部委，理由有二：①省（部委）高等学校教师职务评审委员会是省级人民政府、国务院有关部委组建的内部机构，当然从属于组建它的省级人民政府、国务院有关部委；②省级人民政府、国务院有关部委与高校之间是行政委托关系，高校是受省级人民政府、国务院有关部委委托的受托组织。至于高校在职称评审事项中的法律地位，为何只是"受托组织"而不是"法律法规授权的组织"，其最重要的证据就是高校直接进行职称评审的权力只有规章的规定，而无法律法规的规定（授

---

〔1〕《高等学校教师职务评审组织章程》（1986 年）第 3 条规定："省、自治区、直辖市设高等学校教师职务评审委员会，负责在本地区的高等学校教师职务任职资格的评审工作。其日常工作由省、自治区、直辖市教育委员会、高教（教育）厅（局）负责。国务院有关部委根据所属高等学校某些专业的特殊需要和教师队伍的实际情况，可设立高等学校教师职务评审委员会，经国家教育委员会同意，负责所属高等学校的某些专业教师职务任职资格的评审工作。其它教师职务评审工作由所在省、自治区、直辖市高等学校教师职务评审委员会负责。"第 4 条规定："有学士学位授予权的高等学校，设校（院）教师职务评审委员会；没有学士学位授予权的高等学校，设校（院）教师职务评审组。校（院）教师职务评审委员会和校（院）教师职务评审组受该校校（院）长领导。部分没有学士学位授予权的高等学校，已具备条件，经所在省、自治区、直辖市批准，也可成立教师职务评审委员会，并报国家教育委员会备案。"

权），且省级人民政府、国务院有关部委还拥有暂停或者收回高校的职称评审权的权力，[1]这里的"暂停""收回"就是"中止委托""终止委托"的意思。

另外，职称评审机构，是指职称评审的实施机关或者接受其委托的受托组织组建的承担职称评审具体工作的内部办事机构。2017年之前，职称评审机构有两个：一是，"省（部委）高等学校教师职务评审委员会"，即省级人民政府、国务院有关部委组建的负责职称评审具体工作的内部办事机构；二是，"校（院）高等学校教师职务评审委员会"，即校/院组建的负责职称评审具体工作的内部办事机构。由于承担职称评审具体工作的组织有两个，人们将这种评审机制称为"双轨制"。

双轨制下职称评审的实施方式有二：

（1）一部分评审工作由省级人民政府、国务院有关部委（职称评审的行政主体）直接实施。当然，其组建的职称评审委员会负责具体工作，某些情况下高校担任初步审查人。

（2）另一部分评审工作，省级人民政府、国务院有关部委委托给高校，由受托高校实施。高校亦组建自己的校（院）高等学校教师职务评审委员会，负责具体工作。当然，校（院）高等学校教师职务评审委员会是高校组建的内部机构，从属于组建它的高校。

无论哪种情况，我们都必须记住，"省级人民政府、国务院有关部委"是高等学校教师职称评审的实施机关（行政主体），高校是受"省级人民政府、国务院有关部委"委托的受托组织。高校应以"省级人民政府、国务院有关部委"的名义进行职称评审，其最终法律后果亦由"省级人民政府、国务院有关部委"承担。

省级人民政府、国务院有关部委（实施机关）与高校（受托组织）之间关于职称评审权力的委托范围有以下几种：

（1）关于助教职称评审的权力，省级人民政府、国务院有关部委全部委

---

〔1〕　国家教育委员会、人事部《关于进一步做好授予高等学校教授、副教授任职资格评审权工作的通知》（1994年）第4条规定："……国家教委和人事部将委托地方教育行政部门会同当地人事（职改）部门以及有关部委教育行政部门组织力量采取普查与抽查相结合的办法，对已具有教授或副教授任职资格评审权的高等学校进行检查和评估，对不能正确行使权力、保证评审质量的，将暂停评审工作直至收回评审权。"

托给高校行使。《高等学校教师职务试行条例》（1986年）第15条第2款规定："助教任职资格，由学校教师职务评审委员会或评审组审定。"

（2）关于讲师职称评审的权力，部分高校获得委托；未获得委托的高校成为省级人民政府、国务院有关部委的初步审查人。《高等学校教师职务试行条例》（1986年）第15条第3款规定："讲师任职资格，由学校教师职务评审委员会审定，报省、自治区、直辖市或主管部委教师职务评审委员会备案；没有成立教师职务评审委员会的学校由教师职务评审组评议，报省、自治区、直辖市或主管部委教师职务评审委员会审定。"

（3）关于副教授、教授职称评审的权力，原则上由省级人民政府、国务院有关部委直接行使，少部分委托给高校行使。未获委托的高校成为省级人民政府、国务院有关部委的初步审查人。《高等学校教师职务试行条例》（1986年）第15条第4款、第5款规定："教授、副教授任职资格，由学校报省、自治区、直辖市、主管部委教师职务评审委员会审定，审定的教授报国家教育委员会备案。部分高等学校教师职务评审委员会，经国家教育委员会会同省、自治区、直辖市、主管部委批准，有权审定副教授任职资格，或有权审定副教授、教授任职资格。审定的教授报国家教育委员会备案。"

（二）单轨制下的职称评审主体、受托组织与具体评审机构

2017年，教育部等五部门《关于深化高等教育领域简政放权放管结合优化服务改革的若干意见》规定，"改进高校教师职称评审机制……将高校教师职称评审权直接下放至高校"。[1]这里的"下放"是行政法上"委托"，即职称评审的实施机关"行业主管部门"[2]（教育部、教育厅、国家有关部委等）将其所拥有的职称评审行政权力全部委托给高校，"行业主管部门"不再实际进

---

〔1〕 教育部等五部门《关于深化高等教育领域简政放权放管结合优化服务改革的若干意见》（2017年）规定："四、改进高校教师职称评审机制 （八）下放高校教师职称评审权。高校自主制订本校教师职称评审办法和操作方案。职称评审办法、操作方案报教育、人力资源社会保障部门及高校主管部门备案。将高校教师职称评审权直接下放至高校，由高校自主组织职称评审、自主评价、按岗聘用。条件不具备、尚不能独立组织评审的高校，可采取联合评审的方式。教育、人力资源社会保障等部门要加强监管，对高校职称评审工作进行抽查，对因把关不严、程序不规范，造成投诉较多、争议较大的高校，要给予警告、责令整改；对违法违纪的责任人员，按照国家规定给予处理。"

〔2〕 人力资源和社会保障部《职称评审管理暂行规定》（2019年）第4条规定："国务院人力资源社会保障行政部门负责全国的职称评审统筹规划和综合管理工作。县级以上地方各级人力资源社会保障行政部门负责本地区职称评审综合管理和组织实施工作。行业主管部门在各自职责范围内负责本行业的职称评审管理和实施工作。"

行职称评审的具体工作。也就是说，2017 年后负责高校教师职称评审具体工作的组织只有一个，即高校自身的"校（院）高等学校教师职务评审委员会"。这就是高校教师职称评审的"单轨制"。

单轨制下，高校教师职称评审这种行政行为中的实施机关（行政主体），已经由双轨制下的"省级人民政府/国务院部委"悄然转换为"行业主管部门"；高校在职称评审事项中的法律地位，依然是"受托组织"而不是"行政主体"（法律法规授权的组织），其理由与双轨制下的理由基本相同：高校直接进行职称评审的权力只有规章的规定而无法律法规的规定（授权），且2017 年的之后众多法律文件中都规定了"行业主管部门"可以收回、取消高校的职称评审权。[1]这里的"收回""取消"是"终止委托"的意思。

单轨制下，职称评审全部委托给高校由高校具体实施，行业主管部门将不直接从事职称评审工作。行业主管部门的工作重点是对受托高校的职称评审具体工作进行监督和检查。当然，单轨制下职称评审的行政委托基本原理未变：行业主管部门是高等学校教师职称评审的实施机关，高校是受行业主管部门委托的受托组织，高校应以行业主管部门的名义进行职称评审，其最终法律后果亦由行业主管部门承担。

（三）职称评定机构的特别说明

上文已述，职称评审机构，是指职称评审的实施机关或者接受其委托的

---

〔1〕 比如，中共中央办公厅、国务院办公厅《关于深化职称制度改革的意见》（2017 年）第 16条规定："……加强对自主评审工作的监管，对于不能正确行使评审权、不能确保评审质量的，将暂停自主评审工作直至收回评审权。"教育部等五部门《关于深化高等教育领域简政放权放管结合优化服务改革的若干意见》（2017 年）第 8 条规定："……教育、人力资源社会保障等部门要加强监管，对高校职称评审工作进行抽查，对因把关不严、程序不规范、造成投诉较多、争议较大的高校，要给予警告、责令整改；对违法违纪的责任人员，按照国家规定给予处理。"《高校教师职称评审监管暂行办法》（2017 年）第 17 条规定："高校因评审工作把关不严、程序不规范、造成投诉较多、争议较大的，教育、人力资源社会保障部门及高校主管部门要给予警告，并责令限期整改。对整改无明显改善或逾期不予整改的高校，暂停其自主评审资格直至收回评审权，并进行责任追究。"《职称评审管理暂行规定》（2019 年）第 38 条规定："违反本规定第八条规定，职称评审委员会未经核准备案、有效期届满未重新核准备案或者超越职称评审权限、擅自扩大职称评审范围的，人力资源社会保障行政部门对其职称评审权限或者超越权限和范围的职称评审行为不予认可；情节严重的，由人力资源社会保障行政部门取消职称评审委员会组建单位职称评审权，并依法追究相关人员的责任。"第 41 条规定："违反本规定第十八条规定，职称评审委员会组建单位未依法履行审核职责的，由人力资源社会保障行政部门对其直接负责的主管人员和其他直接责任人员予以批评教育，并责令采取补救措施；情节严重的，取消其职称评审权，并依法追究相关人员责任。"

受托组织组建的承担职称评审具体工作的内部办事机构。双轨制下的职称评定机构有两个："省（部委）高等学校教师职务评审委员会"和"校（院）高等学校教师职务评审委员会"；单轨制下的职称评审机构只有一个："校（院）高等学校教师职务评审委员会"。[1]

根据《职称评审管理暂行规定》（2019 年）的相关规定，各地区、各部门以及用人单位等按照规定开展职称评审，应当申请组建职称评审委员会。职称评审委员会负责评议、认定专业技术人才学术技术水平和专业能力，对组建单位负责，受组建单位监督。职称评审委员会按照职称系列或者专业组建，不得跨系列组建综合性职称评审委员会。职称评审委员会分为高级、中级、初级职称评审委员会。

国家对职称评审委员会实行核准备案管理制度。职称评审委员会备案有效期不得超过 3 年，有效期届满应当重新核准备案。国务院各部门、中央企业、全国性行业协会学会、人才交流服务机构等组建的高级职称评审委员会由国务院人力资源社会保障行政部门核准备案；各地区组建的高级职称评审委员会由省级人力资源社会保障行政部门核准备案；其他用人单位组建的高级职称评审委员会按照职称评审管理权限由省级以上人力资源社会保障行政部门核准备案。申请组建中级、初级职称评审委员会的条件以及核准备案的具体办法，按照职称评审管理权限由国务院各部门、省级人力资源社会保障行政部门以及具有职称评审权的用人单位制定。

高校申请组建高校职称评审委员会应当具备下列条件：

（1）拟评审的职称系列或者专业为职称评审委员会组建单位主体职称系列或者专业；

（2）拟评审的职称系列或者专业在行业内具有重要影响力，能够代表本领域的专业发展水平；

（3）具有一定数量的专业技术人才和符合条件的高级职称评审专家；

（4）具有开展高级职称评审的能力。

职称评审委员会组成人员应当是单数，根据工作需要设主任委员和副主任委员。按照职称系列组建的高级职称评审委员会评审专家不少于 25 人，按

---

[1]《职称评审管理暂行规定》（2019 年）第 6 条第 1 款规定："各地区、各部门以及用人单位等按照规定开展职称评审，应当申请组建职称评审委员会。"

照专业组建的高级职称评审委员会评审专家不少于 11 人。各地区组建的高级职称评审委员会的人数，经省级人力资源社会保障行政部门同意，可以适当调整。

职称评审委员会的评审专家应当具备下列条件：

（1）遵守宪法和法律；

（2）具备良好的职业道德；

（3）具有本职称系列或者专业相应层级的职称；

（4）从事本领域专业技术工作；

（5）能够履行职称评审工作职责。

评审专家每届任期不得超过 3 年。

各地区、各部门和用人单位可以按照职称系列或者专业建立职称评审委员会专家库，在职称评审委员会专家库内随机抽取规定数量的评审专家组成职称评审委员会。职称评审委员会专家库参照《职称评审管理暂行规定》第8 条进行核准备案，从专家库内抽取专家组成的职称评审委员会不再备案。

职称评审委员会组建单位可以设立职称评审办事机构或者指定专门机构作为职称评审办事机构，由其负责职称评审的日常工作。

三、职称评定的条件

（一）职称评定条件的一般规定

根据《高等教育法》（2018 年）等法律、法规、规章的规定，[1]我国现行高校教师职称大致需要以下几个条件：

（1）遵纪守法、职业道德良好；

（2）身体健康，能坚持正常工作；

（3）一定高度的学历、学位；

（4）符合要求的教学成果与时间、科研水平与成果；

（5）符合要求的外语能力与计算机能力。

---

〔1〕 主要是《高等教育法》（2018 年）第 47 条；中央职称改革工作领导小组《高等学校教师职务试行条例》（1986 年）第 8 条、第 9 条、第 10 条、第 11 条、第 12 条、第 13 条；人事部《关于专业技术人员职称外语等级统一考试的通知》（1998 年）、《关于全国专业技术人员计算机应用能力考试的通知》（2001 年）；中共中央办公厅、国务院办公厅《关于深化职称制度改革的意见》（2017 年）；《职称评审管理暂行规定》（2019 年）等。

根据《职称评审管理暂行规定》（2019 年）第 5 条的规定，职称评审标准分为国家标准、地区标准和单位标准。各职称系列国家标准由国务院人力资源社会保障行政部门会同行业主管部门制定。地区标准由各地区人力资源社会保障行政部门会同行业主管部门依据国家标准，结合本地区实际制定。单位标准由具有职称评审权的用人单位依据国家标准、地区标准，结合本单位实际制定。地区标准、单位标准不得低于国家标准。

（二）职称评定的具体条件——以嘉兴学院[1]为例

我们根据《2017 嘉兴学院专业技术职务评聘实施办法》分析嘉兴学院"教学科研并重型副教授"评审的具体条件。

1. 基本条件

（1）思想政治素质和履行岗位职责要求。遵守国家法律法规，具有良好的思想政治素质和职业道德，热爱祖国，拥护党的基本路线，热爱教育事业，教书育人，为人师表。身心健康，能坚持正常工作。认真履行岗位职责，完成学校规定的教育教学等任务，近三年年度考核均在合格及以上。在近三年教师教学业绩考核中，最近一学年考核为 C 者不得申报高一级专业技术职务。申报教授、副教授专业技术职务原则上每年应系统承担一门及以上本、专科生理论教学课任务，连续 2 年没有承担相应教学工作（访学进修、企业锻炼等除外），不得评聘副教授、教授职务。师德、师风作为教师考评的重要内容，在教师专业技术职务评聘中严格执行"师德、师风一票否决制"。

（2）学历资历要求。学历必须是国民教育序列的合格学历。对于先参加工作后取得规定学历的人员，取得学历前后的任职时间可以相加计算，达到任职时间要求的，可以申报高一级专业技术职务，其中脱产进修年限相应扣除。申报高校教师系列副教授职务，应获得本科学历，并经过进修，确认已掌握研究生主干课程（4 门至 6 门），担任 5 年以上讲师职务；或获得硕士学位，担任 5 年以上讲师职务；或获得博士学位，担任 2 年以上讲师职务；或博士后出站，承担一学期以上助课、教学工作。40 周岁以下的教师（不含艺术类、体育类、护理及学生思想政治教育）申报副教授应具有博士学位（或国内本学科最高学位）。申报自然科学研究系列副研究员职务，应获得本科学历，并经过进修，确认已掌握研究生主干课程（4 门至 6 门），担任 5 年以上

---

[1] 2023 年 11 月，经教育部同意，嘉兴学院更名为嘉兴大学。

助理研究员职务。2018 年起，40 周岁以下的申报者应具有硕士学位。申报社会科学研究系列副研究员职务，应获得本科学历，并经过进修，确认已掌握研究生主干课程（4 门至 6 门），担任 5 年以上助理研究员职务。2018 年起，40 周岁以下的申报者应具有硕士学位（高校教育管理方向除外）。申报实验技术系列高级实验师职务，应获得大专学历，并担任 6 年以上实验师职务；或本科及以上学历并担任 5 年以上实验师职务。2018 年起，40 周岁以下的申报者一般应具有硕士学位。申报图书资料系列副研究馆员职务，应获得本科以上学历，担任 5 年以上馆员职务。

（3）岗位培训要求。申报高校教师系列和研究系列教育管理研究方向专业技术职务，必须按规定参加省级教育行政部门组织的高校教师岗位培训，并取得合格证书（参评教育管理研究方向，1997 年底前已在学校教育管理研究岗工作的人员不作要求）。图书资料、实验技术等其他系列和外籍人员不作要求。

（4）高等学校教师资格证书要求。晋升高校教师系列高一级专业技术职务，必须取得高等学校教师资格证书。自然科学研究、社会科学研究、实验技术、图书资料系列等其他系列和外籍人员不作要求。

（5）青年教师助课经历和培训学时要求。认真贯彻落实教育部有关高校教师专业发展的政策要求，严格执行省教育厅有关青年教师助讲培养制度，重视青年教师助讲经历的考核。博士或硕士研究生毕业后第一次申报教师高级专业技术职务都要求经过助讲培养并考核合格。根据高校教师专业发展需要，高校教师系列晋升高一级专业技术职务须达到上级部门和学校规定的培训学时要求。教师专业发展培训学时由学校教师发展中心组织认定。

（6）指导学生以及实践经历要求。我校教师申报高一级教师专业技术职务，要求任现职以来担任（或兼任）实验室工作或社会工作（青年教师导师、班主任、班导师、辅导员、教学行政及教学管理工作等）1 年以上，并考核合格。应用型学科专业教师申报高校教师系列副高及以上专业技术职务时，对具有"双师双能型"资格的教师给予倾斜。从 2019 年起，1974 年 7 月 1 日（含）以后出生的人员，应用型学科专业教师申报高校教师系列副高及以上专业技术职务时，需具备"双师双能型"教师资格。

（7）出国（境）访学进修要求。任职期间的访学进修经历作为教师系列专业技术职务评聘的重要条件。45 周岁以下人员申报正高专业技术职务时，除汉语言文学、体育、思想政治教育等学科及申报社会服务与推广型外，应有 3 个月以上的出国（境）访学进修经历。申报副高专业技术职务时，任现职以来具有 3 个月以上出国（境）访学进修经历的教师同等条件下优先考虑。从 2019 年起，1979 年 7 月 1 日（含）以后出生的人员申报教师系列副教授及以上专业技术职务，除汉语言文学、体育、思想政治教育等学科及申报社会服务与推广型外，应有 3 个月及以上出国（境）访学进修经历。

（8）转评兼评要求。转岗人员在新岗位任职满 1 年及以上者，可转评现岗位相同级别的专业技术职务。转评人员任新专业技术职务满 1 年及以上，且前后任职年限相加符合申报年限者，可申报晋升高一级专业技术职务。因工作岗位变动，在现岗位工作满一年，具有高校教师系列专业技术职务人员不经转评可直接申报我校专业技术职务评聘工作权限内非教师系列高一级专业技术职务。附属医院有临床带教任务者兼评教授、副教授，其年平均理论教学自然课时或临床带教工作量总计不少于 48 学时。

2. 业绩条件

要求每学年系统讲授 1 门及以上本专科生课程，平均年承担教学工作量不低于教学科研型岗位的规定要求，公共基础课教师一般平均每周理论教学自然课时不少于 8 学时；专业课教师一般平均每周理论教学自然课时不少于 6 学时。教学效果好，教学业绩考核合格。教研及科研业绩须满足以下条件：

（1）公开发表本专业二级期刊以上论文或论著 4 篇（部），其中：理工医类须以第一作者发表一级期刊论文 1 篇或二级期刊论文 3 篇；人文社科类须以第一作者发表一级期刊论文 1 篇或二级期刊论文 3 篇；申报艺术类、外语、公共体育学科须以第一作者发表二级期刊论文 2 篇。

（2）主持省部级科研（教研）项目 1 项；或主持完成市厅级科研（教研）项目 2 项。

（3）除满足（1）（2）条件的业绩之外，其他业绩需满足以下条件之一（未注明排名均为本人排名第一）：①发表教学研究论文 1 篇；或主编出版教材 1 部；②新增主持省部级科研（教研）1 项；③作为主要成员参与省部级及以上教学建设项目 1 项（排名前 5）；或主持完成校级教学建设项目 1 项；④获省级以上教学成果奖 1 项（排名前 5）或获校级教学成果奖 1 项；⑤获得校级及以上教坛新秀、青年教师讲课比赛十佳、"我心目中的好老师"、优秀教师等荣誉称号 1 项；⑥指导学生获省级学生学科竞赛三等奖以上奖项 2 项；

或指导学生获省级以上创新科技项目 1 项；或指导学生获省级大学生体育竞赛前八名 2 项。

四、职称评定的程序

职称评定的基本程序主要有申报、审核、评审、公示、确认、备案等。

（一）申报

职称申报应当注意以下几个方面的问题：

（1）申报职称评审的人员（以下简称"申报人"）应当遵守宪法和法律，具备良好的职业道德，符合相应职称系列或者专业、相应级别职称评审规定的申报条件。申报人应当为本单位在职的专业技术人才，离退休人员不得申报参加职称评审。事业单位工作人员受到记过以上处分的，在受处分期间不得申报参加职称评审。

（2）申报人一般应当按照职称层级逐级申报职称评审。取得重大基础研究和前沿技术突破、解决重大工程技术难题，在经济社会各项事业发展中作出重大贡献的专业技术人才，可以直接申报高级职称评审。对引进的海外高层次人才和急需紧缺人才，可以合理放宽资历、年限等条件限制。对长期在艰苦边远地区和基层一线工作的专业技术人才，侧重考查其实际工作业绩，适当放宽学历和任职年限要求。

（3）申报人应当在规定期限内提交申报材料，对其申报材料的真实性负责。凡是通过法定证照、书面告知承诺、政府部门内部核查或者部门间核查、网络核验等能够办理的，不得要求申报人额外提供证明材料。

（二）审核

申报人所在工作单位应当对申报材料进行审核，并在单位内部进行公示，公示期不少于 5 个工作日，对经公示无异议的，按照职称评审管理权限逐级上报。非公有制经济组织的专业技术人才申报职称评审，可以由所在工作单位或者人事代理机构等履行审核、公示、推荐等程序。自由职业者申报职称评审，可以由人事代理机构等履行审核、公示、推荐等程序。

职称评审委员会组建单位按照申报条件对申报材料进行审核。申报材料不符合规定条件的，职称评审委员会组建单位应当一次性告知申报人需要补正的全部内容。逾期未补正的，视为放弃申报。

（三）评审

职称评审委员会的组建单位组织召开评审会议。评审会议由主任委员或者副主任委员主持，出席评审会议的专家人数应当不少于职称评审委员会人数的2/3。职称评审委员会经过评议，采取少数服从多数的原则，通过无记名投票表决，同意票数达到出席评审会议的评审专家总数2/3以上的即为评审通过。未出席评审会议的评审专家不得委托他人投票或者补充投票。

根据评审工作需要，职称评审委员会可以按照学科或者专业组成若干评议组，每个评议组评审专家不少于3人，负责对申报人提出书面评议意见；也可以不设评议组，由职称评审委员会3名以上评审专家按照分工，提出评议意见。评议组或者分工负责评议的专家在评审会议上介绍评议情况，作为职称评审委员会评议表决的参考。评审会议结束时，由主任委员或者主持评审会议的副主任委员宣布投票结果，并对评审结果签字确认，加盖职称评审委员会印章。

评审会议应当做好会议记录，内容包括出席评委、评审对象、评议意见、投票结果等内容，会议记录归档管理。评审会议实行封闭管理，评审专家名单一般不对外公布。评审专家和职称评审办事机构工作人员在评审工作保密期内不得对外泄露评审内容，不得私自接收评审材料，不得利用职务之便谋取不正当利益。评审专家与评审工作有利害关系或者其他关系可能影响客观公正的，应当申请回避。职称评审办事机构发现上述情形的，应当通知评审专家回避。

（四）公示与确认

职称评审委员会的组建单位对评审结果进行公示，公示期不少于5个工作日。公示期间，对通过举报投诉等方式发现的问题线索，由职称评审委员会的组建单位调查核实。

经公示无异议的评审通过人员，按照规定由人力资源社会保障行政部门或者职称评审委员会的组建单位确认。

（五）备案

具有职称评审权的用人单位，对于公示无异议地通过了评审的人员，按照规定向职称评审委员会的核准部门进行备案。这里的核准部门即行业主管部门，按照行政法术语就是职称评定的"实施机关"；这里的用人单位或者组建单位，是指受行业主管部门委托从事职称评定的组织，按照行政法术语就是"受托组织"。

五、职称评定法律性质讨论

确定职称评定的法律性质，需要讨论下面几个问题：职称评定行为是否独立的法律行为？如果是独立的法律行为，那它是民事行为还是行政行为？如果是行政行为，那它是内部行政行为还是外部行政行为？如果是外部行政行为，那它是行政许可还是行政确认？

（一）职称评定是否独立的法律行为

如果职称评定仅是用人单位作出"是否聘用"或"聘任何等职务"决定的前序考察活动，只是"是否聘用"或"聘任何等职务"决定的一个构成部分或步骤，那么职称评定就不是独立的法律行为，法律也就没有必要给予其独立的法律救济措施。当然，当事人可以就"不予聘用"或"聘任低等职务"之整体法律行为提起法律救济，顺带要求对于职称评定行为之合法性进行审查。但是，很显然，我国职称评定不是用人单位作出"是否聘用"或"聘任何等职务"决定的前序考察活动，而是评定人（行政主体）对申请人（行政相对人）是否具有担任某种等级职务的资格的审查确定行为。因此，职称评定行为是一种独立的法律行为。

（二）职称评定是民事行为还是行政行为

职称评定是行政行为，理由如下：

第一，教师职称的评定主体是行政主体。2017 年之前，高等学校教师职称评审的行政主体是省、自治区、直辖市人民政府和国务院有关部门（比如教育部、外交部、交通运输部、国家民委等）。2017 年以后，高等学校教师职称评审的行政主体是"行业主管部门"。这里的"行业主管部门"主要是国务院有关部门（比如教育部、外交部、交通运输部、国家民委等）、省级有关部门（比如教育厅、交通厅、司法厅等）。

第二，教师职称的授予权是一种行政权。教师职称的授予，实质上是国家对教师能被雇佣的职务等级资格进行的一项审查认定活动。《高等教育法》（2018 年）第 47 条第 2 款至第 4 款规定，高校教师任职应当具备一定的条件，"高等学校教师职务的具体任职条件由国务院规定"。第 48 条第 1 款第 2 句规定："教师经评定具备任职条件的，由高等学校按照教师职务的职责、条件和任期聘任。"《高等学校教师职务试行条例》（1986 年）第 4 章明确规定，高校教师评审职称评审权力专属于行政机关（省级人民政府、国务院有关部委）。可以这么认为，省级人民政府、国务院有关部委所拥有的职称评定权，源自行政法规（《高等学校教师职务试行条例》）的直接授权。2017年之后高校教师职称评定属于"行业主管部门"的权力范围，尽管教师职称具体评定权力已然"下放"（委托）高校，但仍不能否认教师职称评定权属于行政权之事实。

第三，教师职称评定行为是具有行政法效果的行为。教师职称评定行为的实施，可以直接为特定教师设定某种利益。职称评定主体依据教师申请，对该教师的任职条件进行评议、审定之后，确定教师是否具备相应职务的任职资格。这种确定行为能为特定教师带来相应的法律利益。比如，只有获得"教授""职称"的人，才有权被高校聘任担任"教授""职务"。职称评定当然给当事人带来了物质待遇以及名誉、荣誉上的利益。

（三）职称评定行为是内部行政行为还是外部行政行为

高校教师职称评定是行政主体（行业主管部门）确定教师（行政相对人）是否拥有担任某等级职务资格的一种外部具体行政行为。理由有二：

第一，职称评定的实际操作者，不但可以给本单位申请人评定职称，必要时还需给外单位需要申报职称的人评定职称。[1]由此可以认为职称评定权是一项可以对外行使的行政权。

第二，2017年之前，即职称评定权力未完全下放（委托）至高校之前，高校职称评定的主体有省级人民政府、国务院有关部委（高校是受托组织），[2]

---

〔1〕《职称评审管理暂行规定》（2019年）第28条规定："不具备职称评审委员会组建条件的地区和单位，可以委托经核准备案的职称评审委员会代为评审。具体办法按照职称评审管理权限由国务院各部门、省级人力资源社会保障行政部门制定。"

〔2〕《高等学校教师职务试行条例》（1986年）第14条规定："国家教育委员会指导全国高等学校教师职务任职资格评审工作。省、自治区、直辖市高等学校教师职务评审工作应在各地职称改革工作领导小组领导下进行。省、自治区、直辖市成立高等学校教师职务评审委员会，负责在本地区的高等学校教师职务任职资格的评审工作。国务院有关部委根据所属高等学校某些专业的特殊需要和教师队伍的实际情况，可设立高等学校教师职务评审委员会，经国家教育委员会同意，负责所属高等学校某些专业教师职务任职资格的评审工作，其他教师职务的评审工作仍由所在省、自治区、直辖市高等学校教师职务评审委员会负责。有学士学位授予权的高等学校，成立教师职务评审委员会。没有学士学位授予权的高等学校，成立教师职务评审组。部分没有学士学位授予权的高等学校，已具备条件，经所在省、自治区、直辖市批准，也可成立教师职务评审委员会，并报国家教育委员会备案。"

但以省级人民政府、国务院有关部委具体实施为主。2017 年之后，[1]虽然所有等级职称的评定权均已"下放"（委托）至高校，但这并不意味着教师职称评定的权力不是行政权，也不意味着教师职称评审不是外部行政行为。[2]理由是，在职称评定事务上，教师并不是"省级人民政府、国务院有关部委""行业主管部门"的内部工作人员，而是其外部人员。

（四）职称评定行为是行政许可还是行政确认

职称评定是一个外部的具体行政行为确定无疑，但是职称评定到底是行政确认还是行政许可？

《行政许可法》（2019 年）第 2 条规定："本法所称行政许可，是指行政机关根据公民、法人或者其他组织的申请，经依法审查，准予其从事特定活动的行为。"职称属于《行政许可法》（2019 年）第 12 条第 3 项之"提供公众服务并且直接关系公共利益的职业、行业，需要确定具备特殊信誉、特殊条件或者特殊技能等资格、资质的事项"，[3]因此，职称评定行为是一个由行政主体（行业主管部门是许可实施机关，高校是受托组织）确认行政相对人

---

〔1〕 虽然助教职称和讲师职称的评审权已授权于高校，但教授、副教授职称的评审权主要由教育部、各省教育厅掌控，只有部分高校获得教授、副教授的评定权力。《高等学校教师职务试行条例》（1986 年）第 15 条规定："……讲师任职资格，由学校教师职务评审委员会审定，报省、自治区、直辖市或主管部委教师职务评审委员会备案；没有成立教师职务评审委员会的学校由教师职务评审组评议，报省、自治区、直辖市或主管部委教师职务评审委员会审定。教授、副教授任职资格，由学校报省、自治区、直辖市、主管部委教师职务评审委员会审定，审定的教授报国家教育委员会备案。部分高等学校教师职务评审委员会，经国家教育委员会会同省、自治区、直辖市、主管部委批准，有权审定副教授任职资格，或有权审定副教授、教授任职资格。审定的教授报国家教育委员会备案。"

〔2〕 需要注意的是，2004 年《国务院对确需保留的行政审批项目设定行政许可的决定》的目录第 21 项即"高等学校教授、副教授评审权审批"。该"决定"认为，教育部审批高等学校是否具有教授、副教授评审权的行为，是行政许可。我国大学原本只有助教、讲师职称评审权，教授、副教授职称的评审权由省教育厅行使。但符合条件的大学可以向教育部申请，由教育部审批而获得教授、副教授评定权。职称评审法律行为的一方当事人是"行政主体"（教育厅/高校），另一方当事人是教师，法律行为的内容是教育厅/高校是否确认教师具有其申请的职称；而"高等学校教授、副教授评审权审批"行为的一方当事人是教育部，另一方当事人是大学，法律行为的内容是教育部对某高校是否具有教授、副教授评审权进行审查，以确定是否授予该高校拥有评定教授、副教授的权力。很明显，"决定"将教育部对高校的这种审批行为定性为行政许可，并不准确。这种审批本身属于内部分权、行政分权（公务分权）或者确认申请人是否具有获得授权的资格的一种审查行为，它是一种宪法行为而非行政行为。这种行为的另一方主体（高校）如果不服，只能提起宪法救济，不能提起行政救济。

〔3〕 这些事项的审批或确定，理论上属于行政确认行为。但我国《行政许可法》将这种确认行为也纳入调整范围。

（教师）具有担任某种等级教师职务的资格的行为。因此，高校教师职称评定行为在法律性质上属于外部具体行政行为中的行政许可。

▶ **思考题**

1. 简述我国大学教师的职务制度与不同职务的职责。

2. 简述我国大学教师职称评审的条件、程序与法律性质。

3. 本书认为我国大学教师职称评审制度应当废除，您有何看法？请说明您的理由。

第十四章
大学教师职位制度

本章第一节主要介绍大学教师职位的概念、分类与特点；第二节对各国大学教师的职位制度进行了列举，并对我国大学教师职位制度进行了重点说明。第三节分别说明美国大学教师聘用制度中的"up or go"规则的含义以及中国大学教师聘用制度中的"非升即走"规则的含义，对这两种制度进行比较，并阐述中国的"非升即走"制度的危害性与违法性。

第一节　教师职位的概念与特征

一、教师职位的概念

职位是指某自然人因受雇、被任命、被选举等而获得的工作岗位，它是某自然人与其他法律主体之间，就该自然人具体工作法律关系的总括概念。大学教师的职位，是指某人因受雇主的雇佣而获得的从事大学教学、科研等工作的岗位。这里的"雇主"包括大学、政府、受托人团等（下文很多情况下我们将直接使用"大学"这一语词进行表述）；这里的"雇佣"包括聘用、聘任、任命等，下文很多情况下我们将直接使用"聘用"这一语词进行表述。

大学教师职位的法律性质，受到职位提供人的法律性质（比如是公法主体还是私法主体）、职位取得方式（比如是法律行为还是法律事件）和职位占有期限（比如是终身职位还是非终身职位）三种因素的影响。以占有期限为标准，大学教师职位可以划分为"终身教职"和"非终身教职"两大类。

非终身教职，是指教师与其雇主订立有任职期限的合同，合同期满雇主可以不附任何理由不续约的一种职位类型。这类教职大概相当于我国劳动合同法上的"固定期劳动合同"。

终身教职，是指教师一旦被雇佣即可终身任职，非有法定理由（死亡、退休或去职）雇主不得解雇教师的一种类型。这类教职大约相当于我国劳动合同法上的"无固定期劳动合同"。当然，终身教职并不是终身雇佣，也不意味着绝对不可解雇。比如，在美国，当大学有"适当因由"并经过正当程序后，可以解雇终身教职教师。终身教职又可分为"古典终身教职"（tenure）与"后期评审式终身教职"（post-tenure review）两类：

（1）古典终身教职，是指大学授予教师以终身教职后，不对该教师的后期工作进行考核之类的监管。

（2）后期评审式终身教职，是指授予教师以终身教职后，大学依然需要对该教师的后期工作进行评估和审查。经过后期评估和审查，如果大学发现终身教职的教师确实犯有错误或者学术水平严重下降，则应采取帮助、提高等补救措施；补救措施无效，大学有权启动解聘程序。后期评审式终身教职，在对教师的要求方面，是一种比古典终身教职更为严格的教师雇佣制度。

一国之内，既有终身教职，也有非终身教职，终身教职和非终身教职适用的法律不同。不同国家之间，由于教师职位法律制度不同，终身教职与非终身教职的形态、法律性质更有差异。总体而论，德国、法国、日本等大陆法系国家，公立大学教师大多是国家公务员，法律明确规定其受终身教职保护，适用法律方面，终身教职适用公务员法，非终身教职适用契约法；英美法系国家，虽无法律强制规定终身教职，但大学有终身教职的传统，如果教师雇佣合同或大学政策规定有终身教职，则终身教职具有合同约束力，适用法律方面，无论终身教职还是非终身教职，均以适用契约法为主。

二、教师职位的特征

当某人受雇成为大学教师，他将同时具有两重身份：一是公民（国民），他与政府之间形成宪法上公民与国家之间的宪法关系；二是教师，他与大学之间是雇佣法律关系。作为大学的雇员，大学教师需要履行大学安排的教学或科研的义务；同时，作为学者社团或公法社团之成员，他可能需要参与大学的管理决策、作为学术权威进行学术确认活动等。美国大学教师联合会和美国高校联合会《关于学术自由与终身教职的原则声明》（1940年）中"大学教师，既是教师，也是公民，同时是教育官员"[1]之表述，就是这个意思。

1. 大学教师是受雇于大学的专业人员

大学教师是指受雇于大学，从事教学、科研、服务之一或兼任两项、三项任务的专业人员。

（1）雇员。大学教师是雇员，如此则将私塾教师、私人教师、家庭教师等自己教学的人员排除在外。雇员适用劳动法、公务员法等法律；私塾教师、私人教师和家庭教师的身份是承揽人，适用一般契约法。

（2）大学的雇员。大学教师是指受大学雇佣的雇员，不包括中小学教师等在内。

（3）专职从事教学、科研的大学雇员。当某人受大学雇佣从事教学和科研时，他的身份是教师；当该教师参与大学管理时，其身份为大学官员；当该教师代表大学面向学生时，其身份为大学的职务代理人。狭义的大学教师身份，专指教师从事教学、科研时的雇员身份，不包括教师本人的大学官员身份，也不包括其作为大学职务代理人的身份。

2. 大学教师雇佣合同的标的是教师的学术行为（劳务）

大学雇佣教师，其目的是将教师作为大学的职务代理人，以履行大学从事学术之目的事业。大学目的事业是学术，教师与大学之间的雇佣合同标的，肯定是教师的行为，该种行为不是普通劳务，而是学术行为。《学术自由和高等教育机构自治利马宣言》第1条（a）规定："'学术自由'指学术团体的成员，单个人地或集体地，通过探索、研究、讨论、文献整理、发表成果、创作、讲学、演讲、著述等方式追求、发展和传播知识的自由。"[2]该"宣言"关于学术自由的定义中包含了对学术活动的列举，其所列举的学术活动包括调查、研究、讨论、文献整理、发表成果、创作、讲学、演讲、著述等。

（1）此种列举并未穷尽学术活动的范围，且存在语义重叠以及并非处于同一逻辑层次之情形。

---

[1]　AAUP and AACU, 1940 Statement of Principles on Academic Freedom and Tenure with 1970 Interpretive Comments.

[2]　世界大学联合会（World Universities Service, WUS）第68次大会：The declaration on Academic Freedom and Autonomy of Institutions of Higher Education (Lima, 10th September 1988). 该"宣言"第1条第（a）款原文是："'Academic Freedom' means the freedom of members of the academic community, individually or collectively, in the pursuit, development, and transmission of knowledge, through reseach, study, discussion, documentation, production, creation, teaching, lecturing, and writing."

（2）学术活动或学术行为具有确定的含义，即通过批判性思维（critical thinking）探究新知识或对既有知识进行反思、质疑和检验的活动。大学教师的一项核心任务，就是通过高深知识的探究、传承等，培养大学学生的批判性思维能力。

（3）对于教师的某项活动是否属于学术行为之判断标准，法律应当设定外在的或形式上的判断标准。其实质判断，应当由同行评议或学术共同体自我设定与判断。

（4）当教师与大学之间就教师之行为是否属于学术活动发生争议时，同行评议或学术共同体可以就该行为是否属于学术活动作出决定，但不应对学术观点、思想和研究目的过度审查。

（5）当争议诉诸法律时，法院或其他裁判机构对于是否属于学术活动的问题，应只进行形式审查；实质审查应当尊重同行评议或学术共同体的结论。在确定属于学术活动的基础上，再行进行程序性审查。

3. 大学教师雇佣合同中的权利义务相对比较特殊

既然教师与大学之间的法律关系是雇佣合同，双方当事人之间的合同权利义务，肯定是以学术活动为核心而产生的一系列权利和义务。

在教师与大学之间的雇佣合同法律关系中，教师的合同义务有：

（1）从事讲学、科学研究或学术服务的义务；

（2）参与大学学术管理的义务；

（3）不得损害大学整体利益的消极义务；

（4）服从大学合法合理管理的义务。

教师的合同权利有：

（1）从事讲学、科学研究或学术服务的权利；

（2）参与大学学术管理的权利；

（3）出入大学校园并从事与其身份与职责相关联的其他权利；

（4）工资、津贴、奖金请求权；

（5）合同持续保有权（tenure）和职务晋升请求权，包括职位性质转变、职务晋升、解除合同和终身教职保有权等。

理解大学教师在雇佣合同中的权利义务，应当注意以下几点：

（1）根据教师的行为与学术活动相关联的紧密程度进行区分，讲学、科学研究是学术活动；参与大学学术管理，是权力活动，不是学术活动；出入大学校园等是从事学术活动的必要条件，但其本身并不是学术活动；工资、津贴、奖金等是教师从事学术活动的报酬，可以被认为是教师从事学术活动的一个基本条件，但其本身也不是学术活动；合同持续保有和职务晋升亦不是学术活动。

（2）严格意义上说，只有"讲学权利"和"科学研究权利"两项权利，属于正宗的、严格意义的"教师学术权利"范围；其余所列举的教师权利均不能囊括其中。

（3）这里的"教师学术权利"意义上的教师，只指向教师与大学之间雇主与雇员关系上的法律身份，排除教师本人的公民身份、大学官员身份和大学职务代理人身份所具有的权利。

第二节　教师职位制度列举

一、中世纪大学教师职位制度

中世纪虽无今天职位占有属性的终身教职概念，但称中世纪大学教师（甚至包括学生）都是终身教职亦不为过分。某种意义上说，中世纪大学教师的终身教职比现代终身教职还要"终身制"。理解中世纪大学教师的终身教职，应注意它的两个特点：

1. 圣职准入性与身份性

中世纪大学教师的身份因教皇或主教任命、批准为大学（学者社团）之"师傅"而获得。教师首先是教士，拥有教士之特权；其次才是大学的成员。教师与大学之间的关系从属于教师与教会之间的关系。教师因其身份是教士，担任的是"圣职"，故受教会法管辖。教师被除名一般称为剥夺（privatio）或放逐（exilium），而不称为解雇、开除等。

2. 义务性终身职位

中世纪人们认为，教士研讨、传播基督教之真理，乃教士之"天职"（calling），教师应当承担终身敬奉上帝、传播上帝之真理的义务。理论上，教师应靠教会的收入生活，享受教士之薪俸；教师传授知识不应该收取学费，即使收取学费，这笔学费也被看作是教会的收入。

二、德国、法国、日本大学教师职位制度

（一）德国大学教师职位制度

德国大学教师有教授、学术助教、学术助理和专聘教师等。按照终身教职和非终身教职分为两类。

德国教授采用任命制，拥有终身教职，适用公务员法。根据《德国基本法》和《联邦公务员法》，教授是州的高级公务员，工资参照公务员。关于教授的任命，大学有建议权，但最终的决定权在州教育部。教授只有在严重犯罪（叛国、贪污腐败、极为不称职等）的情况下，且经过复杂的程序才能被解雇。教授还可以平级派遣和调任，《高等学校基准法》（1976年施行，现已废除）规定："高等学校或高等教育设施如果解散，或与其他高等学校合并，或者研究方向或专业方向全部或部分取消或并入其他高等学校，可以在征得教授本人同意的情况下平级派遣或调任到其他高等学校。"[1]其他人员则不是国家公务员，只是大学本身的雇员，适用私法契约，一般采取集体谈判方式。

需要提醒的是，德国教授的雇主是州，不是大学。教授与大学的关系，相当于我国政府派往事业单位、国有企业从事管理岗位的人员；而其他教师的雇主就是大学本身。

（二）法国大学教师职位制度

在法国，国立大学占主要部分，公立大学和私立大学占少数。法国大学教师有教授、副教授和助教三类。国立大学和公立大学教师的身份是公务员，适用公务员法。法国公务员分为"正规公务员"（fonctionnaire titulaire）和"非正规公务员"（fonctionnaire notitulaire）两大类，非正规公务员意指辅助职员、试补职员、契约职员、临时职员等。国立大学的教师也按公务员分类规则，专职教师拥有正规公务员的身份，临时教师则属非正规公务员的系列。大学教师既要遵循作为国家公务员的规则，又要符合大学教师特别身份的规程。作为公职人员的大学教师基本上都拥有终身职位性质，不能解聘。如有不称职者，惩罚措施是不予升职。[2]

---

〔1〕 杭州大学中德翻译情报中心选译：《联邦德国及巴伐利亚州高等教育法规选编》，杭州大学出版社1991年版，第46页。

〔2〕 陈永明：《法国大学教师聘任制的现状与特征》，载《集美大学学报（教育科学版）》2007年第2期。

（三）　日本大学教师职位制度

依据日本 1956 年《大学设置基准》，日本高等院校教师分为教授、副教授、讲师、助教，总称教员。日本公立学校教师属于国家公务员或地方公务员。日本《教育公务员特例法》明确规定公立高等学校教师的公务员身份。"在国立大学，教授、学长、负责事务受理的职员，均是一般职的国家公务员。"[1]大学教师的入职和公务员的招聘一样系行政处分行为，他们与国家或地方之间成立公务勤务关系，与公务员具有同样的权利义务。另外，教师还有一项特别的权利，即进修的权利。"关于教育公务员，由于勤务的性质上具有较高的研修必要性，因而采取了和其他公务员不同的对待。具体地说，由《教育公务员特例法》所规定（第 19 条至第 20 条之二），教员在不影响授课的限度内，经所属单位首长的承认，可以离开勤务场所进行研修（第 20 条第 2 款），保障了自主研修的权利，是令人注目的。"[2]

日本大学教师职位采用任命制。教授、副教授任命由教授会投票表决，报学校评议会审核，最后报文部省审议委员会审定，由文部大臣任命；助教和讲师一般由教授提名，教授会讨论审议，最后报校长批准即可。

日本在 20 世纪末期进行大学教师任期制改革。1997 年，日本正式颁布《关于大学教师等任期的法律》。但其改革非常小心谨慎，《关于大学教师等任期的法律》第 4 条第 2 款规定："有任用权的组织机构根据前款的规定在任用有任期的教师时，必须得到本人的同意。"其《附带决议》第 1 项规定："在导入任期制时，不能损害学术自由、大学自治和教师身份保障，不能以引进任期制作为对大学教学与学术研究提供支持的条件而对大学进行诱导和干涉。"[3]

三、英国、美国大学教师职位制度

（一）　英国大学教师职位制度

英国大学教师是大学的"雇员"。"老大学"教师分为讲师（A、B 两级）、高级讲师（senior lecturer）或副教授（reader）、教授。"新大学"教师分为讲师、高级讲师、首席讲师（principal lecturer）或授予研究人员的副教授、教授。

---

〔1〕　［日］盐野宏：《行政法》，杨建顺译，法律出版社 1999 年版，第 689 页。
〔2〕　［日］盐野宏：《行政法》，杨建顺译，法律出版社 1999 年版，第 713~714 页。
〔3〕　巴玺维：《日本大学的教师任期制》，华夏出版社 2007 年版，第 188~190 页。

英国大学教师有终身教职和非终身教职之分。1988年《教育改革法》前，"老大学"传统上实行终身教职制度，"新大学"不实行终身教职制度。"1988年后，根据《1988年教育改革法》中有关学术任期的相应条款，改革之前的在职教师只要不提出晋升要求或者到别的大学另谋他职，他们将维持终身教职不变；而1987年11月20日以后新聘的教师或重签合同的教师不再得到学校的终身教职保证。在此意义上，这些教师职位都属于定期聘任（term appointments），聘期通常为5年，接受定期评价和续约程序。不过，这种定期评价类似于美国终身教职聘后评议，很少导致解聘。所以，许多人认为英国取消终身教职制度更具有象征性意义。"[1]

（二）美国大学教师职位制度

美国大学有国立大学（很少，主要是军校与海警高校）、州立大学和私立大学。从法律性质上说，美国大学教师聘用的法律基础都是契约，私立大学教师属于大学受托人团的雇员，公立大学教师属于州的公务雇员。[2]美国大学教师职位有两个系列、三类。

1. 终身教职系列

终身教职系列，包括终身轨教职（tenure track/tenure line）和正式终身教职（tenure）两类。终身教职系列的教师雇佣合同，大概相当于我国劳动合同法上的无固定期劳动合同。拥有终身教职的教师，如果没有严重失职或不良记录等特殊情况，可以在本大学一直工作到退休。

终身轨教职期间是终身教职的试用期。试用期一般两次续约、最多7年。[3]

---

〔1〕 顾建民：《自由与责任——西方大学终身教职制度研究》，浙江教育出版社2007年版，第116页。

〔2〕 由于美国州立大学采用公共信托理论，私立大学采用慈善信托模式，而这两种模式本质上具有同质性，所以，除法律诉讼当事人之具名、法律责任最后承担等实体事项有所差异外，其他方面与私立大学管理模式几乎相同。因此，美国州立大学的管理委员会（也可称之为受托人团，trustees/board of trustees）无论是具有独立地位的法人，还是作为州的行政分支部门，美国的州立大学教师，在不很严格意义上说，都可以认为是其管理委员会的雇员。

〔3〕 教师受聘3年后，大学受托人团要对该教师进行考核，如果符合授予终身教职的条件，则授予终身教职。如果不符合授予终身教职的条件，大学有两种处理方式：一种是在给予1年的附加聘期后终止合同；一种是给予第二个3年的聘期。第二个聘期结束前大学受托人团对该教师进行考核，如果符合授予终身教职的条件则授予终身教职；如果仍不符合授予终身教职的条件，则在给予1年的附加聘期后终止合同。因教师聘期为3+1或者3+3+1年，故简称为两次续约、最多7年。根据美国大学教师联合会（AAUP）的解释，对大学聘用教师的考察期年限进行限制，其目的是防止大学无限期地将教师作为临时工使用，耽误教师另选其他学校的教职或其他工作的机会。

试用期结束前，受托人团必须作出是否授予该教师以终身教职的决定，以免校方无限期拖延。也就是说，终身轨教职期满前，大学的受托人团必须作出决定，要么授予终身教职；要么不授予终身教职。如果受托人团决定不授予终身教职，则大学与教师双方就此终结试用期合同、分道扬镳。

2. 非终身教职系列

非终身教职系列（non-tenure track/non-tenure line）的教师雇佣合同，大概相当于我国劳动合同法上的固定期劳动合同。非终身教职系列教师的聘期一般是 1 年至 3 年，合同期满雇佣关系自然终止。当然，双方当事人也可以续签合同。美国将这种合同称为任意合同（at-will contract）。非终身教职系列的教师无权应聘终身教职。

四、我国大学教师职位制度

我国大学教师的职位，已由传统的"终身制"（具有公务员身份）职位，中经"聘任制"职位转变为当今的"聘用制"职位。但是，关于"聘用制"职位的法律性质并不明朗。

当前，在我国的大学校园内，有三种身份的教师：

（1）拥有国家正式公务员身份的教师。这一部分主要是校级领导，他们是国家干部身份、终身职位。

（2）后期评审式终身职位教师。这一部分主要是指拥有正式编制的教师，他们拥有国家干部身份。大学与教师签订 3 年至 4 年的"聘任合同"，合同到期后，大学对教师进行评审。如果评审合格，大学必须续聘该教师原职务或者更高级别的职务；即使评审不合格，大学亦得给予调岗、低聘、培训之机会，不得直接终止聘用合同；大学更是无权以合同到期为由不与教师续签聘用合同。需要提醒的是，由于这些教师已经是终身职教师，这里的"聘任合同"是职务聘任，即在存在职位聘用基础上的职务变动，比如上个聘期聘为教授职务，下个聘期聘为副教授职务。而"聘用合同"则是教师与大学之间雇佣关系的存续与否的问题，比如，大学不与某教师续签"聘用合同"，则该教师与该大学雇佣关系终止，该教师应当离开该校另谋职业。

故这里本书使用的术语是"聘任合同"而非"聘用合同"，虽然实践中大多采用"聘用合同"的名称和形式，很多人也认为是"聘用合同"，但从严格法律术语而言，实践中的这种做法和看法，均是对我国教育法中有关教师雇佣制度的错误解释。

（3）非终身职位教师（at-will contract）。这一部分是指临时教师，当然他们有可能转换为后期评审式终身职位教师，甚至是拥有国家正式公务员身份的教师。他们与学校之间签订固定期聘用合同（一般是 1 年或 3 年），合同到期后，双方当事人可以无理由不续签聘用合同。

第三节　中国的"非升即走"与美国的"up or go"

近年来，我国越来越多的大学进行所谓教师聘用制改革，实行所谓"非升即走"/"非升即离"制度。这些大学均声称，其改革是学习美国经验，它们实行的所谓"非升即走"制度即美国大学教师聘用制中的"up or go"规则。然而，美国大学的"up or go"规则在美国运行良好，而中国大学的"非升即走"制度在中国则事故频发，近年来，与大学聘用相关联的斯文扫地事件甚至恶性事件频发，比如，某大学的一名院长被教师狂扇耳光事件、某大学一次性招收 1000 多名博士但考核只留下 4% 人员事件、某大学数学系教师杀害系书记事件，等等，为何？不是因为水土不服，而是"非升即走"根本就不是"up or go"！

一、美国"up or go"与中国"非升即走"的含义

（一）美国"up or go"的含义

尽管显得格外繁琐，我们还是不得不对美国大学教师的聘用制度进行一番重申。

美国大学教师雇佣有两个系列：非终身教职系列（non-tenure line）和终身教职系列（tenure line）。其中，非终身教职系列的教师聘用合同，在美国一般称为任意合同（at-will contract），即大学受托人团与教师签订固定期限的合同，合同期满后双方是否续约由双方当事人自由协商。此种教师雇佣合同大概相当于我国劳动合同法中的"固定期劳动合同"。

终身教职系列的教师聘用，分为两个阶段：终身教职的试用期阶段（tenure-track，一般翻译为终身轨教职期间/阶段）与终身教职的正式任职阶段（tenure，原意是"保有"，一般翻译为终身教职期间/阶段）。

第一阶段为终身教职的试用期阶段。终身轨教职期间，一般 3 年至 4 年，

最长 7 年。终身轨教职的教师，在其试用期间临界届满时（一般是在试用期间届满的前一年），向大学的受托人团提出转为终身职教师的申请，大学的受托人团对该教师的申请进行审查。审查后有两种处理方式：

（1）授予终身教职（职位）。大学的受托人团经审查，认为该教师达到了终身教职的授予条件，于是决定授予终身教职。试用期间届满后，大学将"续聘"该教师担任终身教职的职位。此种情形之下，该教师当然不必离开学校（not out）。与此同时，该教师的职务也获得提升。比如由终身轨教职期间的助理教授（assistant professor）[1]升职为副教授（associate professor）或正教授（full professor），此为"up"。"职务""up"是终身轨教职续聘为终身教职的自然结果。

（2）不授予终身教职（职位）。大学的受托人团经审查，认为该教师达不到终身教职的授予条件，于是决定不授予终身教职。当试用期间届满时，大学与教师之间的雇佣合同终止，该教师应离开学校另寻出路，此为"out"。

这就是著名的"up or go"规则。

第二阶段为终身教职的正式任职阶段。教师一旦被授予终身教职，即可在该大学一直工作至退休。在此期间，大学非有法定事由并经相当严格的程序，不得解雇教师。[2]终身教职雇佣合同，大概相当于我国劳动合同法上的"不固定期劳动合同"，或者相当于一般国家的国家公务员终身雇佣合同。

美国大学的"up or out"规则，是终身轨教职向正式终身教职转变的一个简略术语，其准确含义是，终身轨教职的教师在试用期间届满后，如获终身教职，不但不走（not out），职务还自然晋升（up）。此时，该教师是双丰收：一是由终身轨教职续聘为终身教职，即职位持续；二是由助理教授（assistant professor）职务晋升为副教授（associate professor）职位或正教授（full professor）职务，即职务晋升。如未获终身教职，则与大学分道扬镳（out）。

---

〔1〕　美国的终身轨教师，一般"任"助理教授职务。美国大学的助理教授，大概相当于我国的讲师。但两者之间亦有差异：美国的助理教授拥有终身教职的比较少，我国的讲师一般都有终身教职。

〔2〕　在美国，大学解雇终身教职教师的合法理由一般只有三个：紧急财政状况（financial exigency）、项目不能继续（program discontinuance）和"适当因由（for cause）"。其中，"适当因由"包括不称职（incompetence）、失职（neglect of duty）、行为不端（misconduct）、不诚实（Dishonesty）、不服从（insubordination）等。大学解雇终身教职教师的严格程序，一般包括大学必须提前向教师通知解雇并告知解雇理由、教师聘请律师的权利、教师要求举行正式听证会的权利、教师可以请求复审的权利等。

（二）中国"非升即走"的含义

中国"非升即走"的具体操作是，将新进教师的考察期设定为 3 年至 4 年或更长时间（比如 7 年），以该教师在考察期内相应的职称提升（比如由助教职称升格为讲师职称、讲师职称升格为副教授职称、副教授职称升格为正教授职称）作为转正条件（即获得本校"终身教职"的条件）。如果新进教师在考察期内职称得到了相应的提升，则续聘为终身教职；如果教师在考察期内职称未得到相应的提升，则考察期满后，大学将不续聘该教师。

（三）美国"up or out"与中国"非升即走"字面意思即存在差异

从字面上看，"up or out"短语中，"up"与"out"之间的"or"是"或者"的意思，"up or out"应该是"升或者走"，该短语在性质上属于选择性短语；汉语"非升即走"语词中，"非升"是"走"的条件，该短语在性质上属于条件性短语。英文"up or out"与汉语"非升即走"在语词性质上不相符合。

"up or out"规则完全而准确的翻译应该是："（如获续聘职务则）升，或者走（不续聘）""要么走（不续聘）；要么不走（续聘），如不走（续聘）（职务）则升"，简洁翻译可为"非走即升"。"up or out"规则中，非走（续聘）是职务获得提升的必要条件；汉语"非升即走"短语中，职称提升是获得续聘的前提条件，这两个短语的实质内容更不相同。

二、美国"up or go"与中国"非升即走"之比较

我国大学聘用制改革中的"非升即走"制度，特别貌似美国大学教师雇佣之"up or go"规则，但是如果仔细研究和揣摩，则会发现两者之间也具有实质性的差异。

（一）我国以教师的职称晋升作为授予终身教职的前提条件

按照我国的"非升即走"制度，教师若要获得终身教职，必须在试用期间内"职称""升"到学校规定的等级（比如副教授或教授），或者说，试用期内"职称""升"到学校规定的等级，是教师在试用期满后获得终身教职的前提条件。如果教师在试用期内"职称"不能"升"到学校规定的等级，试用期满后，该教师得另谋出路，此为"走"。

（二）美国以直接学术能力考核是否授予终身教职为标准

在美国，教授、副教授、助理教授等仅是大学教师的"职务"名称。美

国公民直接申请大学教师"职位"，获取大学教师"职位"的同时当然就有相应的"职务"（当然，职务在受聘期间也有可能获得晋升）。美国大学的教授、副教授、助理教授不需经过特别行政许可程序。美国大学对拟将聘任为终身教职的终身轨教师，也进行考核。考核基本采取同行评议、外校评议、专业杂志评议等方式，考核结果是大学受托人团是否给予终身轨教师以终身教职的重要考虑因素之一。这种考核貌似我国职称资格评审程序，可能是我国学界对其误解的最重要原因。但我们必须注意这两者之间的重大差异：

（1）这种考核是"职位"考核，非"职务"考核，更非我国的"职称"评审；

（2）这种考核不是独立程序，而是大学决定是否给予终身"职位"时的综合考核程序中的一个组成部分；

（3）这种考核是民事程序，是签订合同前一方当事人对另一方当事人将来履约能力的预先考察。这种考核不是行政确认或行政许可程序；

（4）这种考核虽然是学术能力考核，具体操作一般也由学院院长、系主任主持，资深教授参加等，但考核主体是大学的受托人团，最终决定权亦属于大学的受托人团。大学的受托人团对具体操作人员的结论表示尊重，是受托人团尊重学术、遵从惯例的谦抑风格，另当别论。

三、"非升即走"改革的真实动机

在美国，如果大学不授予终身教职，大学教师有权提起内部申诉；有权向平等就业机会委员会（Equal Employment Opportunity Commission，EEOC，美国政府的一个行政部门）投诉，平等就业机会委员会可能会对大学发起调查，如果发现大学涉嫌歧视等违法行为，会对大学采取法律措施；大学教师还有权向法院提起诉讼。而在我国，如果按照所谓的"非升即走"，大学教师对于大学不授予终身教职的行为，几无救济途径，大学内部掌权者在是否授予终身教职方面即拥有了绝对的自由裁量权。

大学教师的职称评定是教育部或者国务院其他部委、教育厅对大学教师是否具有担任某种职务的资格进行评估和确定的活动。在行政法法理上，职称评定属于我国《行政许可法》中的资格、资质类行政许可。在这个具体行政行为中，教师是该项行政许可的申请人（行政相对人），教育部或国务院相关部委、教育厅是许可机关（行政主体），大学本身仅是受教育部或者国务院部委、教育厅的委托而实施职称评定的受托人，大学必须以教育部或者国务院部委、教育厅的名义实施职称评定，其法律后果亦由教育部或者国务院部委、教育厅承担。职称许可证书应当加盖教育厅、教育部或者国务院部委的印章并由其颁发。理论上说，职称评定属于典型的外部具体行政行为，当然属于人民法院行政诉讼的受案范围，当事人不服当然可以提起行政复议或者行政诉讼。但是，在我国的司法实践中，职称评定却一直被认定为一个内部行政行为，甚至是大学内部的一个管理行为；当事人不服职称评定具体行政行为，只能申诉，不得行政复议和行政诉讼。也就是说，教师对于职称评定几无救济途径。

因此，如果将职称晋升作为授予终身教职的前提条件，大学内部掌权者就可以规避我国既有法律对于教师权利的保护条款，可以掌控终身教职入槛的权力。按照我国现有法律的规定，大学教师在试用期内只要不违法违纪且有一定的教学能力，试用期满后均得授予终身教职。如果不授予终身教职，教师可以向劳动人事部门提起仲裁和向人民法院提起诉讼。如此，大学内部掌权者在审核是否授予终身教职时的行为，就有受到法院审查的机会。但是，如果将不授予终身教职的理由或条件设置为教师职称的提升与否，而教师职称是否获得提升又是一个由大学内部掌权者可以实际操纵的所谓内部行政行为（该行为还不受法院的审查），即使大学教师因未获终身教职而向劳动人事仲裁院提起仲裁或者向人民法院提起诉讼，大学内部掌权者以该教师的职称未获相应晋升因而不能获取终身教职为理由进行抗辩，则可在仲裁或者诉讼中稳操胜算。

四、"非升即走"的危害性与违法性

由此看来，我国很多大学的所谓"非升即走"制度改革，是利用、扭曲了"up or go"规则。比如，大学首先将试用期满给予终身教职的条件设得很高（比如，发表多少篇刊登在一级期刊上的文章、申请多少个国家级课题等才可获得职称晋升）；3年后考察通过率设计得很低（比如不超过4%，需要提醒的是，美国终身轨教师转换为正式终身教职教师的考察通过率一般维持在80%以上），然后招收1000多名考察期教师。如此，一方面不需要给予众多终身教职，学校经济方面几无负担；另一方面因终身教职通过率极低，这众多新入职教师为了获取终身教职就会拼命搏杀，就会多出成果、快出成果。

这些成果当然算到本校名下，由本校收入囊中，这就会大大提高本校的大学排名。

　　根据我国相关法律法规的规定，大学教师首次任教的试用期是 1 年。[1]在我国《教育法》《高等教育法》《教师法》等法律法规关于此等事项的规定未修改之前，如果大学将新进教师的考察期设定为 3 年至 4 年或更长时间，属于违法行为；如果将试用期满后的通过率设置得过低，则有小人奸诈之嫌。

▶ **思考题**

1. 简述世界主要国家大学教师的职位及其性质。
2. 简述我国大学教师的职位制度。
3. 比较大学教师聘任制之美国"up or go"规则与中国"非升即走"规则。

---

　　[1]　尽管我国教师法等法律未明确规定教师的具体试用期限，但各省的地方性法规或省级政府规章均规定教师首次任教的具体试用期限为 1 年。比如《浙江省实施〈中华人民共和国教师法〉办法》（2021 年）第 5 条第 2 款规定："取得教师资格的人员首次任教，应当有一年的试用期。"

第十五章
大学教师的管理

　　大学必须对教师进行管理，具体管理措施众多，比如排课、开会、培训等，其中考核、奖励和处分是最重要的三项管理措施。考核是指大学对教师的教学、研究、服务以及师德等方面进行考察和评价。奖励是指大学因教师在某些方面取得优异成绩而给予物质上或精神上的奖赏，以激励教师努力工作。处分是指大学因教师在工作瑕疵而给予物质上或荣誉上的制裁。

第一节　考核

一、考核的概念

　　教师的考核，是指各级各类学校及其他教育机构，按照教师考核法律法规所规定的考核内容、考核原则、考核程序等，对教师进行的考察和评价。它具有导向功能，通过考核，能促使教师不断端正教育思想，调动教师的积极性和创造性，促进教师队伍建设管理的规范化。中共中央组织部、人力资源和社会保障部《事业单位工作人员考核规定》（2023 年）第 2 条规定："事业单位工作人员考核，是指事业单位或者主管机关（部门）按照干部人事管理权限及规定的标准和程序，对事业单位工作人员的政治素质、履职能力、工作实绩、作风表现等进行的了解、核实和评价。对事业单位领导人员的考核，按照有关规定执行。"

二、考核的种类与内容

（一）考核的种类

　　根据《事业单位工作人员考核规定》（2023 年）的规定，考核分为年度考核、聘期考核、平时考核和专项考核。其中，年度考核是指是以年度为周期对事业单位工作人员总体表现所进行的综合性考核，一般每年年末或者次年年初进行；聘期考核是指对事业单位工作人员在一个完整聘期内总体表现所进行的全方位考核，以聘用（任）合同为依据，以聘期内年度考核结果为基础，一般在聘用（任）合同期满前1个月内完成；平时考核是指对事业单位工作人员日常工作和一贯表现所进行的经常性考核；专项考核是指对事业单位工作人员在完成重要专项工作、承担急难险重任务、应对和处置突发事件中的工作态度、担当精神、作用发挥、实际成效等情况所进行的针对性考核。

（二）考核的内容

考核的内容，即学校或者其他教育机构对教师的哪些方面进行考核。《教师法》（2009年）第22条第1款规定，"学校或者其他教育机构应当对教师的政治思想、业务水平、工作态度和工作成绩进行考核。"国务院《事业单位人事管理条例》（2014年）第20条规定："事业单位应当根据聘用合同规定的岗位职责任务，全面考核工作人员的表现，重点考核工作绩效。考核应当听取服务对象的意见和评价。"《高等教育法》（2018年）第51条第2款规定："高等学校应当对教师、管理人员和教学辅助人员及其他专业技术人员的思想政治表现、职业道德、业务水平和工作实绩进行考核，考核结果作为聘任或者解聘、晋升、奖励或者处分的依据。"《事业单位工作人员考核规定》（2023年）第5条规定："对事业单位工作人员的考核，以岗位职责和所承担的工作任务为基本依据，全面考核德、能、勤、绩、廉，突出对德和绩的考核。……"据此，学校或者其他教育机构对教师进行考核的内容是教师的思想政治表现、职业道德、业务水平、工作态度和工作实绩。

三、考核的主体、原则与程序

（一）考核的主体

考核的主体，是指谁有权对教师进行考核。《教师法》（2009年）第22条规定："学校或者其他教育机构应当对教师……进行考核。教育行政部门对教师的考核工作进行指导、监督。"据此，教师考核的主体是"学校或者其他教育机构"。指导、监督学校对教师的考核的主体是教育行政部门。

（二）考核的原则

考核的原则，即学校或者其他教育机构在对教师进行考核时应当遵守的准则。根据《教师法》（2009 年）等相关法律法规的规定，学校或者其他教师与机构对于教师的考核应当遵守下列几项原则：

1. 客观、公正、准确原则

《教师法》（2009 年）第 23 条规定："考核应当客观、公正、准确，……"即考核要遵循客观性原则、公正性原则、准确性原则，应当坚持全面考核，以工作成绩为主。

2. 听取意见原则

听取意见原则，是对学校或者其他教育机构在对教师进行考核时的一项最重要的程序要求。《教师法》（2009 年）第 23 条规定："考核应当……充分听取教师本人、其他教师以及学生的意见。"《事业单位人事管理条例》（2014年）第 20 条规定："……考核应当听取服务对象的意见和评价。"教育部《关于深化高校教师考核评价制度改革的指导意见》（2016 年）第 18 条规定："建立考核评价结果分级反馈机制。高校应建立教师考核评价的校、院（系）分级管理体系。维护教师权利，考核结果应通知教师本人。注重与教师的及时沟通和反馈，科学分析教师在考核评价中体现出来的优势与不足，根据教师现有表现与职业发展目标的差距以及影响教师职业发展的因素，制订教师培养培训计划，提供相应的帮助和指引，促进全体教师可持续发展。"

这里听取意见的意思是：考核主体要真诚地倾听教师的意见，不得不倾听或者拒绝倾听。倾听意见有多种形式，可以当面倾听，也可以以信函、电话、电子邮件等方式倾听。对于教师的意见要进行审核，有根据的意见应当采纳，对于教师的不合理意见不予采纳时，应当说明理由。对于考核时发现教师的弱项，要有后续的帮助、指引等跟进计划。

3. "三公开"原则

所谓"三公开"原则，是指学校或者其他教育机构对教师的考核，应当"考核方案公开、考核过程公开、考核结果公开"。比如，中共浙江省委组织部、浙江省人力资源和社会保障厅《关于加强事业单位岗位聘期考核管理的指导意见》（2013 年）"五、岗位聘期考核的一般程序"规定："……岗位聘期考核要坚持公开方案、公开过程、公开结果，接受群众监督。……各单位可根据实际，在主管部门的指导下，确定具体的考核流程，规范考核程序，做到'三公开'。"

4. 坚持党的领导原则

《事业单位工作人员考核规定》（2023 年）第 3 条规定："事业单位工作人员考核工作，坚持以习近平新时代中国特色社会主义思想为指导，贯彻新时代党的组织路线和干部工作方针政策，着眼于充分调动事业单位工作人员积极性主动性创造性、促进新时代公益事业高质量发展，坚持尊重劳动、尊重知识、尊重人才、尊重创造，全面准确评价事业单位工作人员，鲜明树立新时代选人用人导向，推动形成能者上、优者奖、庸者下、劣者汰的良好局面。工作中，应当坚持下列原则：（一）党管干部、党管人才；（二）德才兼备、以德为先；（三）事业为上、公道正派；（四）注重实绩、群众公认；（五）分级分类、简便有效；（六）考用结合、奖惩分明。"

（三）考核的程序

根据中共浙江省委组织部、浙江省人力资源和社会保障厅《关于加强事业单位岗位聘期考核管理的指导意见》（2013 年）"五、岗位聘期考核的一般程序"之规定，考核一般应按以下程序进行：①考核主体组成考核聘任工作机构。考核聘任工作机构成员应由单位领导、同行专家、职工代表等组成。②考核主体制定考核方案。方案须经职工代表大会或职工大会审议，单位负责人员集体讨论通过。③被考核人员个人总结。被考核人员撰写个人总结、述职报告。④考核主体提出考核意见。具体操作步骤是，考核聘任工作机构根据考核标准，通过多种考核方法，对工作人员提出考核意见并公示。⑤考核主体确定结果。考核结果由单位负责人员集体研究确定并予公布。

《事业单位工作人员考核规定》（2023 年）规定，年度考核一般按照下列程序进行：①制定方案。考核委员会或者考核工作领导小组制定事业单位年度考核工作方案，通过职工代表大会或者其他形式听取工作人员意见后，面向全单位发布。②总结述职。事业单位工作人员按照岗位职责任务、考核内容以及有关要求进行总结，填写年度考核表，必要时可以在一定范围内述职。③测评、核实与评价。考核委员会或者考核工作领导小组可以采取民主测评、绩效评价、听取主管领导意见以及单位内部评议、服务对象满意度调查、第三方评价等符合岗位特点的方法，对考核对象进行综合评价，提出考核档次建议。④确定档次。事业单位领导班子或者主管机关（部门）组织人事部门集体研究审定考核档次。拟确定为优秀档次的须在本单位范围进行公示，公示期一般不少于 5 个工作日。考核结果以书面形式告知被考核人员，由本人签署意见。聘期考核一般应当按照总结述职，测评、核实与评价，实绩分析，确定档次等程序进行，结合实际也可以与年度考核统筹进行。平时考核，主要结合日常管理工作进行，根据行业和单位特点，可以采取工作检查、考勤记录、谈心谈话、听取意见等方法，具体操作办法由事业单位结合实际确定。专项考核，可以按照了解核实、综合研判、结果反馈等程序进行，或者结合推进专项工作灵活安排。

四、考核结论及其法律效力

考核结论，是指学校或其他教育机构通过对教师的考核而得出的结论性意见，它是一份具有法律效力的文件。《事业单位人事管理条例》（2014 年）第 21 条规定："考核分为平时考核、年度考核和聘期考核。年度考核的结果可以分为优秀、合格、基本合格和不合格等档次，聘期考核的结果可以分为合格和不合格等档次。"

考核结论的法律效力，是指学校或者其他教育机构对教师的考核结论所具有的法律的拘束力。《教师法》（2009 年）第 24 条规定："教师考核结果是受聘任教、晋升工资、实施奖惩的依据。"《事业单位人事管理条例》（2014年）第 22 条规定："考核结果作为调整事业单位工作人员岗位、工资以及续订聘用合同的依据。" 教育部《关于深化高校教师考核评价制度改革的指导意见》（2016 年）第 1 条规定："……考核评价是高校教师选聘、任用、薪酬、奖惩等人事管理的基础和依据。……"《高等教育法》（2018 年）第 51 条第 2款规定："高等学校应当对教师、管理人员和教学辅助人员及其他专业技术人员的思想政治表现、职业道德、业务水平和工作实绩进行考核，考核结果作为聘任或者解聘、晋升、奖励或者处分的依据。" 据此，考核结论的法律效力主要表现为，它是被考核人员"聘任或者解聘、晋升、奖励或者处分的依据"。《事业单位工作人员考核规定》（2023 年）第 27 条规定："坚持考用结合，将考核结果与选拔任用、培养教育、管理监督、激励约束、问责追责等结合起来，作为事业单位工作人员调整岗位、职务、职员等级、工资和评定职称、奖励，以及变更、续订、解除、终止聘用（任）合同等的依据。"

第二节　奖励

一、奖励的概念与分类

（一）奖励的概念

大学教师的奖励有广义、中义和狭义的概念。广义的概念，是指有关法律主体因为大学教师做出特殊成绩，而给予其物质或者精神方面的优待或者好处。中义的概念，是指大学对教师实施的奖励（包括合同奖励与行政奖励）；狭义的概念，是指大学对教师的奖励中的行政奖励。

（二）奖励的分类

按照法律性质的不同，大学教师的奖励可以分为以下三种：

1. 慈善信托性质的奖励

慈善信托性质的奖励，是指慈善机构因教师的突出成绩而给予的奖励，这种奖励属于社会方面的奖励，一般适用慈善信托法或者公益信托法。《教师法》（2009 年）第 34 条规定："国家支持和鼓励社会组织或者个人向依法成立的奖励教师的基金组织捐助资金，对教师进行奖励。"

2. 合同性质的奖励

合同性质的奖励，是指因大学教师超额履行聘用合同的义务，由大学根据合同而给予的奖励，比如大学教师的超课时奖、科研奖等。这种奖励适用合同法。

3. 行政性质的奖励

行政性质的奖励，是指有关国家机关或者学校（此时学校的身份是法律法规授权的组织）因教师良好工作成绩而给予的奖励。比如省教育厅颁发省级优秀教师奖状的奖励；大学本身颁发校级优秀教师的奖励。这种奖励属于具体行政行为中的行政奖励，应当适用行政法。

《教师法》（2009 年）第 33 条规定："教师在教育教学、培养人才、科学研究、教学改革、学校建设、社会服务、勤工俭学等方面成绩优异的，由所在学校予以表彰、奖励。国务院和地方各级人民政府及其有关部门对有突出贡献的教师，应当予以表彰、奖励。对有重大贡献的教师，依照国家有关规定授予荣誉称号。"按照行政奖励的主体不同，教师行政奖励又分为：

（1）学校的行政奖励。即"教师在教育教学、培养人才、科学研究、教学改革、学校建设、社会服务、勤工俭学等方面成绩优异的，由所在学校予以表彰、奖励。……对有重大贡献的教师，依照国家有关规定授予荣誉称号。"需要注意的是，此时学校的身份不是聘用合同的一方当事人，而是法律法规授权的组织。这种奖励是行政奖励，不是合同奖励。

（2）行政机关的行政奖励。即"国务院和地方各级人民政府及其有关部门对有突出贡献的教师，应当予以表彰、奖励。对有重大贡献的教师，依照国家有关规定授予荣誉称号"。

本书主要讨论行政奖励，特别是大学给予教师的行政奖励。

二、奖励的条件和内容

（一）奖励的条件

所谓奖励的条件，是指教师获得相关主体奖励应当具备的哪些特殊成绩。《教师法》（2009年）第33条对教师奖励进行了原则性的规定，即"教师在教育教学、培养人才、科学研究、教学改革、学校建设、社会服务、勤工俭学等方面成绩优异"。《事业单位人事管理条例》（2014年）第25条对教师奖励的具体条件进行了细化和充实。该条规定："事业单位工作人员或者集体有下列情形之一的，给予奖励：（一）长期服务基层，爱岗敬业，表现突出的；（二）在执行国家重要任务、应对重大突发事件中表现突出的；（三）在工作中有重大发明创造、技术革新的；（四）在培养人才、传播先进文化中作出突出贡献的；（五）有其他突出贡献的。"也就是说，教师只有在教育教学、培养人才、科学研究、教学改革、学校建设、社会服务、勤工俭学等方面"成绩优异""突出贡献"或"重大贡献"时，才能获得表彰和奖励。

（二）奖励的内容

奖励的内容，是指奖励主体给予受奖教师利益和好处。《事业单位人事管理条例》（2014年）第26条规定："奖励坚持精神奖励与物质奖励相结合、以精神奖励为主的原则。"第27条规定："奖励分为嘉奖、记功、记大功、授予荣誉称号。"根据这两条的规定，教师奖励的内容有两种：一种是物质奖励，即颁发奖金、提升工资、发给奖品等有形的物质上的好处；另一种是精神奖励，即嘉奖、记功、记大功、授予荣誉称号等无形的精神上的好处。

三、奖励的程序

（一）学校行政奖励的程序

学校行政奖励的程序如下：

（1）教师个人申报。教师个人应当填报申请表、附着证据材料等。

（2）学校评审并作出初步决定。学校受理后，应当组织专家组成评审委员会进行评审，并作出初步决定。

（3）征询意见。学校初步审查、作出初步决定后，需要向全校公布，征询其他教师、学生等人的意见。

（4）学校最后决定。学校征询意见期限结束后，应当对征询得来的意见进行审核，然后由学校领导人员审查并作出决定。必要时应当由学校领导人员集体讨论决定。

（5）告知和公告、实际履行奖励等。学校最终决定后，应当将奖励或者不予奖励的决定告知申报人并公告。公告期满，则应当颁发相应的精神奖励物品、物质奖励的奖品或奖金等。

如果事后发现申报人通过弄虚作假骗取奖励或者相关待遇，学校应当撤销奖励决定并在全校公告，收回相应证书、取消相关待遇、追回兑现的奖金和其他补助。

当事人或者利害关系人如果对授予、撤销行政奖励的行政决定不服，有权依照法律的规定申诉、行政复议和行政诉讼。

（二）国家行政机关行政奖励的程序

行政机关（国务院和地方各级人民政府及其有关部门）教师奖励一般遵照下列程序进行：

（1）教师个人申报或者由单位申报，比如填报申请表、附着证据材料等。

（2）行政机关评审和预决定。行政机关受理后，组织专家组成评审委员会进行评审，并作出初步决定。

（3）征询意见。行政机关初步审查、作出初步决定后，需要向社会公布，征询教师、申报单位以及其他利害关系人和社会公众的意见。

（4）行政机关最后决定。行政机关征询意见期限结束后，应当对征询得来的意见进行审核，然后由领导人员审查并作出决定。必要时应当由行政机关的领导人员集体讨论决定。

（5）告知和公告、实际履行奖励等。行政机关最终决定后，应当将奖励或者不予奖励的决定告知申报人或者申报单位并公告。公告期满，则应当颁发相应的精神奖励物品、物质奖励的奖品或奖金。

当然，如果事后发现申报人或者申报单位通过弄虚作假骗取奖励或者相关待遇，由原实施奖励的行政机关撤销奖励决定并向社会公告，收回相应证书、取消相关待遇、追回兑现的奖金和其他补助。

当事人或者利害关系人如果对授予、撤销行政奖励的行政决定不服，有权依照法律的规定申诉、行政复议和行政诉讼。

第三节　处分

一、处分的概念与种类

（一）处分的概念

处分又称纪律处分，是指国家机关、企事业单位、社会团体等因其成员或所属工作人员违反法律法规或纪律，根据法律法规或者内部规章制度的规定而给予的一种制裁。有时又被称为行政处分。大学教师的纪律处分，即大学因教师违法违规或违反大学纪律而给予教师的某种制裁。

（二）处分的种类

处分种类，是指处分的具体类型。根据《事业单位人事管理条例》（2014年）第 29 条、[1]《事业单位工作人员处分规定》（2023 年）第 5 条[2]的规定，处分有四种类型：

（1）警告。警告是对教师予以警示、告诫的纪律处分形式，它是一种警戒性的纪律制裁方式。警告适用于教师违反学校管理纪律情节轻微之情形。警告处分的期间为 6 个月。警告处分期间，该教师仍可继续担任现任职务，但不得聘任至高于现聘岗位等级的岗位；在被作出处分决定的当年，该教师

---

[1]《事业单位人事管理条例》（2014 年）第 29 条规定："处分分为警告、记过、降低岗位等级或者撤职、开除。受处分的期间为：警告，6 个月；记过，12 个月；降低岗位等级或者撤职，24 个月。"

[2]《事业单位工作人员处分规定》（2023 年）第 4 条规定："事业单位工作人员处分的种类为：（一）警告；（二）记过；（三）降低岗位等级；（四）开除。"

的年度考核不能确定为优秀等次。

（2）记过。记过是对教师的违法违纪行为的过错予以记载的纪律处分形式。它也是警戒性纪律制裁方式。记过适用于教师违反学校纪律，使国家和人们利益受到一定的损失的情形。记过处分的期间是 12 个月。处分期间，该教师仍可以继续担任现任职务，但教师不得聘任至高于现任岗位等级的岗位；年度考核不得确定为合格及以上等次。

（3）降低岗位等级或者撤职。降低岗位等级或者撤职处分，适用于教师违反学校纪律，使国家和人民的利益受到较为严重的损失之情形。

受到降低岗位等级处分的教师不能继续担任现任职务，应当降低现有工作岗位和工资福利待遇，重新聘任。受到降低岗位等级处分的教师，自处分决定生效之日起，降低一个以上岗位等级聘任，按照学校收入分配的有关规定，确定其工资待遇。降低岗位等级处分的期间是 24 个月。处分期间，教师不得聘任至高于受处分后所聘岗位等级的岗位，年度考核不得确定为基本合格及以上等次。

撤职是一种撤销学校工作人员所担任的职务的纪律制裁方式，只适用于由行政机关按照行政程序任命的学校工作人员（主要是校级领导人员）。目前在学校中，有一部分人既具有教师身份又具有行政机关任命的领导身份，比如教育行政主管部门任命的校长、副校长、校长办公室主任等。这部分人不实行聘用制，因而不能适用降低岗位等级处分，故按撤职处分。被撤职者如果没有同时受到辞退、调离等处理，那么仍属于学校工作人员，可由组织人事部门根据工作需要和本人的一贯表现、特长等情况安排适当工作，或者继续参加岗位竞聘。降低岗位等级处分的期间也是 24 个月。

（4）开除。开除是指解除教师与学校之间的人事关系的一种纪律制裁方式。开除处分适用于教师严重违反学校纪律，造成国家和人民利益重大损失之情形。在开除处分决定作出之日，被开除的教师不再具有事业单位工作人员的身份。

开除与解聘（即解除聘用合同）之间既有联系更有区别。两者之间的联系是：开除是解聘的事由之一。二者之间的区别是：解聘是学校解除与教师之间的具有平等性质的聘用合同关系的行为，由学校决定，不具有行政处分的性质。开除所解除的是学校与教师之间的具有隶属性质的行政法律关系，由教育行政主管部门决定，是一种行政处分。被解聘的教师仍有人事编制，可以被别的学校聘用；但被开除的教师，由于已经不在编，因此不能被（其他）学校聘为教师。当然，如果该教师重新经过考试、考核被认定符合条件且经教育或人事主管机关批准，则另当别论。

二、处分的条件与权限

（一）处分的条件

处分的条件，是指教师有何种行为时才能对教师进行处分。《教师法》（2009 年）第 37 条第 1 款和《事业单位人事管理条例》（2014 年）第 28 条对此都进行了规定，[1]但不够详细。根据《事业单位工作人员处分规定》（2023 年）第三章的规定，教师应受处分的违法违纪行为有以下六大类型，可视情节轻重给予不同种类的处分。

1. 违反政治纪律的行为

《事业单位工作人员处分规定》（2023 年）第 16 条规定："有下列行为之一的，给予记过处分；情节较重的，给予降低岗位等级处分；情节严重的，给予开除处分：（一）散布有损宪法权威、中国共产党领导和国家声誉的言论的；（二）参加旨在反对宪法、中国共产党领导和国家的集会、游行、示威等活动的；（三）拒不执行或者变相不执行中国共产党和国家的路线方针政策、重大决策部署的；（四）参加非法组织、非法活动的；（五）利用宗教活动破坏民族团结和社会稳定的；挑拨、破坏民族关系，或者参加民族分裂活动的；（六）在对外交往中损害国家荣誉和利益的；（七）携带含有依法禁止内容的书刊、音像制品、电子出版物进入境内的；（八）其他违反政治纪律的行为。有前款第二项、第四项、第五项行为之一的，对策划者、组织者和骨干分子，给予开除处分。公开发表反对宪法确立的国家指导思想，反对中国共产党领导，反对社会主义制度，反对改革开放的文章、演说、宣言、声明等的，给予开除处分。"

---

[1]《教师法》（2009 年）第 37 条第 1 款规定："教师有下列情形之一的，由所在学校、其他教育机构或者教育行政部门给予行政处分或者解聘：（一）故意不完成教育教学任务给教育教学工作造成损失的；（二）体罚学生，经教育不改的；（三）品行不良、侮辱学生，影响恶劣的。"《事业单位人事管理条例》（2014 年）第 28 条规定："事业单位工作人员有下列行为之一的，给予处分：（一）损害国家声誉和利益的；（二）失职渎职的；（三）利用工作之便谋取不正当利益的；（四）挥霍、浪费国家资财的；（五）严重违反职业道德、社会公德的；（六）其他严重违反纪律的。"

2. 违反工作纪律失职渎职的行为

《事业单位工作人员处分规定》（2023 年）第 18 条规定："有下列行为之一的，给予警告或者记过处分；情节较重的，给予降低岗位等级处分；情节严重的，给予开除处分：（一）在执行国家重要任务、应对公共突发事件中，不服从指挥、调遣或者消极对抗的；（二）破坏正常工作秩序，给国家或者公共利益造成损失的；（三）违章指挥、违规操作，致使人民生命财产遭受损失的；（四）发生重大事故、灾害、事件，擅离职守或者不按规定报告、不采取措施处置或者处置不力的；（五）在项目评估评审、产品认证、设备检测检验等工作中徇私舞弊，或者违反规定造成不良影响的；（六）泄露国家秘密，或者泄露因工作掌握的内幕信息、个人隐私，造成不良后果的；（七）其他违反工作纪律失职渎职的行为。"

3. 违反廉洁从业纪律的行为

《事业单位工作人员处分规定》（2023 年）第 19 条规定："有下列行为之一的，给予警告或者记过处分；情节较重的，给予降低岗位等级处分；情节严重的，给予开除处分：（一）贪污、索贿、受贿、行贿、介绍贿赂、挪用公款的；（二）利用工作之便为本人或者他人谋取不正当利益的；（三）在公务活动或者工作中接受礼品、礼金、各种有价证券、支付凭证的；（四）利用知悉或者掌握的内幕信息谋取利益的；（五）用公款旅游或者变相用公款旅游的；（六）违反国家规定，从事、参与营利性活动或者兼任职务领取报酬的；（七）其他违反廉洁从业纪律的行为。"

4. 违反财经纪律的行为

《事业单位工作人员处分规定》（2023 年）第 20 条规定："有下列行为之一的，给予警告或者记过处分；情节较重的，给予降低岗位等级处分；情节严重的，给予开除处分：（一）违反国家财政收入上缴有关规定的；（二）违反规定使用、骗取财政资金或者违反规定使用、骗取、隐匿、转移、侵占、挪用社会保险基金的；（三）擅自设定收费项目或者擅自改变收费项目的范围、标准和对象的；（四）挥霍、浪费国家资财或者造成国有资产流失的；（五）违反国有资产管理规定，擅自占有、使用、处置国有资产的；（六）在招标投标和物资采购工作中违反有关规定，造成不良影响或者损失的；（七）其他违反财经纪律的行为。"

5. 严重违法职业道德的行为

《事业单位工作人员处分规定》（2023 年）第 21 条规定："有下列行为之一的，给予警告或者记过处分；情节较重的，给予降低岗位等级处分；情节严重的，给予开除处分：（一）利用专业技术或者技能实施违规违纪违法行为的；（二）有抄袭、剽窃、侵吞他人学术成果，伪造、篡改数据文献，或者捏造事实等学术不端行为的；（三）利用职业身份进行利诱、威胁或者误导，损害他人合法权益的；（四）利用权威、地位或者掌控的资源，压制不同观点，限制学术自由，造成重大损失或者不良影响的；（五）在申报岗位、项目、荣誉等过程中弄虚作假的；（六）工作态度恶劣，造成不良社会影响的；（七）其他严重违反职业道德的行为。有前款第一项规定行为的，给予记过以上处分。"

6. 严重违反公共秩序、社会公德的行为

《事业单位工作人员处分规定》（2023 年）第 22 条规定："有下列行为之一的，给予警告或者记过处分；情节较重的，给予降低岗位等级处分；情节严重的，给予开除处分：（一）违背社会公序良俗，在公共场所有不当行为，造成不良影响的；（二）制造、传播违法违禁物品及信息的；（三）参与赌博活动的；（四）有实施家庭暴力，虐待、遗弃家庭成员，或者拒不承担赡养、抚养、扶养义务等的；（五）其他严重违反公共秩序、社会公德的行为。吸食、注射毒品，组织赌博，组织、支持、参与卖淫、嫖娼、色情淫乱活动的，给予降低岗位等级以上处分。"

另外，还有两个主题需要补充说明：

第一，被判处刑罚的教师应如何处分。根据《事业单位工作人员处分规定》（2023 年）第 23 条之规定，[1] 对于主观恶行不大，被判处有期徒刑以下的管制、拘役等刑罚的普通教师，可以给予降低岗位等级或者撤职以上处分；

---

〔1〕《事业单位工作人员处分规定》（2023 年）第 23 条规定："事业单位工作人员犯罪，有下列情形之一的，给予开除处分：（一）因故意犯罪被判处管制、拘役或者有期徒刑以上刑罚（含宣告缓刑）的；（二）因过失犯罪被判处有期徒刑，刑期超过三年的；（三）因犯罪被判处或者并处剥夺政治权利的。因过失犯罪被判处管制、拘役或者三年以下有期徒刑的，一般应当给予开除处分；案件情况特殊，给予降低岗位等级处分更为适当的，可以不予开除，但是应当报请事业单位主管部门批准，并报同级事业单位人事综合管理部门备案。事业单位工作人员因犯罪被单处罚金，或者犯罪情节轻微，人民检察院依法作出不起诉决定或者人民法院依法免予刑事处罚的，给予降低岗位等级处分；造成不良影响的，给予开除处分。"

对于被判处有期徒刑以上刑罚的普通教师，则应当给予开除处分。而对于行政机关任命的具有教师身份的领导人员，由于其职务任免与普通教师不同，要求更为严格，所以在处分力度上应当与公务员保持一致，只要被判处刑罚，就一律给予开除处分。

第二，暂停职责不是处分。根据《事业单位工作人员处分规定》（2023年）第26条之规定，[1]暂停职责是一种临时性、预防性措施，仅在教师已被立案调查且该教师不宜继续履行职责的情况下使用。这里的"不宜继续履行职责"，是指如果让被调查的教师继续履行职责，则有可能妨碍案件调查工作的正常开展，或者已有证据能够证明被调查的教师有严重的违法违纪，甚至涉嫌严重犯罪的行为。对于违纪情节轻微、不至于影响其开展公务活动的一般违法违纪行为，不宜采取暂停职责的措施。

（二）处分的权限

处分权限决定谁有权行使处分权。《事业单位工作人员处分规定》（2023年）第24条规定："对事业单位工作人员的处分，按照干部人事管理权限，由事业单位或者事业单位主管部门决定。开除处分由事业单位主管部门决定，并报同级事业单位人事综合管理部门备案。对中央和地方直属事业单位工作人员的处分，按照干部人事管理权限，由本单位或者有关部门决定；其中，由本单位作出开除处分决定的，报同级事业单位人事综合管理部门备案。"具体到对大学教师的处分权限：

（1）对于大学里面的普通教师而言，警告、记过、降低岗位等级的处分，由学校决定，报教育厅或教育部备案；开除处分由教育厅、教育部决定，报人力资源和社会保障部、人力资源和社会保障厅备案。

（2）对于大学里面的特殊教师（由有关行政机关特别是教育行政主管机关任命的具有教师身份的学校领导人员）而言，其所有处分（警告、记过、撤职、开除）均由有关行政机关决定。当然，开除处分亦应报同级事业单位人事综合管理部门备案。

---

[1]《事业单位工作人员处分规定》（2023年）第26条规定："事业单位工作人员已经被立案调查，不宜继续履职的，可以按照干部人事管理权限，由事业单位或者有关部门暂停其职责。被调查的事业单位工作人员在案件立案调查期间，不得解除聘用合同、出境，所在单位不得对其交流、晋升、奖励或者办理退休手续。"

根据《监察法》（2018 年）第 3 条、第 11 条、第 45 条之规定，〔1〕有关行政机关按照行政程序任命的具有教师身份的学校领导人员，如教育行政主管机关任命的校长等，属于监察对象。如果其违法违纪案件由监察部门立案调查，那么对这类监察对象的处分不再由其所属学校的行政主管部门决定，而是由监察部门直接作出决定。

三、处分的程序

（一）处分程序一般规定

　　处分权人对教师进行纪律处分，应当遵守下列一般规定：

　　（1）给予工作人员处分，应当事实清楚、证据确凿、定性准确、处理恰当、程序合法、手续完备。

　　（2）事业单位工作人员涉嫌违法违纪，已经被立案调查，不宜继续履行职责的，可以按照干部人事管理权限，由事业单位或者有关部门暂停其职责。被调查的事业单位工作人员在违法违纪案件立案调查期间，不得解除聘用合同、出国（境）或者办理退休手续。

　　（3）对事业单位工作人员违法违纪案件进行调查，应当由两名以上办案人员进行；接受调查的单位和个人应当如实提供情况。以暴力、威胁、引诱、欺骗等非法方式收集的证据不得作为定案的根据。

---

　　〔1〕《监察法》（2018 年）第 3 条规定："各级监察委员会是行使国家监察职能的专责机关，依照本法对所有行使公权力的公职人员（以下称公职人员）进行监察，调查职务违法和职务犯罪，开展廉政建设和反腐败工作，维护宪法和法律的尊严。"第 11 条规定："监察委员会依照本法和有关法律规定履行监督、调查、处置职责：（一）对公职人员开展廉政教育，对其依法履职、秉公用权、廉洁从政从业以及道德操守情况进行监督检查；（二）对涉嫌贪污贿赂、滥用职权、玩忽职守、权力寻租、利益输送、徇私舞弊以及浪费国家资财等职务违法和职务犯罪进行调查；（三）对违法的公职人员依法作出政务处分决定；对履行职责不力、失职失责的领导人员进行问责；对涉嫌职务犯罪的，将调查结果移送人民检察院依法审查、提起公诉；向监察对象所在单位提出监察建议。"第 45 条规定："监察机关根据监督、调查结果，依法作出如下处置：（一）对有职务违法行为但情节较轻的公职人员，按照管理权限，直接或者委托有关机关、人员，进行谈话提醒、批评教育、责令检查，或者予以诫勉；（二）对违法的公职人员依照法定程序作出警告、记过、记大过、降级、撤职、开除等政务处分决定；（三）对不履行或者不正确履行职责负有责任的领导人员，按照管理权限对其直接作出问责决定，或者向有权作出问责决定的机关提出问责建议；（四）对涉嫌职务犯罪的，监察机关经调查认为犯罪事实清楚，证据确实、充分的，制作起诉意见书，连同案卷材料、证据一并移送人民检察院依法审查、提起公诉；（五）对监察对象所在单位廉政建设和履行职责存在的问题等提出监察建议。监察机关经调查，对没有证据证明被调查人存在违法犯罪行为的，应当撤销案件，并通知被调查人所在单位。"

（4）参与事业单位工作人员违法违纪案件调查、处理的人员有下列情形之一的，应当提出回避申请；被调查的事业单位工作人员以及与案件有利害关系的公民、法人或者其他组织有权要求其回避：与被调查的事业单位工作人员有夫妻关系、直系血亲、三代以内旁系血亲关系或者近姻亲关系的；与被调查的案件有利害关系的；与被调查的事业单位工作人员有其他关系，可能影响案件公正处理的。处分决定单位负责人的回避，按照干部人事管理权限决定；其他参与违法违纪案件调查、处理的人员的回避，由处分决定单位负责人决定。处分决定单位发现参与违法违纪案件调查、处理的人员有应当回避情形的，可以直接决定该人员回避。

（5）给予事业单位工作人员处分，应当自批准立案之日起6个月内作出决定；案情复杂或者遇有其他特殊情形的可以延长，但是办案期限最长不得超过12个月。

（6）事业单位工作人员受到开除处分后，事业单位应当及时办理档案和社会保险关系转移手续，具体办法按照有关规定执行。

（7）对于《事业单位工作人员处分规定》（2023年）第2条[1]规定的特殊人员，则按照其他法律法规给予行政处分。

（二）处分程序的具体环节与步骤

根据《事业单位工作人员处分规定》（2023年）第24条之规定，[2]对事业单位工作人员的处分，按照以下程序办理。

1. 初步调查

初步调查是立案的前提和基础。当发现教师有违法违纪嫌疑时，经学校

---

〔1〕《事业单位工作人员处分规定》（2023年）第2条规定："事业单位工作人员违规违纪违法，应当承担纪律责任的，依照本规定给予处分。任免机关、事业单位对事业单位中从事管理的人员给予处分，适用《中华人民共和国公职人员政务处分法》第二章、第三章规定。处分的程序、申诉等适用本规定。"

〔2〕《事业单位工作人员处分规定》（2023年）第25条规定："对事业单位工作人员的处分，按照以下程序办理：（一）对事业单位工作人员违规违纪违法行为初步调查后，需要进一步查证的，应当按照干部人事管理权限，经事业单位负责人批准或者有关部门同意后立案；（二）对被调查的事业单位工作人员的违规违纪违法行为作进一步调查，收集、查证有关证据材料，并形成书面调查报告；（三）将调查认定的事实及拟予处分的依据告知被调查的事业单位工作人员，听取其陈述和申辩，并对其所提出的事实、理由和证据进行复核，记录在案。被调查的事业单位工作人员提出的事实、理由和证据成立的，应予采信；（四）按照处分决定权限，作出对该事业单位工作人员给予处分、免予不予处分或者撤销案件的决定；（五）处分决定单位印发处分决定；（六）将处分决定以书面形式通知受处分事业单位工作人员本人和有关单位，并在一定范围内宣布；（七）将处分决定存入受处分事业单位工作人员的档案。"

负责人批准或有关部门同意后，可以采取一定的措施进行初步调查，以确认需要调查处理的事项是否符合立案条件，也就是初步确认教师是否有违法违纪事实以及是否需要追究纪律责任。初步调查时可以采取向嫌疑人员所在部门侧面了解情况、向举报人了解情况、向有关单位发函等不同方式进行。

2. 立案

立案是指经初步调查后，认为某教师涉嫌违法违纪，需要进一步查证的，决定案件成立并进行调查处理的活动。立案必须具备三个条件：第一，涉嫌违法违纪，即违法违纪的部分事实已经初步确认；第二，需要进一步查证，即已经初步确认了部分违法违纪事实，需要在此基础上进一步查证，以查明全部违法违纪事实；第三，经学校负责人批准或者有关部门同意，对立案材料进行审核后，认为符合立案条件的，应写出立案报告，报学校负责人批准或者有关部门同意。对于普通教师违法违纪行为的立案，由学校负责人批准即可；对于学校领导人员的立案，需要按照干部管理权限，由主管部门同意。

3. 全面调查

全面调查是指立案后对被调查教师的全部违法违纪事实进行调查，收集、查证有关证据材料，并形成书面报告。全面调查时需要注意以下三个方面的问题：

（1）调查时要由两名以上办案人员进行；

（2）收集完证据后要对证据进行查证，辨别真伪，只有同案件事实有关联性并排除一切合理怀疑的证据才能作为认定案件事实的证据。以暴力、威胁、引诱、欺骗等非法方式收集的证据不得作为定案的根据。

（3）对涉嫌违法违纪问题进行调查核实后，要形成书面报告，即撰写说明案件事实真相、提出定性处理意见的书面材料。书面调查报告一般应包括以下几个方面的内容：①立案依据及调查的简要情况。②主要违法违纪行为的事实及性质。对经过调查认为不能成立的问题也要写清理由。③有关人员的责任。④被调查人员对违法违纪的态度。⑤听取被调查人员所在单位的领导成员、有关工作人员意见的情况。⑥处理意见。应写明处理意见的法律依据。对一案涉及多人的案件，对每个人的处分意见应分别表述清楚。如调查组内部对违法违纪行为的性质、有关人员的责任及处理意见有较大分歧，经过讨论仍然不能形成统一的认识和意见，那么在报告中对不同意见都应作适当反映。调查报告必须由调查组全体人员签名。

4. 告知并听取意见

听取被调查教师的陈述和申辩，是保护被调查教师的合法权益而设置的一项法定程序。在这里需要注意以下三个方面的问题：

（1）在听取被调查教师的陈述和申辩之前，必须将调查认定的事实以及拟将给予处分的依据送交被调查教师阅知。

（2）对被调查教师的陈述和申辩必须如实记录，不能根据自己的需要随意增减或改变。

（3）对被调查教师提出的事实、理由和证据应进行复核，如认为成立的应当采信。

5. 作出决定

处分权人根据全面调查的事实和被调查教师的陈述与申辩，按照处分决定权限，作出对该教师给予处分、免予处分或者撤销案件的决定。这里必须注意以下两个问题：

（1）处分决定应在批准立案之日起 6 个月内作出；案情复杂或者遇到其他特殊情形的可以延长，但最长不得超过 12 个月。

（2）最终是否给予处分和给予何种处分，不能仅凭办案人员提出的处分意见，这只是初步意见，不能简单审批了事，而应由处分决定单位的领导成员集体讨论后作出，即集体决策。

6. 印发处分决定

处分决定作出后，应制作处分决定书。处分决定书应当包括下列内容：

（1）受处分事业单位工作人员的姓名、工作单位、原所聘岗位（所任职务）名称及等级等基本情况；

（2）经查证的违法违纪事实；

（3）处分的种类、受处分的期间和依据；

（4）不服处分决定的申诉途径和期限；⑤处分决定单位的名称、印章和作出决定的日期。

制作处分决定书必须注意以下三个问题：

（1）对于共同违法违纪、一案多人的，对每个人都应当分别制作处分决定书，而不能在同一份处分决定书中作出。

（2）对违法违纪行为中涉及的其他人员，如证人、受害人等，在调查报告中应写明其姓名和职务，但在处分决定书中是否应写明这些人的姓名，应征得当事人的同意。如不同意，则应在处分决定书中将这些人的姓名隐去，用某某代替。

（3）对涉及国家秘密的，只能概括叙述，不能写明秘密的内容。

7. 通知、宣布与存档

处分决定单位作出处分决定后，应当印发处分决定，将处分决定以书面形式通知受处分的事业单位工作人员本人和有关单位，并在一定范围内宣布。处分决定单位还要将处分决定存入受处分事业单位工作人员的档案。这里需要注意以下两个方面的问题：

（1）宣布的范围由处分决定单位根据案件的影响、知悉范围等因素和实际需要确定，必要时可以将处分情况向社会通报和公布。

（2）处分决定自作出之日起生效而不是自处分决定通知和宣布之日起生效。

四、处分的解除

处分的解除，是指处分期满或者有其他法定情形，对教师的处分依法终止的情形。根据《事业单位工作人员处分规定》（2023 年）第 32 条至第 38 条之规定，处分的解除遵循下列几项规则：

（1）事业单位工作人员受开除以外的处分，在受处分期间有悔改表现，并且没有再出现违规违纪违法情形的，处分期满后自动解除处分。处分解除后，考核及晋升岗位和职员等级、职称、工资待遇按照国家有关规定执行，不再受原处分的影响。但是，受到降低岗位等级处分的，不恢复受处分前的岗位、职员等级、工资待遇；无岗位、职员等级可降而降低薪级工资的，处分解除后，不恢复受处分前的薪级工资。事业单位工作人员受到开除处分后，事业单位应当及时办理档案和社会保险关系转移手续，具体办法按照有关规定执行。

（2）受到处分的事业单位工作人员对处分决定不服的，可以自知道或者应当知道该处分决定之日起 30 日内向原处分决定单位申请复核。对复核结果不服的，可以自接到复核决定之日起 30 日内，按照《事业单位工作人员申诉规定》等有关规定向原处分决定单位的主管部门或者同级事业单位人事综合管理部门提出申诉。受到处分的中央和地方直属事业单位工作人员的申诉，按照干部人事管理权限，由同级事业单位人事综合管理部门受理。

（3）有下列情形之一的，受理处分复核、申诉的单位应当撤销处分决定，重新作出决定或者责令原处分决定单位重新作出决定：①处分所依据的事实不清、证据不足的；②违反规定程序，影响案件公正处理的；③超越职权或者滥用职权作出处分决定的。有下列情形之一的，受理复核、申诉的单位应当变更处分决定或者责令原处分决定单位变更处分决定：①适用法律、法规、规章错误的；②对违规违纪违法行为的情节认定有误的；③处分不当的。

（4）事业单位工作人员的处分决定被变更，需要调整该工作人员的岗位、职员等级或者工资待遇的，应当按照规定予以调整；事业单位工作人员的处分决定被撤销的，需要恢复该工作人员的岗位、职员等级、工资待遇的，按照原岗位、职员等级安排相应的岗位、职员等级，恢复相应的工资待遇，并在原处分决定公布范围内为其恢复名誉。被撤销处分或者被减轻处分的事业单位工作人员工资待遇受到损失的，应当予以补偿。没收、追缴财物错误的，应当依规依纪依法予以返还、赔偿。

五、应将"纪律处分"的法律性质转换为合同惩戒措施

在教师职位聘用制之法律背景下，学校可以因教师德性欠缺而对其采取惩戒措施，比如警告、记过、降低岗位等级、开除等，但应当将这些惩戒措施的法律性质由原先的行政行为"纪律处分"改变为民事行为的"合同惩戒措施"。由此，教师与大学之间因"警告、记过、降低岗位等级、开除等"而产生的纠纷就是雇佣合同纠纷，其中的开除，仅是因教师严重违法而大学解聘教师的另一种名词而已，故尽量不要使用"开除"这样的术语而直接用解聘加以替代。教师对警告、记过、降低岗位等级、解聘等不服，当然可以申诉，亦可以提起仲裁或民事诉讼。

将学校对教师的惩戒措施（警告、记过、降低岗位等级、开除等）定性为合同措施，比将其定性为内部行政行为要好得多：其一，更加符合基本法理；其二，更加有利于对教师的权利保护。比如，按照传统的定性即将大学对教师的纪律处分认定为行政行为且认定为内部行政行为，原则上教师只能申诉不得提起行政复议和行政诉讼。由于"开除"严重影响教师的合法权益，如果不赋予教师拥有行政复议和行政诉讼的救济措施，对于教师的权利保护似乎太薄弱，于是又想通过某种解释（比如，公立大学教师虽然与《公务员

法》中的公务员同属公务人员之列，但两者之间的性质不同）、[1]采用各种转折途径甚至生拉硬扯的方式，将大学开除教师的行为纳入到行政诉讼的受案范围，是好心但并不妥当。因为，按照法理，开除和其他处分均属于行政处分，如果开除不属于内部行政行为，那么警告、记过等处分当然也不属于内部行政行为，教师对于其他纪律处分，亦应当有权提起行政复议或行政诉讼。

▶ 思考题

1. 简述教师考核的程序和考核结论的效力。
2. 简述教师奖励的法律性质。
3. 简述教师处分的条件、种类和程序。

---

〔1〕 最高人民法院在《关于开除公职是否属于受案范围请示的答复》中明确表示，人事局对中学教师所作的开除公职的行政处分，不属于《行政诉讼法》（1990年）第12条第3项排除的范围。《行政诉讼法》（1990年）第12条第3项即现行《行政诉讼法》（2017年）第13条第3项。该项规定，"行政机关对行政机关工作人员的奖惩、任免等决定"不属于人民法院行政诉讼的受案范围。

第十六章
大学教师的权利与义务

　　大学教师是指与大学签订聘用合同而受大学雇佣的自然人，当其成为大学教师后，当然应当拥有作为大学教师的权利，亦应承担作为大学教师的义务。本章第一节讨论了大学教师权利的概念，并对大学教师的权利进行了列举；第二节讨论了大学教师的义务，并对大学教师的义务进行了列举。

第一节　教师的权利

一、教师权利概述

　　大学教师是指与大学签订聘用合同而受大学雇佣的自然人。当某人成为大学教师后，他就有了双重身份：一是普通公民；二是大学教师。本节介绍的大学教师的权利，专指大学教师根据聘用合同而拥有的合同方面的权利，不包括其作为普通公民所享有的其他权利。

　　我国法律关于教师权利的条款大约有《教育法》（2021 年）第 33 条、[1]第 34 条、[2]《高等教育法》（2018 年）第 45 条[3]和《教师法》（2009 年）第

---

　　〔1〕《教育法》（2021 年）第 33 条规定："教师享有法律规定的权利……"

　　〔2〕《教育法》（2021 年）第 34 条规定："国家保护教师的合法权益，改善教师的工作条件和生活条件，提高教师的社会地位。教师的工资报酬、福利待遇，依照法律、法规的规定办理。"

　　〔3〕《高等教育法》（2018 年）第 45 条规定："高等学校的教师及其他教育工作者享有法律规定的权利……"

7 条、〔1〕第 9 条。〔2〕其中,《教育法》(2021 年)第 34 条"教师的工资报酬、福利待遇,依照法律、法规的规定办理"和《高等教育法》(2018 年)第 45 条之规定,属于教师权利之概括规定;《教育法》(2021 年)第 34 条"国家保护教师的合法权益,改善教师的工作条件和生活条件,提高教师的社会地位"之规定,是国家在保护大学教师权利方面的方向性条款。而《教师法》(2009 年)是关于教师的专门法律,该法第 7 条特别列举了教师享有的 6 项权利,第 9 条规定了教师享有的 1 项权利。也就是说,《教师法》(2009 年)共列举了教师应当享有的 7 项权利。

二、教师权利列举

根据《教师法》(2009 年)第 7 条、第 9 条的规定,教师享有 7 项权利。

(一)从事教学、教改权

根据《教师法》(2009 年)第 7 条第 1 项的规定,大学教师拥有"进行教育教学活动,开展教育教学改革和实验"的权利。

教师有进行教育教学活动、开展教育教学改革和实验的权利,这是教师为履行教育教学职责必须具备的基本权利。该项权利包括教师有权依据其所在学校的培养目标组织课堂教学;按照课程计划、课程标准的要求确定其教学内容和进度,并不断完善教学内容;针对不同的教育教学对象,在教育教学的形式、方法、具体内容等方面进行改革,实验和完善。非依法律规定,任何组织或个人不得剥夺在聘教师的该项法定权利。但合法的解聘或待聘,不属于侵犯教师这一权利的行为。

---

〔1〕《教师法》(2009 年)第 7 条规定:"教师享有下列权利:(一)进行教育教学活动,开展教育教学改革和实验;(二)从事科学研究、学术交流,参加专业的学术团体,在学术活动中充分发表意见;(三)指导学生的学习和发展,评定学生的品行和学业成绩;(四)按时获取工资报酬,享受国家规定的福利待遇以及寒暑假期的带薪休假;(五)对学校教育教学、管理工作和教育行政部门的工作提出意见和建议,通过教职工代表大会或者其他形式,参与学校的民主管理;(六)参加进修或者其他方式的培训。"

〔2〕《教师法》(2009 年)第 9 条规定:"为保障教师完成教育教学任务,各级人民政府、教育行政部门、有关部门、学校和其他教育机构应当履行下列职责:(一)提供符合国家安全标准的教育教学设施和设备;(二)提供必要的图书、资料及其他教育教学用品;(三)对教师在教育教学、科学研究中的创造性工作给以鼓励和帮助;(四)支持教师制止有害于学生的行为或者其他侵犯学生合法权益的行为。"

（二）从事科学研究、进行学术交流的权利

根据《教师法》（2009 年）第 7 条第 2 项的规定，大学教师拥有"从事科学研究、学术交流，参加专业的学术团体，在学术活动中充分发表意见"的权利。

（三）指导、评价学生权

根据《教师法》（2009 年）第 7 条第 3 项的规定，大学教师拥有"指导学生的学习和发展，评定学生的品行和学业成绩"的权利。这是教师在教育教学活动中居于主导地位的一项基本权利。

教师有权依据学生的身心发展状况和特点因材施教，针对学生的特长、就业、升学等方面的发展给予指导；有权对学生的思想政治、品德、学习、劳动等方面给予客观、公正和恰如其分的评价；有权运用正确的指导思想、科学的方式、方法，促使学生的个性和能力得到充分的发展。任何组织和个人都不得非法干预教师该项权利的行使。

（四）获取劳动报酬权

根据《教师法》（2009 年）第 7 条第 4 项的规定，大学教师拥有"按时获取工资报酬，享受国家规定的福利待遇以及寒暑假期的带薪休假"的权利。

教师有权按时获取工资报酬，享受国家规定的福利待遇以及寒暑假期的带薪休假，这是教师的基本物质保障权利，也是《宪法》赋予公民劳动权和休息权的具体化。该项权利主要包括教师有权要求所在学校及其主管部门根据国家法律及教师聘用合同的规定，按时足额地支付工资报酬；教师有权享受国家规定的医疗、住房、退休等各种福利待遇和优惠以及寒暑假期的带薪休假等权利。

（1）工资。《教师法》（2009 年）第 25 条规定："教师的平均工资水平应当不低于或者高于国家公务员的平均工资水平，并逐步提高。建立正常晋级增薪制度，具体办法由国务院规定。"这一规定体现了教师工资应提高的目标。教师的工资水平以具有较高水平的最稳定的国家公务员工资为参照，可见国家对改善教师工资待遇的决心和行动。建立正常的晋级增薪制度，可以改变长期以来教师晋级增薪不正常、不定期的状况，为提高教师待遇提供法律保障。此外，国家还规定，教师应享受教龄津贴、班主任津贴、特殊教育津贴等。

（2）住房。《教师法》（2009 年）第 28 条规定："地方各级人民政府和国务院有关部门，对城市教师住房的建设、租赁、出售实行优先、优惠。县、乡两级人民政府应当为农村中小学教师解决住房提供方便。"长期以来，由于教师职业属于低薪职业，教师的住房条件较差，而工作特点又需要安静的工作环境，《教育法》将解决教师住房问题的政策上升为法律，体现了国家要解决教师住房困难的决心，也为各级政府和主管部门提供了执行教师住房优惠方面的法律依据。

（3）医疗保健。《教师法》（2009 年）第 29 条规定："教师的医疗同当地国家公务员享受同等的待遇；定期对教师进行身体健康检查，并因地制宜安排教师进行休养。医疗机构应当对当地教师的医疗提供方便。"医疗保健是教师生命健康的重要保证。法律将教师的医疗保健规定为与当地国家公务员享受同等待遇，从而使教师的医疗保健得到法律的保障。

（4）养老保险。《教师法》（2009 年）第 30 条规定："教师退休或者退职后，享受国家规定的退休或者退职待遇。县级以上地方人民政府可以适当提高长期从事教育教学工作的中小学退休教师的退休金比例。"教师在其退休离职后，国家给予良好的安置，是社会对教师的尊敬和回报。这对稳定教师队伍、解决教师退休后的生活待遇问题提供了法律保障。

（五）参与学校管理的权利

根据《教师法》（2009 年）第 7 条第 5 项的规定，大学教师拥有"对学校教育教学、管理工作和教育行政部门的工作提出意见和建议，通过教职工代表大会或者其他形式，参与学校的民主管理"的权利。简称大学教师的学者自治权。这是教师参与教育民主管理的权利，是宪法赋予公民的民主权利在教育领域的具体适用。保证教师此项权利的行使，能够调动教师对教育教学工作的主动性和积极性，加强对学校和教育行政部门的监督。该项权利主要包括教师享有对学校及其他教育行政部门工作的批评权和建议权；教师有权通过教职工代表大会、工会等组织形式及其他适当方式，参与学校的民主管理，讨论学校发展与改革等方面的重大问题；教师有权引导学生，培养学生的民主与法治意识，促进我国社会主义民主和法治建设；教师有权参与教育的民主管理。

（六）进修、获得培训权

根据《教师法》（2009 年）第 7 条第 6 项的规定，大学教师拥有"参加进修或者其他方式的培训"的权利。同时，《教师法》（2009 年）第 19 条规定："各级人民政府教育行政部门、学校主管部门和学校应当制定教师培训规划，对教师进行多种形式的思想政治、业务培训。"第 20 条规定："国家机关、企业事业单位和其他社会组织应当为教师的社会调查和社会实践提供方便，给予协助。"《高等教育法》（2018 年）第 51 条第 1 款规定："高等学校应当为教师参加培训、开展科学研究和进行学术交流提供便利条件。"

教师进修或者以其他方式参加培训的权利，是教师享有的接受继续教育、不断获得充实和发展的基本权利。它主要包括教师有权参与进修和接受其他多种形式的培训，不断更新知识，调整知识结构，提高自己的思想品德和业务素质，保障教育教学质量；教育行政部门和学校及其他教育机构应当采取多种形式，开辟多种渠道，保证教师进修培训权的顺畅行使；教师有权参加达到法定学历标准和达到高一级学历的进修或以拓宽知识为主的继续教育培训等。学校和教育行政部门应当作出规划，采取各种方式，开辟多种渠道，为教师参加进修和培训创造条件，提供机会，切实保障教师权利的实现。

（七）请求政府、大学等机构给予协助的权利

政府、大学等机构负有协助教师的义务，教师享有请求政府、大学等机构履行协助义务的权利。根据《教师法》（2009 年）第 9 条、《高等教育法》（2018 年）第 50 条、第 51 条第 1 款[1]的规定，为保障教师完成教育教学任务，各级人民政府、教育行政部门、有关部门、学校和其他教育机构应当履行下列职责：

（1）提供符合国家安全标准的教育教学设施和设备；

（2）提供必需的图书、资料及其他教育教学用品；

（3）对教师在教育教学、科学研究中的创造性工作给以鼓励和帮助；

（4）支持教师制止有害于学生的行为或者其他侵犯学生合法权益的行为；

（5）保护高等学校教师及其他教育工作者的合法权益，采取措施改善高等学校教师及其他教育工作者的工作条件和生活条件；

（6）为教师参加培训、开展科学研究和进行学术交流提供便利条件。

---

〔1〕《高等教育法》（2018 年）第 50 条规定："国家保护高等学校教师及其他教育工作者的合法权益，采取措施改善高等学校教师及其他教育工作者的工作条件和生活条件。"《高等教育法》（2018 年）第 51 条第 1 款规定："高等学校应当为教师参加培训、开展科学研究和进行学术交流提供便利条件。"

第二节 教师的义务

一、教师义务概述

这里的大学教师的义务，专指大学教师根据聘用合同而担负的合同方面的义务，不包括其作为普通公民所负的其他义务。在教师的义务方面，我国法律大概用三种方式进行了规定：

（1）大学教师的"忠诚义务"，也是最为抽象和最高层级的义务。比如，《教师法》（2009年）第3条第2句规定："教师应当忠诚于人民的教育事业。"《高等教育法》（2018年）第45条第3句规定，教师"忠诚于人民的教育事业"。

（2）概括规定教师的义务。比如，《教师法》（2009年）第3条第1句规定："教师是履行教育教学职责的专业人员，承担教书育人，培养社会主义事业建设者和接班人、提高民族素质的使命。"《高等教育法》（2018年）第45条规定："高等学校的教师及其他教育工作者享有法律规定的权利，履行法律规定的义务，……"

（3）详细列举教师的义务。《教师法》（2009年）第8条详细列举了教师的6项具体义务。

二、教师义务列举

根据《教师法》（2009年）第8条的规定，教师的具体义务有6项。

（一）遵纪守法、为人师表的义务

根据《教师法》（2009年）第8条第1项之规定，教师应当承担"遵守宪法、法律和职业道德，为人师表"的义务。

教师必须遵守宪法、法律和职业道德，为人师表。宪法和法律是国家、社会组织和公民活动的基本行为准则。教师要教书育人、为人师表，更应当模范地遵守宪法和法律，自觉培养学生的民主意识和法治观念，使其成为遵纪守法的公民。作为人类灵魂的工程师，应当遵守职业道德，以自己高尚的品质和行为在教育教学活动中对学生思想品质、道德、法律意识的形成发挥积极的影响。这不仅是教师自身的行为规范，也是法律要求教师应尽的基本义务。

（二）完成教育教学工作的义务

圆满完成教育教学工作任务的义务，即《教师法》（2009 年）第 8 条第 2 项"贯彻国家的教育方针，遵守规章制度，执行学校的教学计划，履行教师聘约，完成教育教学工作任务"的义务。

教学工作是教师的本职工作。所以，教师在教育教学活动中，必须贯彻国家的教育方针，遵守规章制度，遵守教育行政部门和学校其他教育机构制定的教育教学管理的各项规章制度和依据有关法律法规制定的具体的教学工作计划，履行聘任合同中约定的教育教学工作职责，完成职责范围内的教育教学任务，保证教育教学质量。

（三）进行德性教育的义务

教师进行德性教育的义务，即《教师法》（2009 年）第 8 条第 3 项"对学生进行宪法所确定的基本原则的教育和爱国主义、民族团结的教育，法制教育以及思想品德、文化、科学技术教育，组织、带领学生开展有益的社会活动"的义务。

教师的工作是教书育人的工作，通过教书，达到育人的目的。所以，教师在教育活动中有义务对学生进行《宪法》所确定的基本原则的教育和爱国主义、民族团结教育、法治教育以及思想品德、文化、科学技术教育，组织带领学生开展有益的社会活动。教师应自觉地结合自己教育教学的业务特点，将德育工作落实于教育教学工作的全过程中。对学生进行思想品德教育，不仅是政治思想品德课教师的职责，也是每一位教师的基本义务。

（四）关心爱护学生、促进学生全面发展的义务

教师的尊重学生人格、促进学生发展的义务，即《教师法》（2009 年）第 8 条第 4 项"关心、爱护全体学生，尊重学生人格，促进学生在品德、智力、体质等方面全面发展"的义务。

教师在教育教学活动中，应关心爱护全体学生，尊重学生的人格，促进学生在品德、智力、体质等方面全面发展。热爱学生是教师的天职和美德，教师应当一视同仁地对待所有的学生，尤其是尊重每一个学生的人格尊严，帮助其形成健康完善的人格，为其全面发展奠定良好的基础。特别是对于有缺点、错误的学生，更要满腔热情地帮助他们。要树立尊重学生人格尊严的法治观念，不歧视学生，更不允许侮辱、体罚学生。对于极个别屡教不改、

错误性质严重、需要给予纪律处分的学生也只能以理服人，不能压服。教师违反《教师法》（2009 年）规定，侮辱、体罚学生，经教育不改的，依法追究法律责任。

（五）保护学生的义务

教师保护学生的义务，即《教师法》（2009 年）第 8 条第 5 项"制止有害于学生的行为或者其他侵犯学生合法权益的行为，批评和抵制有害于学生健康成长的现象"的义务。

教师有义务制止有害于学生的行为或者其他侵犯学生合法权益的行为，批评和抵制有害于学生健康成长的现象。保护学生的合法权益和身心健康成长，是全社会的共同责任。作为教师，自然更负有保护学生合法权益和身心健康成长的义务。教师应当在学校工作和与教育教学工作相关的活动中，对侵犯其所负责教育管理的学生的合法权益的违法行为予以制止，保护学生的合法权益不受侵犯；也应当对社会上出现的有害于学生身心健康成长的不良现象进行批评和抵制，这既是全社会的责任，也是教师义不容辞的义务。

（六）自我成长的义务

教师的自我成长的义务，即《教师法》（2009 年）第 8 条第 6 项"不断提高思想政治觉悟和教育教学业务水平"的义务。

教师应不断提高自己思想政治觉悟和教育教学水平。教育教学工作是一项专业性较强的工作，担负着提高民族素质的使命。随着社会的进步，科技的发展，知识的更新速度不断加快。据美国技术预测专家詹姆斯·马丁预测，人类知识在 19 世纪是每 50 年增长 1 倍，20 世纪上半叶是每 5 年增长 1 倍，而目前已达到了每 2 年增长 1 倍。所以作为一名教师，要想胜任工作，跟上时代的发展步伐，就需要不断学习，加强自身的思想道德修养，提高业务水平。

▶ 思考题

1. 列举大学教师的权利。

2. 列举大学教师的义务。

第十七章
大学教师权利受损时的救济措施

　　由于大学教师与他人之间发生的法律纠纷的类型不同，大学教师所拥有的救济措施亦不同。本章第二节、第三节还从两个具体方面对大学教师的救济措施进行讨论：一是关于人事争议的复核、申诉、再申诉救济措施与人事争议的仲裁与诉讼救济措施；二是关于教师资格、教师奖励、教师处分、职称评审的救济措施。

第一节　教师救济措施概述

一、教师与他人之间的法律纠纷类型

　　大学教师与他人之间的法律纠纷大概可以划分为两种大的类型：民事纠纷与行政纠纷。这种法律纠纷类型下面又有很多小的类型。

　　（一）民事纠纷

　　与教师权利有关的民事纠纷主要有两种：

　　1. 侵权纠纷

　　这类纠纷主要有：①大学教师受到学校及工作人员的民事侵权。比如，大学教师因大学教室墙体倒塌、吊顶脱落而受到伤害；大学官员殴打教师致使教师受到人身伤害和财产损害；②大学教师在执行职务时受到学生的辱骂等伤害。这时，大学教师与大学、大学官员、学生之间的法律纠纷类型是侵权纠纷，可以适用《民法典》第七编"侵权责任编"以及相关的法律法规进行处理。当然，教师可以向法院提起民事侵权诉讼。

2. 合同纠纷

所谓大学教师聘用制、所谓人事关系，其实质上就是一种特殊的劳动合同。大学教师与大学之间因聘用制而发生的合同纠纷主要包括：①教师与大学之间就招聘、履行聘用合同、解聘、续聘的纠纷；②教师与大学之间关于"五险二金"的缴纳、工资待遇、劳保福利待遇、退休待遇的纠纷；③教师与大学之间关于考核、合同奖励、纪律处分的纠纷；④教师与大学之间关于培养费、服务期、知识产权分享的纠纷；⑤教师与大学之间关于聘用合同的其他附随权利义务比如教师进出学校大门、使用学校设施等纠纷。

这些合同纠纷，应当适用民法、劳动法、劳动合同法以及人事法律法规。教师可以向劳动与人事仲裁委员会提起人事仲裁，不服人事仲裁的裁决还可以向人民法院提起诉讼。某些情形下，教师还可以直接向人民法院提起民事诉讼。

（二）行政纠纷

教师与大学、相关行政机关（政府或其职能部门）之间的行政纠纷主要有以下五类：①大学教师资格许可纠纷，即大学教师因为教师资格的认定、撤销等与教育行政主管部门、大学之间产生的纠纷；②大学教师职称评审纠纷；③大学教师考核纠纷，即由于大学教师不服大学的考核结论而发生的纠纷。④大学教师行政奖励纠纷；⑤大学教师纪律处分的纠纷，即因大学对教师进行纪律处分，而引起的教师与大学之间的纠纷。

二、教师救济措施的种类

大学教师的救济措施，是指大学教师的权利受到侵犯时，法律能够供给的救济手段。

教师权利的具体救济措施有申诉、仲裁与民事诉讼、行政复议与行政诉讼等。其中，申诉是系统内部的救济手段；仲裁与民事诉讼、行政复议与行政诉讼是系统外部的救济手段。

（一）系统内部的救济措施

申诉（广义的申诉包括复核、申诉、再申诉），是指教师请求系统内部的上级机关保护其合法权利的救济措施。根据《教师法》（2009 年）第 39

条之规定，[1]教师申诉有两种类型：

1. 向教育行政部门申诉

教师对学校或者其他教育机构侵犯其合法权益的行为不服，或者对学校或者其他教育机构作出的处理不服，可以向教育行政部门申诉。教育行政部门应当在接到申诉的 30 日内，作出处理。也就是说，无论是教师不服教育机构侵犯其合法权益还是不服教育机构对其的处理决定，教师均可以向教育行政部门申诉。

2. 向同级人民政府或者上一级人民政府有关部门提出申诉

教师认为当地人民政府有关行政部门侵犯其根据《教师法》（2009 年）规定所享有的权利，可以向同级人民政府或者上一级人民政府有关部门提出申诉。同级人民政府或者上一级人民政府有关部门应当作出处理。也就是说，只要有关行政部门（比如教育厅、人事厅）侵犯教师权利，教师即可向同级人民政府（比如省人民政府）或者上一级人民政府有关部门（比如教育部）申诉。

根据该条规定，申诉这种救济措施应用范围广泛，只要教师认为其合法权利受到了侵犯，即可申诉。这里的合法权利，不但包括《教师法》（2009 年）规定的教师应当享有的所有权利，还包括其他法律法规比如《宪法》《民法典》等规定的权利，不限于教师因聘用合同而产生的权利。

（二）系统外部的救济措施

系统外部的救济措施包括仲裁与民事诉讼、行政复议与行政诉讼。

1. 仲裁与民事诉讼

仲裁，是指教师向劳动与人事仲裁委员会请求保护其合法权益的救济措施。民事诉讼，是指教师向人民法院提起民事诉讼，请求人民法院保护其合同权益的救济措施。对于教师与大学之间的民事争议，根据我国现有法律，教师只可就其中的一部分提起仲裁与民事诉讼。

2. 行政复议与行政诉讼

行政复议，是指教师不服行政机关的行政行为，为保护自己的合法权益

---

[1] 《教师法》（2009 年）第 39 条规定："教师对学校或者其他教育机构侵犯其合法权益的，或者对学校或者其他教育机构作出的处理不服的，可以向教育行政部门提出申诉，教育行政部门应当在接到申诉的三十日内，作出处理。教师认为当地人民政府有关行政部门侵犯其根据本法规定享有的权利的，可以向同级人民政府或者上一级人民政府有关部门提出申诉，同级人民政府或者上一级人民政府有关部门应当作出处理。"

而向行政复议机关（大多是该行政机关的上级行政机关）请求重新审查并作出决定的救济措施。行政诉讼，是指教师不服行政机关的行政行为，为保护自己的合法权益请求人民法院审查并作出裁决的救济措施。对于教师与行政机关、大学之间的行政争议，根据我国现有法律，教师只可就其中的极少部分提起行政复议或行政诉讼。

三、教师是弱势群体，应加强保护教师的合法权益

广义的雇佣合同包括劳动合同、劳务合同、狭义的雇佣合同等。教师与大学之间所谓的"聘用"关系，实质上就是一个雇佣合同。但人事法律法规对教师的保护力度较为薄弱，不如劳动法、劳动合同法对劳动者的保护。

法谚曰："无救济，则无权利"。任何权利，如果不能通过向法院提起诉讼的方式请求法院加以保护，都是虚置的或虚假的权利。虽然教师与大学之间因辞职（教师主动解除合同）、辞退（学校主动解除合同）、履行聘用合同发生争议时，教师可以向劳动与人事仲裁委员会提起人事仲裁，对仲裁裁决不服还可以向人民法院提起民事诉讼，但因职称、职务、考核、处分等产生的争议却被排除出人民法院的主管范围，教师既不能提起人事仲裁与民事诉讼，也不能提起行政复议和行政诉讼。而事实是，职称是职务的前提条件，职务就是待遇；考核结论是续聘任教、晋升工资、实施奖惩的依据；最严重的开除处分则直接让教师丧失工作。在既有法律框架下，教师对此还缺乏有效的救济手段。

我们以考核为例。按照现有法律，教师两次考核不合格，大学即可解聘该教师。对于考核结论，教师只能申诉不能诉讼，而申诉不能很好地保护教师的权益。因此，即使大学官员对教师的考核结论并不公正，教师因无有效的自救手段，只能自求多福。虽然教师对于大学之解聘可以申请仲裁和提起诉讼，但因考核不合格，教师很难获得仲裁庭或法院的支持。

第二节　人事争议的救济措施

一、人事争议之复核、申诉与再申诉

（一）人事争议的概念与可以复核、申诉、再申诉的事项

什么是人事争议？我国法律并未给出一个准确的定义。按照基本法理，

在聘用制的背景下，人事争议是指教师与大学之间就聘用合同的订立、履行、解除、终止等发生的争议。

就现有情形来看，我国法律、法规和规章从两个方面对人事争议的救济措施进行了规定。《事业单位工作人员申诉规定》（2014 年）规定了教师对六种情形的"人事处理"可以申请复核、申诉、再申诉。《人事争议处理规定》（2011年）、最高人民法院《关于人民法院审理事业单位人事争议案件若干问题的规定》（2003 年）、浙江省高级人民法院《关于审理事业单位人事争议案件若干问题的意见》（2006 年）对可以提起仲裁和诉讼的"人事争议"进行了界定。

根据《事业单位工作人员申诉规定》（2014 年）第 11 条之规定，事业单位工作人员对涉及本人的下列人事处理不服，可以申请复核或者提出申诉、再申诉：

（1）处分；

（2）清退违规进人；

（3）撤销奖励；

（4）考核定为基本合格或者不合格；

（5）未按国家规定确定或者扣减工资福利待遇；

（6）法律、法规、规章规定可以提出申诉的其他人事处理。

（二）复核、申诉、再申诉之间的顺序

《事业单位工作人员申诉规定》（2014 年）第 2 条规定："事业单位工作人员对涉及本人的人事处理不服的，可以依照本规定申请复核；对复核结果不服的，可以依照本规定提出申诉、再申诉。法律法规对事业单位工作人员申诉另有规定的，从其规定。各级党委管理的事业单位领导人员的申诉，依照干部人事管理权限，按照有关规定办理。"根据该条规定，事业单位工作人员对涉及本人的人事处理不服时，应当首先申请复核；对复核处理结果不服，再申请申诉；对申诉处理结果不服，再申请再申诉。

（三）复核、申诉、再申诉的管辖

（1）复核的管辖。《事业单位工作人员申诉规定》（2014 年）第 7 条规定："事业单位工作人员对人事处理不服申请复核的，由原处理单位管辖。"

（2）申诉的管辖。《事业单位工作人员申诉规定》（2014 年）第 8 条规定："事业单位工作人员对中央和地方直属事业单位作出的复核决定不服提出的申诉，由同级事业单位人事综合管理部门管辖。事业单位工作人员对中央和地方各部门所属事业单位作出的复核决定不服提出的申诉，由主管部门管辖。事业单位工作人员对主管部门或者其他有关部门作出的复核决定不服提出的申诉，由同级事业单位人事综合管理部门管辖。事业单位工作人员对乡镇党委和人民政府作出的复核决定不服提出的申诉，由县级事业单位人事综合管理部门管辖。"

(3) 再申诉的管辖。《事业单位工作人员申诉规定》（2014 年）第 9 条规定："事业单位工作人员对主管部门作出的申诉处理决定不服提出的再申诉，由同级事业单位人事综合管理部门管辖。事业单位工作人员对市级、县级事业单位人事综合管理部门作出的申诉处理决定不服提出的再申诉，由上一级事业单位人事综合管理部门管辖。"

(4) 特别管辖。《事业单位工作人员申诉规定》（2014 年）第 10 条规定："事业单位工作人员对中央垂直管理部门省级以下机关作出的复核决定不服提出的申诉，由上一级机关管辖；对申诉处理决定不服提出的再申诉，由作出申诉处理决定机关的同级事业单位人事综合管理部门或者上一级机关管辖。"

（四）复核、申诉与再申诉处理的原则

处理申诉应当遵循下列四项原则：

(1) 合法、公正、公平、及时的原则。

《事业单位工作人员申诉规定》（2014 年）第 3 条规定："处理事业单位工作人员申诉，应当坚持合法、公正、公平、及时的原则，依照规定的权限、条件和程序进行。"

(2) 诚信原则。《事业单位工作人员申诉规定》（2014 年）第 4 条规定："事业单位工作人员提出申诉，应当以事实为依据，不得捏造事实，诬告、陷害他人。"

(3) 不停止执行原则、不得加重处理原则。《事业单位工作人员申诉规定》（2014 年）第 5 条规定："复核、申诉、再申诉期间不停止人事处理的执行。事业单位工作人员不因申请复核或者提出申诉、再申诉而被加重处理。"

(4) 回避原则。参与复核、申诉、再申诉审理的工作人员有下列情形之一的，应当提出回避申请：①与申请人或者原处理单位主要负责人、承办人员有夫妻关系、直系血亲、三代以内旁系血亲关系或者近姻亲关系的；②与原人事处理及案件有利害关系的；③与申请人或者原处理单位主要负责人、承办人员有其他关系，可能影响案件公正处理的。如果有前述情形，申请人、与原人事处理及案件有利害关系的公民、法人或者其他组织有权要求其回避。复核案件审理工作人员的回避，由受理复核单位负责人决定。申诉或再申诉案件审理工作组织负责人的回避由受理单位负责人员集体决定；其他工作人员的回避，由申诉或再申诉案件审理工作组织负责人决定。回避决定作出前，相关人员应当暂停参与案件的调查和审理。

（五）复核、申诉和再申诉的程序

复核、申诉和再申诉按照下面的程序进行：

1. 申请

关于申请，需要注意以下几个方面的问题：

（1）关于申请人的资格。复核、申诉、再申诉应当由事业单位工作人员本人申请。本人丧失行为能力、部分丧失行为能力或者死亡的，可以由其近亲属或监护人代为申请。

（2）关于申请期限。申请复核或者提出申诉、再申诉的时效期间为30日。复核的时效期间自申请人知道或者应当知道人事处理之日起计算；申诉、再申诉的时效期间自申请人收到复核决定、申诉处理决定之日起计算。因不可抗力或者有其他正当理由，当事人不能在本条规定的时效期间内申请复核或者提出申诉、再申诉的，经受理机关批准可以延长期限。

（3）关于申请形式。申请人申请复核和提出申诉、再申诉，应当提交申请书，同时提交原人事处理决定、复核决定或者申诉处理决定等材料的复印件。申请书可以通过当面提交、邮寄或者传真等方式提出。申请人当面递交申请书的，受理单位应当场出具收件回执。申请书应当载明下列内容：①申请人的姓名、出生年月、单位、岗位、政治面貌、联系方式、住址及其他基本情况；②原处理单位的名称、地址、联系方式；③复核、申诉、再申诉的事项、理由和要求；④申请日期。

2. 受理

关于受理，需要注意以下三个方面的问题：

（1）关于是否受理的审查期限。受理单位应当对申请人提交的申请书是否符合受理条件进行审查，在接到申请书之日起15日内，作出受理或者不予受理的决定，并以书面形式通知申请人。不予受理的，应当说明理由。

（2）关于受理的条件。根据《事业单位工作人员申诉规定》第16条的规定，符合以下条件的复核、申诉、再申诉，应予受理：①申请人符合《事业单位工作人员申诉规定》第6条的规定；②复核、申诉、再申诉事项属于《事业单位工作人员申诉规定》第11条规定的受理范围；③在规定的期限内提出；④属于受理单位管辖范围；⑤材料齐备。

凡不符合上述条件之一的，不予受理。申请材料不齐备的，应当一次性告知申请人所需补正的全部材料，申请人按照要求补正全部材料的，应予受理。

（3）关于其他特殊情况的处理。在处理决定作出前，申请人可以以书面形式提出撤回复核、申诉、再申诉的申请。受理单位在接到申请人关于撤回复核、申诉、再申诉的书面申请后，可以决定终结处理工作。终结复核决定应当以书面形式告知申请人；终结申诉处理决定应以书面形式告知申请人和原处理单位；终结再申诉处理决定应当以书面形式告知申请人、申诉受理单位和原处理单位。

3. 审理

关于审理需要注意以下三个方面的问题：

（1）关于审理期限。受理复核申请的单位应当自接到申请书之日起30日内作出维持、撤销或者变更原人事处理的复核决定，并以书面形式通知申请人。受理申诉、再申诉申请的单位应当自决定受理之日起60日内作出处理决定。案情复杂的，可以适当延长，但是延长期限不得超过30日。

（2）关于具体审查机构。受理申诉、再申诉的单位应当组成申诉公正委员会审理案件。申诉公正委员会由受理申诉、再申诉的单位相关工作人员组成，必要时可以吸收其他相关人员参加。申诉公正委员会组成人数应当是单数，不得少于3人。申诉公正委员会负责人一般由主管申诉、再申诉工作的单位负责人或者负责申诉、再申诉的工作机构负责人担任。

（3）关于调查与审议。受理申诉、再申诉的单位有权要求有关单位提交答辩材料，有权对申诉、再申诉事项进行相关调查。调查应当由2名以上工作人员进行，接受调查的单位或者个人有配合调查的义务，应当如实提供情况和证据。

申诉公正委员会应当根据调查情况对下列事项进行审议：①原人事处理认定的事实是否存在、清楚，证据是否确实充分；②原人事处理适用的法律、法规、规章和有关规定是否正确；③原人事处理的程序是否符合规定；④原人事处理是否显失公正；⑤被申诉单位有无超越或者滥用职权的情形；⑥其他需要审议的事项。

在审理对复核决定、申诉处理决定不服的申诉、再申诉时，申诉公正委员会还应当对复核决定、申诉处理决定进行审议。审理期间，申诉公正委员会应当允许申请人进行必要的陈述或者申辩。申诉公正委员会应当按照客观公正和少数服从多数的原则，提出审理意见。

4. 决定

受理单位应当根据申诉公正委员会的审理意见，区别不同情况，作出下列申诉处理决定：

（1）原人事处理认定事实清楚，适用法律、法规、规章和有关规定正确，处理恰当、程序合法的，维持原人事处理；

（2）原人事处理认定事实不存在的，或者超越职权、滥用职权作出处理的，按照管理权限责令原处理单位撤销或者直接撤销原人事处理；

（3）原人事处理认定事实清楚，但认定情节有误，或者适用法律、法规、规章和有关规定有错误，或者处理明显不当的，按照管理权限责令原处理单位变更或者直接变更原人事处理；

（4）原人事处理认定事实不清，证据不足，或者违反规定程序和权限的，责令原处理单位重新处理。

再申诉处理决定应当参照前款规定作出。事业单位工作人员对重新处理后作出的处理决定不服，可以提出申诉或者再申诉。

作出申诉处理决定后，应当制作申诉处理决定书。申诉处理决定书应当载明下列内容：

（1）申诉人的姓名、出生年月、单位、岗位及其他基本情况；

（2）原处理单位的名称、地址、联系方式、人事处理和复核决定所认定的事实、理由及适用的法律、法规、规章和有关规定；

（3）申诉的事项、理由及要求；

（4）申诉公正委员会认定的事实、理由及适用的法律、法规、规章和有关规定；

（5）申诉处理决定；

（6）作出决定的日期；

（7）其他需要载明的内容。

再申诉处理决定作出后，应当制作再申诉处理决定书。再申诉处理决定书除前款规定内容外，还应当载明申诉处理决定的内容和作出申诉处理决的日期。申诉、再申诉处理决定书应当加盖受理申诉、再申诉单位或者申诉公正委员会的印章。

5. 送达

复核决定应当及时送达申请人。申诉处理决定书应当及时送达申请人和原处理单位。再申诉处理决定书应当及时送达申请人、申诉受理单位和原处理单位。

复核决定、申诉处理决定书、再申诉处理决定书按照下列规定送达：

（1）直接送达申请人本人，受送达人在送达回证上签名或者盖章，签收日期为送达日期；

（2）申请人本人不在的，可以由其同住的具有完全民事行为能力的近亲属在送达回证上签名或者盖章，视为送达，签收日期为送达日期；

（3）申请人或者其同住的具有完全民事行为能力的近亲属拒绝接收或者拒绝签名、盖章的，送达人应当邀请有关基层组织的代表或者其他有关人员到场，见证现场情况，由送达人在送达回证上记明拒收事由和日期，由送达人、见证人签名或者盖章，将处理决定留在申请人的住所或者所在单位，视为送达。送达人、见证人签名或者盖章日期为送达日期；

（4）直接送达确有困难的，可以通过邮寄送达。以回执上注明的收件日期为送达日期；

（5）上述规定的方式无法送达的，可以在相关媒体上公告送达，并在案卷中记明原因和经过。自公告发布之日起，经过60日，即视为送达。

原处理单位应当将复核决定、申诉处理决定书、再申诉处理决定书存入申请人的个人档案。

（六）处理决定的执行

处理决定应当在发生效力后30日内执行。

下列处理决定是发生效力的最终决定：

（1）已过规定期限没有提出申诉的复核决定；

（2）已过规定期限没有提出再申诉的申诉处理决定；

（3）中央和省级事业单位人事综合管理部门作出的申诉处理决定；

（4）再申诉处理决定。

除维持原人事处理外，原处理单位应当在申诉、再申诉决定执行期满后30日内将执行情况报申诉、再申诉受理单位备案。原处理单位逾期不执行的，申请人可以向作出发生效力的决定的单位提出执行申请。接到执行申请的单位应当责令原处理单位执行。

（七）对复核、申诉和再申诉处理的监督

对事业单位工作人员处理错误的，应当及时予以纠正；造成名誉损害的，应当赔礼道歉、恢复名誉、消除影响；造成经济损失的，应当根据有关规定给予赔偿。

因下列情形之一侵害事业单位工作人员合法权益的，对相关责任人员和直接责任人员，应当根据有关规定，视情节轻重，给予批评教育、调离岗位或者处分；涉嫌犯罪的，移送司法机关处理：

（1）对申请复核或者提出申诉、再申诉的事业单位工作人员打击报复的；

（2）超越或者滥用职权的；

（3）适用法律、法规、规章错误或者违反规定程序的；

（4）在复核、申诉、再申诉工作中应当作为而不作为的；

（5）拒不执行发生效力的申诉、再申诉处理决定的；

（6）违反《事业单位工作人员申诉规定》的其他情形。

申请复核、提出申诉的事业单位工作人员弄虚作假、捏造事实、诬陷他人的，根据情节轻重，给予批评教育或者处分；涉嫌犯罪的，移送司法机关处理。

二、人事争议之仲裁与诉讼

（一）人事争议仲裁是诉讼的前置程序

《人事争议处理规定》（2011年）[1]第3条规定："人事争议发生后，当事人可以协商解决；不愿协商或者协商不成的，可以向主管部门申请调解，……不愿调解或调解不成的，可以向人事争议仲裁委员会申请仲裁。当事人也可以直接向人事争议仲裁委员会申请仲裁。当事人对仲裁裁决不服的，可以向人民法院提起诉讼。"

最高人民法院《关于人民法院审理事业单位人事争议案件若干问题的规定》（2003年）第2条规定："当事人对依照国家有关规定设立的人事争议仲

---

[1]《人事争议处理规定》（国人部发〔2007〕109号）于2007年由中共中央组织部、人事部、总政治部联合颁发并施行。后于2011年，由中共中央组织部，人力资源和社会保障部、中国人民解放军总政治部联合修正。

裁机构所作的人事争议仲裁裁决不服，自收到仲裁裁决之日起十五日内向人民法院提起诉讼的，人民法院应当依法受理。一方当事人在法定期间内不起诉又不履行仲裁裁决，另一方当事人向人民法院申请执行的，人民法院应当依法执行。"

浙江省高级人民法院《关于审理事业单位人事争议案件若干问题的意见》（2006年）第1条规定："事业单位与其工作人员之间因辞职、辞退及履行聘用合同发生争议，当事人对人事争议仲裁委员会所作的仲裁裁决或者决定不服，自收到仲裁裁决或决定之日起十五日内向人民法院起诉的，人民法院应当依法受理；未经人事争议仲裁委员会仲裁的，人民法院不予受理。"

从以上规定看，人事争议仲裁是人事争议诉讼的前置程序。

（二）人事争议仲裁与诉讼的受案范围

根据《人事争议处理规定》（2011年）第2条、[1]最高人民法院《关于人民法院审理事业单位人事争议案件若干问题的规定》（2003年）第3条、[2]浙江省高级人民法院《关于审理事业单位人事争议案件若干问题的意见》（2006年）第1条和第2条[3]之规定，事业单位与其工作人员之间因"辞职""辞退"及"履行聘用合同"发生争议，可以提起仲裁与诉讼。但是，下列争议不属于人民法院受理人事争议案件的范围：

（1）事业单位与其工作人员因职称、职级、职务、考核考评等产生的争议。

（2）事业单位与其工作人员因技术入股、知识产权的权属以及利益分配等产生的争议。

（3）事业单位与其工作人员因承包问题产生的争议，不属于人事争议案

---

〔1〕《人事争议处理规定》（2011年）第2条规定："本规定适用于下列人事争议：……（二）事业单位与工作人员之间因解除人事关系、履行聘用合同发生的争议。……"

〔2〕最高人民法院《关于人民法院审理事业单位人事争议案件若干问题的规定》（2003年）第3条规定："本规定所称人事争议是指事业单位与其工作人员之间因辞职、辞退及履行聘用合同所发生的争议。"

〔3〕浙江省高级人民法院《关于审理事业单位人事争议案件若干问题的意见》（2006年）第1条规定，可以提起人事争议的仲裁的事项是"事业单位与其工作人员之间因辞职、辞退及履行聘用合同发生争议"；第2条规定："下列争议不属于人民法院受理人事争议案件的范围：1、事业单位与其工作人员因职称、职级、职务、考核考评等产生的争议；2、事业单位与其工作人员因技术入股、知识产权的权属以及利益分配等产生的争议；3、事业单位与其工作人员因承包问题产生的争议，不属于人事争议案件处理范围，但承包合同的履行涉及聘用合同的履行或者解除的，可以作为人事争议案件处理。"

件处理范围，但承包合同的履行涉及聘用合同的履行或者解除的，可以作为人事争议案件处理。

对上文的理解，我们需要注意以下几点：

第一，上文中的"辞职"，即教师主动提起解除聘用合同的行为；上文中的"辞退"，即大学主动解聘教师的行为。上文中"履行聘用合同"的范围应当很大，举凡工资、福利、考核、合同奖励、处分等应当均属于履行聘用合同的事项。

第二，虽然有三个事项"不属于人民法院受理人事争议案件的范围"，但是否可以提起人事争议仲裁并未明确规定。我们可以类推出结论认为，被排除出人民法院受案范围的人事争议事项，也被排除出人事争议仲裁的受案范围。

第三，排除项（1）中的"职称（评审）"是教师与教育厅之间的职务资格行政许可具体行政行为，不属于聘用合同争议，不属于人事争议。排除项（2）中的大学与教师之间的纠纷不是聘用合同的纠纷，而是另外的合同纠纷，不属于人事争议。排除项（3）中的因承包问题发生的纠纷，不是关于聘用合同的纠纷，不属于人事争议。以上这些事项因不属于人事争议而排除出人民法院受理人事争议案件的范围，是有理由的。但排除项（1）中的"职级、职务、考核考评等产生的争议"，应当属于聘用合同权利义务争议。将这些事项排除出人事争议仲裁与诉讼的受案范围，并不妥当。

（三）人事争议仲裁的特别规定

1. 关于仲裁机构

现今，县级以上地方人民政府一般都组建有"劳动与人事仲裁委员会"或"劳动与人事仲裁院"，主管人事争议的仲裁事宜。

2. 关于法律适用

在审理人事争议案件时，审理程序上应适用《劳动法》的相关规定，实体处理上应适用人事方面的法律、法规，当涉及事业单位工作人员劳动权利的内容在人事方面法律、法规没有规定时，适用《劳动法》的相关规定。

当人事方面的法律、法规没有规定或者规定不明确时，可以参照与法律、法规不相抵触的部门规章、地方政府规章以及国家有关人事政策、人事管理规范性文件。事业单位经过职工代表大会等民主程序通过并已公告或公示的规章制度，如与法律、行政法规及国家政策规定不相抵触，亦可以作为处理人事争议案件的参考。

3. 关于仲裁裁决的生效与执行

当事人不服人事争议仲裁机构的裁决向人民法院起诉后又申请撤诉，经人民法院审查准予撤诉的，原仲裁裁决自人民法院裁定送达之日起发生法律效力。当事人因超过起诉期间而被人民法院裁定驳回起诉的，原仲裁裁决自起诉期间届满之次日起恢复法律效力。

一方当事人在法定期间内不起诉又不履行仲裁裁决，另一方当事人可以向人民法院申请执行，人民法院应当依法执行。当事人申请人民法院执行仲裁机构作出的发生法律效力的裁决书、调解书，人民法院应当依照《民事诉讼法》规定执行。

（四）人事争议仲裁与诉讼的衔接

当事人对人事争议仲裁机构所作的人事争议仲裁裁决不服或者决定不服，自收到仲裁裁决或决定之日起 15 日内向人民法院起诉的，人民法院应当依法受理；未经人事争议仲裁委员会仲裁的，人民法院不予受理。

人事争议仲裁机构对当事人的申请作出不予受理的书面裁决或决定，当事人不服向人民法院起诉的，人民法院应当分别情况予以处理：

（1）属于人事争议案件范围的，应当受理；

（2）虽不属于人事争议案件范围，但属于人民法院主管的其他案件的，应当作为其他案件受理；

（3）不属于人民法院主管案件范围的，不予受理。

对于不属于人民法院受理案件范围的人事争议仲裁事项，当事人不服向人民法院提起诉讼的，不予受理。

（五）人事争议的诉讼

人事争议诉讼程序有下面几个特别之处需要注意：

（1）人事争议案件由用人单位所在地或聘用合同履行地的基层人民法院管辖。

（2）人民法院审理人事争议案件的案由为"人事争议"。

（3）人民法院依法受理的人事争议案件，由审理劳动争议案件的审判庭进行审理。人民法院受理事业单位人事争议案件，应当以争议的双方为诉讼当事人，不得将人事争议仲裁机构列为诉讼当事人。

（4）事业单位与其工作人员订立的聘用合同，应当作为当事人提交的证据材料。因事业单位作出辞退、减少劳动报酬和计算工作人员工作年限等决定而发生的人事争议，事业单位对决定的有无及内容和执行情况等负举证责任。

人民法院经过审理后应当作出如下处理：事业单位对其工作人员作出的辞退等处理决定确有错误的，人民法院可以依法判决予以撤销；对于追索劳动报酬、培训费用及其他相关费用等人事争议案件，给付数额不当的，人民法院可以予以变更；人民法院制作的人事争议判决书、裁定书和调解书中，不应含有撤销或维持仲裁裁决的内容。

第三节　教师的资格、考核、奖励、处分、职称的救济措施

一、教师资格之救济措施

大学教师资格认定是典型的资格类行政许可行为，在这个行政许可行为中，教师是申请人（行政相对人）；教育主管部门（主要是省教育厅）是许可人（行政主体）。教育厅与大学之间是委托与受托的关系，适用行政委托的法理。

如果大学教师资格申请人认为教师资格认定机构不依法实施行政许可，可以向上级行政机关或者监察机关举报、投诉，可以申诉，也可以依法申请行政复议或者提起行政诉讼。

如果教育行政主管部门就大学教师资格事项进行行政处罚，教师对其决定不服，依据法律、法规的规定，可以举报、投诉，可以申诉，也可以申请行政复议或者提起行政诉讼。吊销教师资格的行政处罚，应当由教育厅直接作出，不得委托。

二、教师考核之救济措施

教师考核纠纷，即由于大学教师不服大学的考核结论而发生的纠纷。关于考核的法律性质，即该行为到底是行政行为还是合同行为，在我国的教育法理论上未见有见解的研究，更未获得共识。本书认为，由于考核是上级对下级的业绩、德行的确认行为，其结论会影响教师的待遇提升或降低甚至续聘与否，因此应当将其认定为独立的行政行为；教师如果不服，可以提起行政复议和行政诉讼。

三、教师奖励之救济措施

教师奖励有广义的和狭义的两种，广义的教师奖励包括行政奖励和合同奖励，狭义的教师奖励仅指行政奖励，不包括大学给予教师的合同奖励在内。狭义的教师奖励，在性质上属于行政奖励，是一种外部的、具体的行政行为。在该具体行政行为中，大学、相关行政机关（政府或其职能部门）是行政主体，教师是行政相对人。按照行政复议法、行政诉讼法的基本原理，当大学教师或者大学本身对某具体行政奖励不服时，不但可以申诉，还拥有提起行政复议和行政诉讼的权利。我国现今主流教育法理论认为教师奖励属于内部行政行为、教师不服只可申诉不能行政复议或行政诉讼的观点，并不妥当。

四、教师处分之救济措施

大学教师纪律处分的纠纷即因大学对教师进行纪律处分，而引起的教师与大学之间的纠纷。由于纪律处分对于教师的权利影响非常大，因此这类纠纷在实际生活中发生的概率较大。

（一）复核与申诉

复核与申诉是教师处分的救济措施之一。根据《事业单位工作人员处分规定》（2023 年）第 34 条至第 38 条等以及《监察法》（2018 年）第 49 条、[1]《事业单位工作人员申诉规定》（2014 年）中相关条款的规定，关于教师处分救济措施之复核、申诉和再申诉有以下几点重要内容：

（1）受到处分的事业单位工作人员对处分决定不服的，可以自知道或者应当知道该处分决定之日起 30 日内向原处分决定单位申请复核。原处分决定单位应当自接到复核申请后的 30 日内作出复核决定。

受到处分的事业单位工作人员对复核结果不服的，可以自接到复核决定之日起 30 日内，按照《事业单位工作人员申诉规定》等有关规定向原处分决定单位的主管部门或者同级事业单位人事综合管理部门提出申诉。受到处分

---

[1]　《监察法》（2018 年）第 49 条规定："监察对象对监察机关作出的涉及本人的处理决定不服的，可以在收到处理决定之日起一个月内，向作出决定的监察机关申请复审，复审机关应当在一个月内作出复审决定；监察对象对复审决定仍不服的，可以在收到复审决定之日起一个月内，向上一级监察机关申请复核，复核机关应当在二个月内作出复核决定。复审、复核期间，不停止原处理决定的执行。复核机关经审查，认定处理决定有错误的，原处理机关应当及时予以纠正。"

的中央和地方直属事业单位工作人员的申诉，按照干部人事管理权限，由同级事业单位人事综合管理部门受理。受理申诉的单位应当自受理之日起 60 日内作出处理决定；案情复杂的，可以适当延长，但是延长期限最多不超过30 日。

复核、申诉期间不停止处分的执行。事业单位工作人员不因提出复核、申诉而被加重处分。

（2）处理。《事业单位工作人员处分规定》（2023 年）第 36 条规定："有下列情形之一的，受理处分复核、申诉的单位应当撤销处分决定，重新作出决定或者责令原处分决定单位重新作出决定：（一）处分所依据的事实不清、证据不足的；（二）违反规定程序，影响案件公正处理的；（三）超越职权或者滥用职权作出处分决定的。"第 37 条规定："有下列情形之一的，受理复核、申诉的单位应当变更处分决定或者责令原处分决定单位变更处分决定：（一）适用法律、法规、规章错误的；（二）对违规违纪违法行为的情节认定有误的；（三）处分不当的。"

（3）事业单位工作人员的处分决定被变更，需要调整该工作人员的岗位、职员等级或者工资待遇的，应当按照规定予以调整；事业单位工作人员的处分决定被撤销的，应当恢复该工作人员的岗位、职员等级、工资待遇，按照原岗位、职员等级安排相应的岗位、职员等级，恢复相应的工资待遇并在原处分决定公布范围内为其恢复名誉。被撤销处分或者被减轻处分的事业单位工作人员工资待遇受到损失的，应当予以补偿。没收、追缴财务错误的，应当依规依纪依法予以返还、赔偿。

（二）行政复议与行政诉讼

对教师的纪律处分，是行政主体即学校（法律法规授权的组织）或教学行政主管部门（行政机关）因行政相对人（教师）的违纪行为而对教师采取的惩罚措施。这种惩罚措施会剥夺教师的名誉利益（比如警告、记过的处分）、财产利益（比如降低岗位等级的处分）甚至职业利益（比如开除的处分，受到开除处分的教师将丧失公职身份）；它会导致教师在其他学校的受聘受阻（比如受到警告、记过降低岗位等级处分的教师），或者不得在任何学校受聘（比如受到开除处分的教师）。因此，在法律性质上它应当属于外部行政行为中的行政处罚。

但我国教育法、行政法主流理论均认为，大学对教师的纪律处分属于内部行政行为中的行政处分。故原则上，教师只能复核与申诉，不得提起行政复议或行政诉讼。唯一例外是，对于受到开除处分的教师，可以向人民法院提起行政诉讼。最高人民法院在《关于开除公职是否属于受案范围请示的答复》（1997 年）中明确表示，人事局对中学教师所作的开除公职的行政处分，不属于《行政诉讼法》（1990 年）第 12 条第 3 项排除的范围，[1]也就是说，人事局对中学教师的开除处分，属于人民法院行政诉讼的受案范围。开除处分直接使教师丧失职业，对于教师而言，这种处分是一种极其严厉的制裁措施。也许是为了给受到开除处分的教师提供法律救济措施，最高人民法院经过解释，将开除处分纳入行政诉讼的受案范围。如此类推，大学教师对于开除处分，亦有权提起行政诉讼。

五、职称评审之救济措施

大学教师职称评审也是资格类行政许可。在该具体行政行为中，教师是申请人（行政相对人）；教育厅是许可人（行政主体）；大学与教育厅之间的法律关系是行政委托关系。"职称评审委员会"是教育厅、大学组建的具体办理职称评审的内部机构。理论上说，当教师不服教育行政主管部门的职称评审行为时，可以提起行政复议和行政诉讼。

对于教师职称评审行为的救济措施，《职称评审管理暂行规定》（2019 年）第 27 条规定："申报人对涉及本人的评审结果不服的，可以按照有关规定申请复查、进行投诉。"至于教师除了申请复查、进行投诉或者申诉外，是否还有其他法律救济措施，该规定没有提及。

高校教师职称评审行为是否属于人民法院行政诉讼的受案范围，理论界和司法界的主张差异甚大。理论界主张，既然高校教师职称评审行为是行政许可，教师如果不服，当然可以提起行政复议或行政诉讼。

但是，行政机关和法院的主张却恰恰相反。教育部在对王某华就职称评审的复议申请而作出的《行政复议终止审理决定书》认为："根据《高等教育法》第 37 条的规定，评聘教师及其他专业技术人员职务是高等学校的自主权。被申请人华中科技大学是经国家批准具有评聘教授职务资格的高等学校，

---

〔1〕 即现行《行政诉讼法》（2017 年）第 13 条第 3 项。该项规定，"行政机关对行政机关工作人员的奖惩、任免等决定"不属于人民法院行政诉讼的受案范围。

有权在教育部核定的专业技术职务岗位的职数范围内对教授的任职资格进行审定，该行为属于高等学校行使自主权的范畴，因此，被申请人华中科技大学评定王某华不符合教授任职资格的行为并非具体行政行为。根据《行政复议法》的有关规定……决定终止行政复议。申请人王某华对被申请人华中科技大学的内部管理行为不服，应当通过其他途径解决。"北京市第一中级人民法院的一审判决认定，王某华因教师职务聘任的行为发生的争议，不属于行政复议的范围；北京市高级人民法院终审维持原判。[1]也就是说，行政机关和法院认为，高校教师职称评审行为属于内部行政行为，因而不属于人民法院行政诉讼的受案范围。

本书认为，高校教师职称评审行为，即使是"内部行政行为"，也属于人民法院行政诉讼的受案范围。理由如下：

就应然层面而言，人民法院行政诉讼的受案范围与行政行为是内部行政行为还是外部行政行为，并无必然因果关系。在立法时，我们完全可以将某种内部行政行为设定为可诉的行政行为；而将某种外部行政行为设定为不可诉的行政行为。立法时对于行政行为是否可诉的标准应当是行政行为对行政相对人的利益影响之大小、内部申诉救济途径是否足以保障相对人的合法权益等。而高校教师职称评审行为对教师的权益影响甚大，且内部申诉程序不足以保障教师的合法权益，因此，立法上应当将其纳入人民法院行政诉讼的受案范围。

就实然层面而言，高校教师的职称评定行为是否属于行政诉讼的受案范围，取决于我们对《行政诉讼法》（2017年）第13条"人民法院不受理公民、法人或者其他组织对下列事项提起的诉讼：……（三）行政机关对行政机关工作人员的奖惩、任免等决定"之理解和解释。最高人民法院《关于适用〈中华人民共和国行政诉讼法〉的解释》（2018年）第2条第3款解释说："行政诉讼法第十三条第三项规定的'对行政机关工作人员的奖惩、任免等决定'，是指行政机关作出的涉及行政机关工作人员公务员权利义务的决定。"而教师非行政机关的工作人员；即使教师是行政机关的工作人员，教育行政主管机关或者学校对教师不予评定职称的行为也非对教师的惩罚、免职行为；退一万步说，即使不予评定教师职称属于对教师的处分，但根据最高人民法

---

〔1〕　湛中乐等：《公立高等学校法律问题研究》，法律出版社2009年版，第248页。

院的司法解释,行政机关(包括法律法规授权的组织)对教师的处分也属于人民法院行政诉讼的受案范围。[1]

因此,无论如何,教师职称评定的行为属于人民法院行政诉讼的受案范围,未获评定职称的教师有权向人民法院提起行政诉讼。

当然,如果不打算给予教师行政诉权,那就应当认定教师的公务员身份,至少给予教师终身教职。如果既不打算给予教师以公务员身份或拥有终身教职,对于职称评审(或考核不合格、扣奖金、纪律处分等)又不愿意赋予教师行政诉权,那么要求教师履行忠诚义务[2]也就不合理。

▶ 思考题

1. 列举大学教师的具体权利。
2. 列举大学教师的具体义务。
3. 详细描述大学教师人事处理的救济措施。
4. 详细说明大学教师对于教师考核、教师奖励、教师处分的救济措施。

---

〔1〕 最高人民法院行政审判庭《关于开除公职是否属于受案范围请示的答复》(1997年)。

〔2〕《教师法》(2009年)第3条规定:"……教师应当忠诚于人民的教育事业。"《教育法》(2021年)第33条规定:"教师……忠诚于人民的教育事业。"《高等教育法》(2018年)第45条规定:"高等学校的教师……忠诚于人民的教育事业。"

第五编

关于大学学生的法律制度

高等教育受教育权即高等教育学习协助获取权，其分为公平竞争权和实际享有权。公平竞争权是公民的宪法基本权利；而实际享有权则是学生在高等教育服务合同中的合同权利。公民从参与公平竞争到高等教育受教育权的最后实际享受完结，需要经历报考、填报志愿、入学注册、学习考试、毕业确认与学位授予等一系列步骤与环节。学生与大学之间，存在着一个由考试资格行政许可、缔约资格行政确认、缔约委托代理、高等教育服务合同的缔结与履行、学籍行政许可与监管、毕业行政确认、学位授予行政确认等组成的法律关系群落。

第十八章
高等教育受教育权

　　高等教育受教育权即公民接受高等教育的权利，包括高等教育公平竞争权与高等教育实际享有权。关于大学学生与大学之间的法律关系的性质和样态，历史上曾经出现过代理父母说、特别权力关系说等学说，当然也出现过所谓"教育法律关系说"。本书首创的"法律关系群理论"认为，学生与大学之间的关系并非单一的法律关系，而是由不同法律关系组成的一个法律关系群落。

第一节　学习权、与教育有关的权利与受教育权

一、学习权

　　（一）学习权的概念

　　联合国教科文组织在其《学习权宣言》中指出："学习权乃读与写的权利；疑问和思考的权利；想象与创造的权利；阅读自己本身的世界而编纂其历史的权利；获得一切教育资源的权利；发展个人与集体能力的权利。"[1]

　　（二）学习权的分类

　　由于人之学习有"自主学习"与"在他人协助下学习"两种方式，学习权可分为"自主学习权"和"学习协助获取权"。《学习权宣言》关于学习权定义中的"读与写的权利；疑问与思考的权利；想象与创造的权利；阅读自

---

　　〔1〕　UNESCO, Declaration of the Right to Learn, Final Report, Fourth International Conference on Adult Education, 1985, Paris. 1985 年，联合国教科文组织文化组第四次国际成人教育会议，于巴黎通过《学习权宣言》。

己本身的世界而编纂其历史的权利"，是自主学习权；而"获得一切教育资源的权利"，则是学习协助获取权。

（1）自主学习权，即人有学习与不学习的权利，自我选择学习方法、内容和时间的权利，对学习成果进行自我评价的权利。该项权利的权利主体是学习之人，义务主体为任何他人。任何他人对于学习之人均负有消极不作为义务，不得非法干涉学习之人的自主学习权。也就是说，自主学习权是可以对抗任何他人（包括父母、国家和社会）的非法干涉的权利。在法律权利的理论分类上，自主学习权属于绝对权、对世权（即只要他人不非法干涉，该项权利即可实现）。

（2）学习协助获取权，即学习之人有获得他人协助的权利，该他人负有协助学习之人进行学习的义务。该项权利的权利主体是学习之人，义务主体一般是国家、亲权人、监护人或其他负有特别法律义务之人。在法律权利的理论分类上，学习协助获取权是相对权、对人权（即必须由他人协助，该项权利才可实现）。

二、与教育有关的权利

国际公约、条约等文本所使用的术语是"the right to education"，[1]比如，《世界人权宣言》第26条第1款的规定为："Everyone has the right to education."《经济、社会及文化权利国际公约》第13条第1款的规定为："The States Parties to the present Covenant recognize the right of everyone to education."《世界人权宣言》《公民权利及政治权利国际公约》《儿童权利公约》等国际法法律文件中使用的术语"the right to education"，其内涵非常广泛，不但包括"接受教育的权利"，还包括教育的权利和父母、其他监护人为未成年人选择教育类型和机构的权利。比如，《经济、社会及文化权利国际公约》就特别强调父母

---

〔1〕 关于英文"education"的含义，《牛津高阶英汉双解词典》的解释是："1，一种教学、训练和学习的过程，特别是在学校或高等教育机构进行，以提升知识和发展技能；2，一种特殊的教学和训练。"参见［英］霍恩比：《牛津高阶英汉双解词典》，石孝殊等译，商务印书馆、牛津大学出版社2004年版，第544页。《牛津英语大辞典》（简编本）的解释是："1，养育的过程；2，通过特别的生活方式、方法或习惯养育儿童的过程；3，系统机构，教育、训练儿童或青年，为其成年生活做准备；某人接受该种指导的整个过程；4，发展脑力和体力，锻造性格。"

选择教育机构的权利以及公民设立和管理教育机构的自由。[1]因此，英文"the right to education"，准确的中文翻译应该是"与教育有关的权利"，而不是或不仅仅是汉语术语中的"受教育权"。

"与教育有关的权利"与"学习权"之间的区别在于，"与教育有关的权利"的权利主体、权利客体都比较宽泛，权利主体包括学习之人、亲权人甚至还有教学之人，权利客体包括学习之人的学习权、亲权人之为子女选择教育机构、教育类型的权利以及教师教育学生的权利等；而"学习权"则明确界定权利人是学习之人，权利客体仅有自主学习权与学习协助获取权。

三、受教育权

汉语中的"受教育权"概念，与国际公约、条约等文本中的"与教育有关的权利"概念并不相同。汉语术语中的"受教育权"，如果准确译成英文，应为"the right to be educated"或"the right to receive an education"。即使我们将汉语中的"受教育权"概念界定为与英文中的"the right to education"一样的内涵，亦无法改变其"受"之被动意味。汉语中的"受教育权"概念，与"与教育有关的权利"不同，与"学习权"则相差更远。

"受教育权"与"学习权"之核心区分，在于考察方法的基点、本位不同。学习权以学习之人作为基点，考察学习之人的本体权利，以及学习之人与学习协助人之间的权利义务关系；受教育权以学习协助之人作基点，考察被协助人的权利。学习权是学习之人本位，受教育权是施教之人本位。"受教育权"与"学习协助获取权"两者表达方式相比较，以学习之人为本位，用主动态，就是"学习协助获取权"；以施教之人为本位，用被动态，则是"受教育权"。因此，本质意义上说，"受教育权"就是"学习协助获取权"，只不过"受教育权"术语是从施教之人为本位出发而已。鉴于我国"受教育权"的表达方式已经约定俗成，下文我们仍然使用"受教育权"这个术语。

---

〔1〕《经济、社会及文化权利国际公约》第13条第3款规定："本公约缔约各国承担，尊重父母和（如适用时）法定监护人的下列自由：为他们的孩子选择非公立的但系符合于国家所可能规定的或批准的最低教育标准的学校，并保证他们的孩子能按照他们自己的信仰接受宗教和道德教育。"第4款特别强调："本条的任何部分不得解释为干涉个人和团体设立及管理教育机构的自由，但以遵守本条第一款所述各项原则及此等机构实施的教育必须符合国家所可能规定的最低标准为限。"参见刘颖、吕国民编：《国际法资料选编》，中信出版社2004年版，第144、153页。

第二节 高等教育受教育权的概念与构成

一、高等教育受教育权的概念

高等教育受教育权，即公民接受高等教育的权利。

教育可分为义务教育与非义务教育。对于义务教育阶段的教育，国家负有绝对满足"协助儿童学习"之义务。对于非义务教育阶段的高等教育，因受现时之经济、社会发展水平的限制，国家所能提供的高等教育资源尚不能达到所有公民都能享受的程度，国家一般只担负提供合格高等教育教学设施、制定科学标准之义务。公民若要实际享受高等教育，必须参与竞争；只有竞争成功者才能实际享受高等教育。因此，高等教育受教育权包含着两个更为具体且具有连续性的权利，即"高等教育公平竞争权"与"高等教育实际享有权"。

二、高等教育公平竞争权

（一）高等教育公平竞争权的概念

高等教育公平竞争权，是指当公民为了获取受高等教育的机会而参与竞争时，拥有公平竞争的权利。该项权利属于公民的宪法基本权利。理解该概念，需要注意以下几点：

（1）对于高等教育，公民拥有参与竞争或不参与竞争的选择权。公民的这种选择权，不是高等教育公平竞争权，而是公民宪法上的行动自由权。

（2）如果公民选择参与竞争，国家应当以能力为标准且给予每个人以平等的机会。[1]相应地，国家应当承担以下几项义务：其一，不得附着不合理条件阻碍公民平等参与竞争；其二，竞争条件应当平等适用；其三，保证参与者参与竞争的起点相对平等。

（3）从对抗对象的广度而言，权利可两分为"对世权"与"对人权"，

---

[1]《世界人权宣言》第26条第1款规定："人人都有受教育的权利……高等教育应根据成绩而对一切人平等开放"；《经济、社会及文化权利国际公约》第13条第2款第（c）项规定："高等教育应根据能力（capacity），以一切适当方法，特别应逐渐采行免费教育制度，使人人有平等接受机会。"参见王德禄、蒋世和编：《人权宣言》，求实出版社1989年版，第23、29~30页。另外，可参见日本《宪法》（1946年）第26条、法国《宪法》（1946年序言，1958年宪法再次确认）、我国《宪法》（2018年）第19条第2款、《教育法》（2021年）第9条、第36条、《高等教育法》（2018年）第9条之规定。

就此而言，高等教育公平竞争权属于"对世权"；公民宪法基本权利可两分为
"自由权"与"社会权"，就此而言，高等教育公平竞争权属于"自由权"。

（二）高等教育公平竞争权的基本要求

高等教育公平竞争权，主要体现为公民在大学入学方面的公平竞争权。
为了保障公平竞争，国家和大学需要在高等教育的招生录取方面遵循下列两
个基本要求：

1. 公平竞争应当以"能力"为标准

大学的招生录取应当以"能力"为标准，此为高等教育公平竞争权的实
质要求。

最初，《世界人权宣言》采用的是"成绩"标准，该宣言第 26 条第 1 款
规定，高等教育应予人人平等机会，以成绩（merits）为准。[1] 至《经济、
社会及文化权利国际公约》时则开始采用"能力"标准，该公约第 13 条第 2
款（c）项规定："高等教育应根据能力（capacity），以一切适当方法，特别
应逐渐采行免费教育制度，使人人有平等接受机会。"[2] "根据 CESCR 作出的
第 13 号一般性意见，所谓个人的'能力'系指个人之'专门知识、技能，
（expertise）和'经验'（experience）。高等教育是初等和中等教育的延续，其
录取标准的确定在很大程度上取决于各国初等教育和中等教育的办学模式、
教育方法和政策价值取向。现代各国均在提倡变应试教育为素质教育，变片
面追求成绩为全面提高能力。因此，《公约》的这一改变是顺应当代世界教育
发展潮流的，是对《世界人权宣言》有关高等教育标准的发展。"[3] 世界大
多数国家都以能力作为标准，比如日本《宪法》（1946 年）第 26 条规定：
"全体国民按照法律的规定，依照其能力都有平等受教育的权利。"[4]

2. 公平竞争应当适用平等原则

大学的招生录取应当适用平等原则，此谓高等教育公平竞争权的形式
要求。

---

〔1〕　王德禄、蒋世和编：《人权宣言》，求实出版社 1989 年版，第 23 页。

〔2〕　王德禄、蒋世和编：《人权宣言》，求实出版社 1989 年版，第 29~30 页。

〔3〕　杨成铭：《从国际法角度看受教育权的权利性质》，载《法学研究》2005 年第 5 期。另外，
这段话中的"CESCR"，是"经济、社会及文化权利委员会"的英文简写。

〔4〕　[日] 宫泽俊义著、芦部信喜补订：《日本国宪法精解》，董璠舆译，中国民主法制出版社
1990 年版，第 239 页。

所谓平等原则，即大学应当遵循"相同之人相同对待，不同之人不同对待"之准则。

贯彻平等原则，应当遵循合理归类、弱势倾斜和禁止不当链接三项具体要求。其中，合理归类是基础；弱势倾斜是实质保障；禁止不当链接是合理归类和弱势倾斜的反向保护。

（1）合理归类。贯彻平等原则，首先就要对人群进行分类，以明确何谓相同之人，进而给予相同对待。这时，归类标准至关重要。

《宪法》（2018年）第33条第2款明确规定，"中华人民共和国公民在法律面前一律平等。"《教育法》（2021年）第9条规定："中华人民共和国公民有受教育的权利和义务。公民不分民族、种族、性别、职业、财产状况、宗教信仰等，依法享有平等的受教育机会。"第37条第1款规定："受教育者在入学、升学、就业等方面依法享有平等权利。"《高等教育法》（2018年）第9条第1款规定："公民依法享有接受高等教育的权利。"法国《宪法》（1946年）序言中明确规定（1958年《宪法》再次确认）："国家保证儿童及成年男女获得一般教育与职业教育及文化之均等机会，并应设立各级非宗教之义务机关。"因此，一般而言，人的出生、民族、种族、性别、职业、财产状况、宗教信仰等，不得作为法律归类的标准。

（2）弱势倾斜。合理归类，要求归类为相同者，应相同对待。亦即，同为优势者应获得同等对待；同为弱势者，也应同等对待。此原则的目的是解决优势者、弱势者内部之平等。在合理归类的基础上，在优势者和弱势者之间，则应适用向弱势者倾斜之准则。

《教育法》（2021年）第10条规定："国家根据各少数民族的特点和需要，帮助各少数民族地区发展教育事业。国家扶持边远贫困地区发展教育事业。国家扶持和发展残疾人教育事业。"第37条第2款规定："学校和有关行政部门应当按照国家有关规定，保障女子在入学、升学、就业、授予学位、派出留学等方面享有同男子平等的权利。"第38条规定："国家、社会对符合入学条件、家庭经济困难的儿童、少年、青年，提供各种形式的资助。"第39条规定："国家、社会、学校及其他教育机构应当根据残疾人身心特性和需要实施教育，并为其提供帮助和便利。"《高等教育法》（2018年）第9条第2款和第3款规定："国家采取措施，帮助少数民族学生和经济困难的学生接受高等教育。高等学校必须招收符合国家规定的录取标准的残疾学生入学，不得因其残疾而拒绝招收。"

也就是说，我国大学在招生录取方面，应当向边远贫困地区的人口、残障人士、少数民族人口等倾斜。

（3）禁止不当链接。所谓不当链接，就是基于不合理的因素而确定招生录取的标准、人数等。我国教育部每年编制、颁布的高校招生录取计划、录取人数、录取条件等文书，是教育部对每所高校的行政许可决定书。教育部在作出此类行政许可决定时，应当遵循合理归类、弱势倾斜的基本要求，合理设置录取条件，合理制定招生计划、合理分配录取人数，而不是滥用自由裁量权，采取歧视政策，将各种不合理的因素作为招生录取的标准。

我国高校的招生权属于国家特许，高校的招生录取行为必须保障考生的公平竞争权，高校在招生时不得歧视，不得进行各种不当链接活动。需要特别强调的是，高校不得将"民族、种族、性别、职业、财产状况、宗教信仰等"作为考试资格确认、大学招生录取等的分类标准。高校在招生录取时，如果需要考虑民族、种族、性别、职业、财产状况、宗教信仰等因素，必须有强烈说服力的理由和法律根据。某些特殊专业可以设置特别标准，但该种标准的设置亦应符合科学原理、符合一般社会伦理常识。例如，不得擅自设置招生录取的条件，将性别、身高、相貌作为歧视对象；不得在进行自主招生时，设置各种非法链接因素，推行各种隐形歧视政策等。

三、高等教育实际享有权

（一）高等教育实际享有权的概念

高等教育实际享有权，是指作为高等教育服务合同一方当事人的公民在高等教育服务合同中所实际享有的合同权利。对于具体的公民而言，高等教育受教育权只有具体化为具体的合同权利，才具有实际价值。

高等教育实际享有权有三个基本特征：

（1）高等教育属于稀缺资源，公民若要实际享有受高等教育的权利，首先需要参与竞争。不参与竞争或者虽然参与竞争但未获成功的公民，不可能拥有高等教育实际享有权；只有参与竞争且竞争成功后与高校订立高等教育服务合同并亲自履行该合同，方能实际享有受高等教育的权利。因此，高等教育实际享有权是一项特别特权（special privilege）或者附条件特权（conditional privilege；qualified privilege）。[1]

（2）高等教育实际享有权是指学生以高等教育服务合同为基础，包括学籍许可与监管在内的一系列法律关系中所享有的权利。这些权利包括学生实际享有接受高等教育的权利、享受火车票半价的权利、获得奖学金助学金的权利以及不被强制服兵役的权利等；同时，大学学生亦因其特殊身份而负担某些特殊义务，这些特殊义务可以囊括为"操行良好保持义务"和"学业高度勤勉义务"两个大项。

（3）高等教育实际享有权是一项不可转让的权利，也就是说，该项权利的享有者必须亲自履行/享受，不可让与第三人。高等教育服务合同是一种具有严格人身属性的合同，只有学生自己亲自履行才能达成该合同的目的。但是，大学在取得学生同意的基础上可转让其合同义务。

（二）侵犯高等教育实际享有权应当承担的法律责任

高等教育实际享有权，是竞争成功者的个人权利，任何第三人不得侵犯。根据《教育法》（2021年）第77条的规定，侵犯高等教育实际享有权的人应当承担下列责任：

（1）在招收学生工作中滥用职权、玩忽职守、徇私舞弊的，由教育行政部门或者其他有关行政部门责令退回招收的不符合入学条件的人员；对直接负责的主管人员和其他直接责任人员，依法给予处分；构成犯罪的，依法追究刑事责任。

（2）盗用、冒用他人身份，顶替他人取得入学资格的，由教育行政部门或者其他有关行政部门责令撤销入学资格，并责令停止参加相关国家教育考

---

［1］ 英文中的特权（privilege）一词，源于拉丁文 Privilegium。在罗马法中，此术语之含义是"对一个人或一个阶层的照顾性条件，对其负担或其他义务性规则的豁免。"参见［意］彼德罗·彭梵得：《罗马法教科书》，黄风译，中国政法大学出版社1992年版，第12页。《元照英美法词典》该词条之解释为："特权；特惠；特免。含义不确定的法律用语，最常用于指当事人依法享有为或不为特定行为的自由，……其主要含义为：①泛指法律赋予某人或某类人的特别权利或豁免，有的特权在任何情况下都不能剥夺，此为绝对特权（absolute privilege），有的特权只在特定情形下享有或在特定情形下可剥夺，此为限制性特权（qualified privilege）或附条件特权（conditional privilege）；……"参见薛波主编：《元照英美法词典》，法律出版社2003年版，第1059页。《布莱克法律词典》对"privilege"的第1项解释就是"赋予某人或某类人之特别法律权利、免除或豁免；义务之免除"。该词典中对于"absolute privilege"与"qualified privilege"的解释，与《元照英美法词典》中的解释相同。但该词典中还有"special privilege"，其含义为"赋予某人或某类人独有、排除其他人且系超越普通法权利之特别权利"。参见 Bryan A. Garner （ed.），*Black's Law Dictionary*，Thomson West，2004，pp. 1234~1235, 1237.

试 2 年以上 5 年以下；已经取得学位证书、学历证书或者其他学业证书的，由颁发机构撤销相关证书；已经成为公职人员的，依法给予开除处分；构成违反治安管理行为的，由公安机关依法给予治安管理处罚；构成犯罪的，依法追究刑事责任。[1]

（3）与他人串通，允许他人冒用本人身份，顶替本人取得的入学资格的，由教育行政部门或者其他有关行政部门责令停止参加相关国家教育考试 1 年以上 3 年以下；有违法所得的，没收违法所得；已经成为公职人员的，依法给予处分；构成违反治安管理行为的，由公安机关依法给予治安管理处罚；构成犯罪的，依法追究刑事责任。

（4）组织、指使盗用或者冒用他人身份，顶替他人取得的入学资格的，有违法所得的，没收违法所得；属于公职人员的，依法给予处分；构成违反治安管理行为的，由公安机关依法给予治安管理处罚；构成犯罪的，依法追究刑事责任。

（5）学生的入学资格被顶替、权利受到侵害的，该学生可以请求大学恢复其入学资格，大学应当为其恢复入学资格。

第三节　大学与学生之间的法律关系理论

一、传统的法律理论

在时代的变迁过程中，关于学生法律地位的理论有自治说、代理父母说、慈善信托受益人说、公营造物使用人说等。其中，传统的代理父母理论、公营造物使用人说中的特别权力关系理论是两种比较有影响力的学说。

（一）代理父母理论

代理父母理论认为，学生在学校期间，学校是学生的代理父母，双方的

---

〔1〕《刑法》（2023 年）第 280 条之二规定："盗用、冒用他人身份，顶替他人取得的高等学历教育入学资格、公务员录用资格、就业安置待遇的，处三年以下有期徒刑、拘役或者管制，并处罚金。组织、指使他人实施前款行为的，依照前款的规定从重处罚。国家工作人员有前两款行为，又构成其他犯罪的，依照数罪并罚的规定处罚。"本书认为，冒名顶替他人入学，应当以造成特别严重后果的诈骗罪追究其法律责任，因为高等教育实际享有权中天然地含有财产比如奖学金、助学金、火车票半票待遇、学校食堂住宿较为优惠等，当然构成诈骗罪；又由于冒名顶替行为为剥夺他人受高等教育的权利、扭曲他人人生轨迹，后果当然极其严重。

法律关系是监护人与被监护人的关系。这种理论在 18 世纪即已消亡。

（二）特别权力关系理论

特别权力关系理论是这样的：人们首先将政府与国民之间的法律关系两分为一般权力关系与特别权力关系。一般权力关系下，政府与国民之间就法律上的权利义务按照宪法、一般法律的原则和规定处理，比如当政府的行为侵犯国民的权利时，国民可以向法院提起行政诉讼。特别权力关系，是指特定国民比如受刑人、军人、国家公务员、公立学校学生等，因其与政府之间处于特别情形，这些特定国民与政府之间的权利义务不适用宪法、法律的一般原则和规定，而适用特别的法律规则，比如当政府的行为侵犯这些国民的权利时，这些特定国民不能提起行政诉讼等一般法律救济措施，而必须采用政府给予的特别救济途径，甚至不给予任何救济手段。

使用传统的特别权力关系理论或者其修正版（比如"区分基础法律关系与管理法律关系""特别法律地位说"等）来解释、说明和处理大学与学生之间的法律关系，均无法应对大学与学生之间法律关系的复杂性和特殊性。理由有二：

（1）特别权力关系理论，都是指称一种当事人在宪法上的特别地位，该种地位一方面使当事人获得特权，一方面使其宪法权利减损。特别权力关系，不是具体法律关系，而是某类特殊行政关系的总的指导原则。作为一项原则，它可以对具体法律关系或具体纠纷类型的分析起指导作用，但不能代替具体法律关系的分析和定性。用特别权力关系理论对学生的法律地位进行解释之所以不符合时代潮流，是因为这种理论是在用一种笼统定性的方法，来对大学与学生之间的复杂关系类型进行解释与处理。

（2）从某种意义上说，特别权力关系处于法律关系与伦理关系的中间地带，或可称为伦理关系与法律关系的复合体。用这种理论解释、说明和处理学生与大学之间的法律关系，将处于双重困境：

第一，如将特别权力关系解释为法律关系，它就预设了一个前提，即将学生与大学之间就公营造物使用关系的设立、实现和结束过程中发生的所有法律关系，整合为一种法律关系，预设其为行政法律关系，且属于特别行政法律关系。然后在此框架下，进行各种解读、修正甚至是批判。但由于其预设的前提本就不符合现代社会和法律的发展，其解释力当然不强。

第二，如将特别权力关系解释为纯粹伦理关系，则学生之权利纯属伦理

权利？大学之权威尚处于"代理父母说"之"开明专制"时代？此亦不符合
法治和现代社会保护人权之基本法理。

二、教育法律关系理论

人与人之间的关系，从宏观意义上界分，可分为宗教关系、伦理关系和
法律关系三种。其中，法律关系，从总括的意义上又可分为民事法律关系、
刑事法律关系、行政法律关系和宪制法律关系四种。而每一种总括性的法律
关系，又可分为更具体的法律关系。比如，民事法律关系可以细分为物权、
合同、家事、侵权等法律关系；行政法律关系可具体化为行政许可、行政处
罚、行政确认、行政强制、行政征收、行政补偿等法律关系。就诉讼救济途
径而言，我国有三种：民事诉讼、刑事诉讼、行政诉讼（暂无宪法诉讼）。诉
讼程序由争议实体法律关系性质决定，根据争议实体法律关系的不同类型，
当事人选择提起民事诉讼、行政诉讼、刑事诉讼。实体法律关系性质不同，
当事人的法律地位不同，法律处理规则和法律救济途径亦不同。

因此，在现有分类标准下不存在什么"教育法律关系"。笼统地用"教育
法律关系"囊括学生与大学之间的法律关系，缺乏最基本的法律常识。

三、法律关系群理论

（一）法律关系群的概念

大学是高等教育服务的提供者，学生是高等教育服务的享有者。法律性
质上，我国大学是公营造物法人，学生是该公营造物的使用人。大学与学生
之间的法律关系是公营造物与其使用人之间的关系，该使用关系，有其发生、
履行和消灭的过程。

大体而言，学生与大学及其教师之间的关系有两种：一种是伦理关系。
伦理关系不以大学作为主体，而以大学的代理人即教师等个人作为伦理主体。
该种关系由学术伦理和师生伦理规范加以调整，比如学术确认之权威专断权
力、教学相长之学术传承伦理规则、师生拟制亲子伦理关系等。另一种是法
律关系，该种关系当然由法律加以调整。大学与学生之间的法律关系，既有
民事法律关系，比如高等教育服务契约关系、民事侵权赔偿法律关系等，又
有行政法律关系，比如学术确认之基本程序、学籍监管之行政法律权利义务
（获取学籍之行政许可、学籍监管之行政处罚、毕业证之行政确认等）、大学

公营造物之"家主权力"与学生的"被邀请人法律地位"等。因此，大学与学生之间在公营造物使用的确立、履行和终止过程中发生的法律关系，是多种具体民事法律关系和多种具体行政法律关系混合而成的一个集束群，或者说，学生与大学（包括招生考试机构）之间的法律关系，是一个以公营造物利用为核心的法律关系群。

使用"法律关系群理论"来解读、说明和处理大学与学生之间的法律关系，可使学生与大学之间的法律关系条理清晰，学生与大学之间的权利义务明确。当学生或大学的权利受损时也可援用适当的法律救济措施。

（二）法律关系群的具体内容

1. 程序描述

世界各国大学的招生录取、教育教学、毕业确认、学位授予等程序基本相同，但以我国大学的招生录取、教育教学、毕业确认、学位授予等程序最为复杂。我国大学的招生录取、教育教学、毕业确认、学位授予等程序如下：

（1）考生申请参加考试，招生考试机构（考试中心、招生办）确定其是否具有参加考试的资格；

（2）考生参加考试，招生考试机构确认其考试成绩；

（3）考生填报志愿，招生考试机构确认其是否具有向高校发出邀约的资格；

（4）招生考试机构投档；

（5）学校录取；

（6）学生报到、缴费，学校初查、注册；

（7）学校复查；

（8）学校进行教学、学籍监管；

（9）学校颁发学业证书；

（10）学生离校。

按学生从申请入学考试至大学毕业获得毕业证书、学位证书而离校的时间顺序，学生与大学之间就公营造物的利用可以划分为考学、入学、在学和学业确认四个阶段。

2. 法律关系群之"四阶段、两层次"

学生（包括考生）与大学（包括招生考试机构）之间的法律关系是由四阶段、两层次之多种具体法律关系而组成的一束"法律关系群"。

其中，"四阶段"是指考学、入学、在学、学业确认和离校手续办理四个阶段。

第一阶段，考学阶段。此阶段的当事人有考生、招生考试机构与大学。考生与招生考试机构、大学之间发生下列五种法律关系。

（1）考生与招生考试机构之间的考生考试资格行政许可法律关系。在此法律关系中，考生是申请人；招生考试机构是行政许可机关；行政许可事项是考生考试资格。

（2）考生参加考试，招生考试机构确认其高考成绩。在此法律关系中，考生是申请人；招生考试机构是行政确认机构；行政确认事项是考生的高考成绩。

（3）考生与招生考试机构之间的考生要约资格行政确认法律关系。在此法律关系中，考生是申请人；招生考试机构是行政确认机关；行政确认事项是考生与大学缔约的要约人资格（确认考生志愿的有效性）。

（4）考生与招生考试机构之间的缔约委托代理法律关系。考生填写高考志愿书，高考志愿书是考生向大学发出的请求订立高等教育服务合同的书面要约。在我国，考生不是自己直接与大学磋商、向大学发出要约，而是委托招生考试机构由招生考试机构作为考生的委托代理人，向大学发出要约。由此考生与招生考试机构之间又形成了委托代理法律关系。在此代理法律关系中，考生是委托人；招生考试机构是代理人；代理事项是招生考试机构代理考生向大学发出要约。

（5）考生与大学之间的高等教育服务合同成立并生效。当考生通过招生考试机构代理向大学发出要约后，如果考生获得大学录取通知书，大学与考生之间的高等教育服务合同成立，大学与学生之间形成高等教育服务合同关系（公营造物使用关系）。在此法律关系中，考生是要约人；大学是被要约人（承诺人）；契约内容是高等教育服务。

第二阶段，入学阶段。此阶段发生学生入学与缴费、学校初查和注册、学校复查等行为，表现为高等教育服务合同的开始履行、学籍管理行政法律关系的形成。

（1）学生入学、缴费与学校初查、注册。学生入学、缴费有两个法律意义：一是学生向大学的告知行为；二是向大学提出学籍许可的申请。相应地，大学初查、注册也有两个法律意义：一是大学知悉学生前来学校履行合同之事实；二是受理学生学籍行政许可的申请，进行初步审查并作出初步决定的事实。

注册后，学生与大学之间的高等教育服务合同进入实际履行阶段；大学与学生之间的学籍行政许可进入学籍监管阶段。

(2) 大学复查。大学对其与学生之间的高等教育服务合同的有效性，以及其授予学生学籍的初步决定的合法性进行再次审查。

第三阶段，在学阶段。在此阶段，大学与学生之间高等教育服务契约进入实际履行阶段；学籍行政监管亦处于进行之中。

(1) 大学与学生实际履行高等教育服务合同。

(2) 大学对学生的学籍进行持续的监管。

第四阶段，学业确认和离校手续办理阶段。学生学习结束后，学生与大学之间发生下列法律关系。

(1) 学生与大学之间的毕业确认行政法律关系。此种法律关系中，学生是行政相对人；大学是行政主体；法律关系性质是毕业行政确认。

(2) 学生（学位申请人）与大学（学位授予单位）之间的学位授予行政法律关系。此种法律关系中，学生是行政相对人；大学是行政主体。法律关系性质是学位授予行政确认。

(3) 学生办理离校手续，主要是高等教育合同终止后的后续收尾工作，比如学费、书本费结算，户口、档案转移等。这里会涉及民事法律关系和行政法律关系。

"两层次"是指学生（包括考生）与大学（包括招生考试机构）之间既适用民法，亦适用行政法。第一阶段，学生与招生考试机构之间形成的入学前考试资格许可、高考成绩行政确认、高等教育服务合同要约资格行政确认等，适用行政法；考生与招生考试机构之间的要约委托代理、考生与大学之间高等教育服务合同的订立等，适用民法。第二阶段，学生入学、缴费等适用民法；学籍行政许可的申请与审查，适用行政法。第三阶段，学生与大学之间的高等教育服务合同之履行、变更、中止、终止、违约责任等，适用民法；学籍行政监管（包括对学生的每学期的学籍注册、行政奖励、纪律处分等）适用行政法；第四阶段，学生与大学之间的学业确认为法律关系，适用行政法；各种离校手续办理，适用民法、行政法。对学生与大学之法律关系群，可总结为下表3。

表3　学生与大学之法律关系群

阶段顺序	阶段名称	具体法律关系性质	当事人	适用法律
第一阶段	考学阶段	考试资格行政许可	考生与招生考试机构	行政法
		高考成绩行政确认	考生与招生考试机构	行政法
		缔约资格行政确认	考生与招生考试机构	行政法
		高等教育服务合同要约代理	考生与招生考试机构	民法
		高等教育服务合同的订立	学生与大学（公营造物）	民法
第二阶段	入学阶段	学生入学、缴费	学生与大学（公营造物）	民法
		学籍行政许可申请与审查	学生与大学（公营造物）	行政法
第三阶段	在学阶段	合同履行、变更、中止	学生与大学（公营造物）	民法
		学籍行政监管	学生与大学（公营造物）	行政法
第四阶段	学业确认和离校手续办理阶段	毕业行政确认	学生与大学（公营造物）	行政法
		学位行政确认	学生与大学（公法社团）	行政法
		离校手续办理	学生与大学（公营造物）	民法、行政法

▶ **思考题**

1. 简述高等教育受教育权的性质与特征。
2. 简述高等教育公平竞争权的具体要求。
3. 简述高等教育实际享有权的具体内容。
4. 简述学生与大学之间的"法律关系群理论"。

第十九章
考学阶段的法律关系

　　考学阶段的法律关系包括以下几种法律关系：考试资格行政许可法律关系，具体内容包括申请人、许可主体、许可条件、许可程序等；高考成绩行政确认关系，具体内容包括考试纪律的维护与考试成绩的确认与复核等；高等教育服务合同的要约资格行政确认法律关系，具体内容包括高考志愿的法律性质、高考志愿合法的要件等；高等教育服务合同的订立所涉及的法律关系，具体内容包括考生要约、招生考试机构的代理、大学承诺等。

第一节　考试资格行政许可

一、考试资格行政许可的申请人与许可主体

　　并非所有国民均可获得高考资格，获得高考资格必须符合一定的条件并经考试招生机构的审查和核准。招生考试机构对考生能否参加高考的资格进行审查、确定的行为，属于行政法上的行政许可。

　　（1）申请人当然是报考人。

　　（2）许可机关是省级招生考试机构。根据教育部《2020 年普通高等学校招生工作规定》第 3 条规定："报名办法。……各省级招委会办公室（包括教育考试院、招考办、考试中心、考试局等，以下统称为省级招办）要指导本省（区、市）各级招生考试机构认真履行考生报名资格审核工作职责，根据报名条件，严格审核考生报名资格。报名结束后，省级招办应对所有报名数据进行重复报名和违规情况筛查。"

　　省、市、县的招生考试机构都属于行政法上的"法律法规授权组织"，拥

有独立的行政主体资格。尽管报考人一般是向县级招生考试机构报名/申请，但就高考考试资格许可之行政主体确认而言，高考考试资格许可中的行政主体是省级考试招生机构，县级、市级招生考试机构仅是省级招生考试机构的受托人（承担接收报考人提交的材料和对报考人进行初审的职责）。

二、考试资格行政许可的许可条件

报考人申请参加考试，需要同时满足 4 个基本条件。[1]

（一）国籍、户籍条件

国籍、户籍条件，是指报考人是否具有中华人民共和国国籍、相应户籍等。教育部《2020 年普通高等学校招生工作规定》第 3 条规定："报名办法。申请报考高校的考生，原则上按其户籍所在省（区、市）高校招生委员会（以下简称省级招委会）规定的时间、地点及方式报名。省级招委会可按照以考生户籍为主、与在本地区高级中等教育学校就读一定年限相结合的原则，结合本地区实际就报名条件、时间和有关要求作出具体补充规定。进城务工人员及其他非户籍就业人员的随迁子女接受高中阶段教育后在当地参加高校招生考试，按各省（区、市）公布的办法执行。相关考生不得在'流入'和'流出'两地同时参加高考报名。对于因特殊情况既不符合流入地也不符合流出地报考条件的考生，由流入地协调流出地稳妥解决，原则上回流出地报考。在中国定居并符合报名条件的外国侨民，持公安机关签发的《中华人民共和国外国人永久居留身份证》，可在有关省级招委会指定的地点申请报名。……"

这种证明材料属于相关国籍、户籍行政机关（一般是公安、外交等相关行政机关）的职权范围。考生如果不服公安机关、外交机构的证明行为，可以以公安机关、外交机构为被告提起行政诉讼。

（二）学历条件

学历条件，是指报考人应当具有高级中等教育学校毕业或具有同等学力。教育部《2020 年普通高等学校招生工作规定》规定："一、报名。1. 符合下列条件的人员，可以申请报名：……（2）高级中等教育学校毕业或具有同等

---

[1]　考生向招生考试机构提供的符合这 4 个基本条件的证明材料，其法律性质属于行政法上的行政证明。

学力；……2. 下列人员不得报名：（1）具有高等学历教育资格的高校在校生，或已被高校录取并保留入学资格的学生；（2）高级中等教育学校非应届毕业的在校生；（3）在高级中等教育阶段非应届毕业年份以弄虚作假手段报名并违规参加普通高校招生考试（包括全国统考、省级统考和高校单独组织的招生考试，以下简称高校招生考试）的应届毕业生；……"

这种证明材料一般属于考生所在的高级中学、单位或者地方人民政府（一般是乡镇人民政府）的职权范围。考生如果不服，可以以其所在之高级中学或乡镇人民政府为被告提起行政诉讼。

（三）品德条件

品德条件，即报考人应当遵守中华人民共和国宪法和法律、品行良好等。教育部《2020年普通高等学校招生工作规定》规定："一、报名。1. 符合下列条件的人员，可以申请报名：（1）遵守中华人民共和国宪法和法律；……2. 下列人员不得报名：……（3）在高级中等教育阶段非应届毕业年份以弄虚作假手段报名并违规参加普通高校招生考试（包括全国统考、省级统考和高校单独组织的招生考试，以下简称高校招生考试）的应届毕业生；（4）因违反国家教育考试规定，被给予暂停参加高校招生考试处理且在停考期内的人员；（5）因触犯刑法已被有关部门采取强制措施或正在服刑者。……三、思想政治品德考核……10. 考生有下列情形之一且未能提供对错误的认识及改正错误的现实表现等证明材料的，应认定为思想政治品德考核不合格：（1）有反对宪法所确定的基本原则的言行或参加邪教组织，情节严重的；（2）触犯刑法、治安管理处罚法，受到刑事处罚或治安管理处罚且情节严重、性质恶劣的。……"

这种证明材料一般属于报考人所在的学校、单位或乡镇人民政府的职权范围。[1]报考人如果与其发生纠纷，可以提起行政诉讼。

（四）身体条件

身体条件，即报考人的身体健康状况应当符合参加高考的条件。教育部

---

[1]　教育部《2020年普通高等学校招生工作规定》第9条规定："思想政治品德考核主要是考核考生本人的现实表现。考生所在学校或单位应对考生的政治态度、思想品德作出全面鉴定，并对其真实性负责。无就读学校或工作单位的考生原则上由所属的乡镇、街道办事处鉴定，各省（区、市）招生委员会可结合实际制定具体办法。鉴定内容应完整、准确地反映在考生报名登记表或省级招办另设的专门附加表中。对受过刑事处罚、治安管理处罚或其他违法违纪处理的考生，要提供所犯错误的事实、处理意见和本人对错误的认识及改正错误的现实表现等翔实材料，并对其真实性负责。"

《2020 年普通高等学校招生工作规定》规定："一、报名。1. 符合下列条件的人员，可以申请报名：……（3）身体状况符合相关要求。……四、身体健康状况检查。11. 报考高校的所有考生均须参加身体健康状况检查，如实填写本人的既往病史。考生如因身体等特殊原因，无法参加特定项目检查时，须出具体检医院相应材料。省级招委会协调当地卫生健康行政部门制订体检工作的组织办法，由县级以上招生考试机构和卫生健康行政部门组织实施。考生的体检须在指定的二级甲等以上医院或相应的医疗单位进行，主检医师应由具有副主任医师以上职称、责任心强的医生担任。主检医院或相应的医疗单位须按教育部、原卫生部、中国残疾人联合会印发的《普通高等学校招生体检工作指导意见》和人力资源社会保障部、教育部、原卫生部《关于进一步规范入学和就业体检项目维护乙肝表面抗原携带者入学和就业权利的通知》等有关要求，对考生身体健康状况作出相应的、规范准确的体检结论，并对其真实性负责。非指定的医疗机构为考生作出的体检结论无效。省级招委会应在本省（区、市）指定一所终检医院，并负责协调终检医院对有关方面有异议的体检结论作出最终裁定。12. 高校在《普通高等学校招生体检工作指导意见》等有关要求的基础上，可根据本校的办学条件和专业培养要求，提出对考生身体健康状况的补充要求。补充要求必须合法、合理，有详细的说明和解释，并在招生章程中向社会公布。"

对于医院进行的健康检查的法律性质有两种意见：第一种意见认为，医院是招生考试机构的委托代理人，考生如果对医院的检查结论不服，应以招生考试机构为对方当事人提起行政复议或者行政诉讼；第二种意见认为，考生与医院之间系民事法律关系，考生与医院之间发生纠纷，应以医院为被告提起民事诉讼。本书认为，上述两种意见都不恰当。正确的观点是，医院此时行使的是考生健康证明权，该权力系行政权，医院此时的法律身份是"法律法规授权的组织"，而不是招生考试机构的代理人。因此，如果考生对医院的身体检查结论不服，应当以医院为被告向人民法院提起行政诉讼。当然，此种情形下，法院应对医院行使报考人健康证明权的程序进行审查，一般不宜对有关医学专业问题进行实质审查。

三、考试资格行政许可的许可程序

报考人的申请材料报送招生考试机构后，招生考试机构对报考人是否具有考试资格进行审查、确定。

招生考试机构的考试资格许可程序应当严格按照《行政许可法》和相关法律、法规、规章和其他合法有效的规范性文件所设定的程序进行。大致程序如下：

（1）报考人申请。报考人在县、市招生考试机构报名考试，很多情况下还由学校代为报名。由于计算机网络的普及，现在报考人可以直接向省级招生考试机构报名。

（2）考试招生机构审查是否受理。

（3）招生考试机构审查决定。经审查，如果准予报名则发给准考证；如果不准予报名，则应当作出不准予报名的决定，并说明理由。经书面审查不足以作出决定的情况下，考试招生机构应当进行实地考察核实。拟将作出不予报名决定时，应当听取考生及其代理人的意见，必要时应当召开听证会。

（4）送达。招生考试机构应当将其是否准予报名的决定及时送达报考人。

报考人与招生考试机构之间如果就报考人考试资格发生纠纷，报考人可以以招生考试机构为被申请人/被告提起行政复议或者行政诉讼。需要提醒的是，提供报考人资格证明文件的单位（提供考试资格行政许可前置证明文件的单位），比如派出所（出具户籍证明文件的单位）、中学（出具所受教育程度、品行良好证明文件的单位）、乡镇人民政府（为社会人员出具所受教育程度、品行良好证明文件的单位）、医院（提供健康证明文件的单位）等，不是受招生考试机构委托的受托人，报考人与证明单位之间发生纠纷，应当以这些证明单位为被告提起行政诉讼，而不能起诉招生考试机构。

第二节　高考成绩行政确认

一、考试纪律的维护

考生获得考试资格后，参加考试。考生应当遵守考试纪律。根据《教育法》（2021年）第79条的规定，考生在国家教育考试中有下列行为之一的，由组织考试的教育考试机构工作人员在考试现场采取必要措施予以制止并终止其继续参加考试；组织考试的教育考试机构可以取消其相关考试资格或者考试成绩；情节严重的，由教育行政部门责令停止参加相关国家教育考试1

年以上 3 年以下；构成违反治安管理行为的，由公安机关依法给予治安管理处罚；构成犯罪的，依法追究刑事责任：

（1）非法获取考试试题或者答案的；

（2）携带或者使用考试作弊器材、资料的；

（3）抄袭他人答案的；

（4）让他人代替自己参加考试的；

（5）其他以不正当手段获得考试成绩的作弊行为。

根据《教育法》（2021 年）第 80 条的规定，任何组织或者个人在国家教育考试中有下列行为之一，有违法所得的，由公安机关没收违法所得，并处违法所得 1 倍以上 5 倍以下罚款；情节严重的，处 5 日以上 15 日以下拘留；构成犯罪的，依法追究刑事责任；属于国家机关工作人员的，还应当依法给予处分：

（1）组织作弊的；

（2）通过提供考试作弊器材等方式为作弊提供帮助或者便利的；

（3）代替他人参加考试的；

（4）在考试结束前泄露、传播考试试题或者答案的；

（5）其他扰乱考试秩序的行为。

考生因参加考试而与招生考试机构之间形成考试行政管理法律关系。如果考生因考试纪律而受到教育考试机构、教育行政部门或者公安机关的处理，考生可以申诉、行政复议或者行政诉讼。

二、考试成绩的确认与复核

（一）考试成绩的确认

教育部《2015 年普通高等学校招生全国统一考试考务工作规定》第 31 条第 1 款规定："省级教育考试机构应按照《国家教育考试网上评卷暂行实施办法》《国家教育考试网上评卷技术暂行规范》《国家教育考试网上评卷统计测量暂行规范》（教考试〔2008〕2 号）和《普通高等学校招生全国统一考试评卷工作考务管理办法》（教考试厅〔2013〕2 号）等相关文件的要求，负责本行政区域的评卷组织、管理和质量监控工作。"也就是说，省级教育考试机构是考生考试分数的确认主体。

（二）考试成绩的复核

高考成绩公布之后，如果考生对本人分数有异议，可以申请复核高考成绩的准确性。成绩复核工作一般（在省高考评卷工作领导小组的领导下）由省高考评卷工作组和省高考评卷仲裁组负责实施。考生对复核结果仍存有质疑的，可以申请再次复核。省高考评卷仲裁组组织再次复核后，作出最终认定结论。仲裁组认定结果由各县（市区）招生考试机构书面通知考生本人。

第三节　要约资格行政确认

一、高考志愿的法律性质

考生考试后，需填报志愿。考生的志愿书是"要约"还是"要约邀请"？

《民法典》（2021年）第472条规定："要约是希望与他人订立合同的意思表示，该意思表示应当符合下列条件：（一）内容具体确定；（二）表明经受要约人承诺，要约人即受该意思表示约束。"第473条规定："要约邀请是希望他人向自己发出要约的表示。拍卖公告、招标公告、招股说明书、债券募集办法、基金招募说明书、商业广告和宣传、寄送的价目表等为要约邀请。商业广告和宣传的内容符合要约条件的，构成要约。"很明显，考生志愿书在法律性质上是考生向大学发出缔结高等教育服务合同的书面要约。

二、高考志愿合法的要件

由于我国大学的招生受到国家的严格监督，招生考试机构要对考生是否具有与大学缔结高等教育服务合同的资格、（如具有）能与什么等级的大学缔约的资格进行审查并作出确认。招生考试机构这种确认，在法律性质上属于行政法上的行政确认。这种确认实际表现为招生考试机构对考生志愿书的法律效力进行确认。

考生志愿须同时符合以下三个条件方为合法有效：

（1）道德品行合格。考生所在中学、单位或者乡、镇人民政府或街道办事处出具的道德品行良好的证明。

（2）身体健康条件复核标准。身体状况也是考生与不同高校或专业缔结协议的资格的一个前提条件，招生考试机构也需审查。考生应当在国家指定的医院进行身体检查，并达到国家要求的健康标准。

（3）考试分数达到国家不同档次高校招生的最低分数线。我国将大学分为几个等级（以普通公立本科为例），即一本、二本、三本、专科和职业技术学院等。招生考试机构在考生其他条件（国籍、户籍、身体健康状况、德行操守水平等）均符合的情况下，主要根据考生高考分数的不同，对考生是否具有与相应级别的高校缔结高等教育服务合同的资格进行确认。低于最低分数的考生，不具有与任何高校缔约的资格；低等级分数的考生，不具有与高等级的高校缔结协议的资格。

招生考试机构对考生志愿的法律效力进行确认，实质上就是对考生向大学发出订立高等教育服务合同要约的资格进行确认。如果考生与招生考试机构之间就考生志愿是否符合条件发生纠纷，考生可以以招生考试机构为被告提起行政诉讼。

第四节　高等教育服务合同的订立

一、考生要约

在我国，向大学发出订立高等教育服务合同要约，考生不能直接办理，必须由招生考试机构进行代理。考生志愿被招生考试机构确认有效后，招生考试机构的身份随即转变为考生发出要约的代理人，代理考生向大学发出要约，考试招生机构要将考生的志愿书向高校投档。这里需要讨论的问题有：

（1）考生与招生考试机构之间适用有关民事代理的法律。招生考试机构如果未投档或未正确投档致使考生的合法权益受到损害，考试招生机构应当及时采取补救措施，并赔偿损失。

招生考试机构不是大学的代理人。如果认为招生考试机构是大学的代理人，那么在招生考试机构未正确投档或者因招生考试机构的原因而导致考生志愿无效的情况下，学生应起诉大学。这肯定不符合法理，因为考生参加高考，缴纳之费用由招生考试机构收取，此费用是招生考试机构收取的组织考试和代理投档的费用，高校未付招生考试机构任何费用，因此，不宜将招生考试机构认定为高校的代理人。

（2）如果考生通过其所在之高级中学提交志愿书，此时中学是考生的代理人，还是招生考试机构的代理人？本书认为，高级中学接收考生的志愿书，系为招生考试机构的利益而代收，且根据委托代理不得转委托之法理，将高级中学认定为招生考试机构的信差更加合理。如果志愿书在提交高级中学后发生丢失、篡改，考生应起诉招生考试机构或者同时起诉高级中学，请求它们承担连带责任。今日高考志愿之提交均由考生直接通过网络向省级招生考试机构提交，考生与中学之间的这种纠纷基本不会发生。

（3）如果其他人特别是考生的同学、教师或者亲属等，未经考生本人同意擅自截留、修改考生志愿书，则构成侵权。情节严重者，还可能构成犯罪。

二、大学承诺

（一）大学录取通知书的法律效力

大学录取通知书，有两种法律效力：

（1）大学的录取通知书，是大学对考生志愿书这种订立合同的要约的承诺。录取通知书一旦投邮，高等教育服务合同成立并生效。

（2）考生获得正式学生身份的预批准。大学录取通知书具有学籍批准的预决效力，在考生被录取至考生获得正式学籍这段时间内，考生虽不拥有正式学籍，但考生已经拥有某些身份特权。根据我国法律，考生可凭录取通知书享受优惠火车票、不被强制服兵役等优惠和特权。大学录取通知书这种预决效力相当于不动产预告登记的法律效力，但其与一般行政许可预审通过的预决效力相比，还是有一定的差异。一般行政许可预审通过的预决效力通常比较大：一般行政许可预审通过具有推定通过的效力，如到正式审查期限届满时行政机关尚未采取主动措施，则行政许可的效力从预审通过之日起算；但对于学籍许可而言，学生必须等到学校复查通过后，才能正式取得学籍。

（二）如何确定高等教育服务合同的成立和生效时间

《民法典》（2021年）第484条规定："以通知方式作出的承诺，生效的时间适用本法第一百三十七条的规定。承诺不需要通知的，根据交易习惯或者要约的要求作出承诺的行为时生效。"〔1〕第483条规定："承诺生效时合同成立，但是法律另有规定或者当事人另有约定的除外。"大学录取通知书是承诺，大学录取通知书一旦送达，大学的承诺即发生法律效力，大学与考生之间的高等教育服务合同成立。对于此点，几乎没有异议。需要讨论的问题是，高等教育服务合同是成立立即生效？还是成立但未生效，待考生在大学指定的入学注册日入学注册后才生效甚至待学校复查合格后才生效？〔2〕

合同的生效时间不同，在学生不报到或不准时报到的情况下，学生应负的责任亦不同。如果成立立即生效，学生不报到或不准时报到，学生应当承担违约责任；如果成立尚未生效、待考生入学注册后生效，考生不报到或不准时报到，考生应负缔约过失责任。本书认为，考生入学注册不是合同的生效时间，而是合同履行的开始时间。合同成立立即生效更符合高等教育服务合同的实际情况。

（三）录取通知书送达上应当采用"到达主义"还是"投邮主义"

（1）投邮主义，即录取通知书一经投邮，高等教育服务合同成立并生效。此种情况下，如果考生未入学注册，应当承担何种责任？本书认为，应当分别情况区别对待。第一种情况，考生收到了录取通知书，但考生非有合法理由不入学注册或推迟入学注册，学校有权解除合同并追究考生的违约责任；第二种情况，考生非因其个人原因没有收到或迟延收到录取通知书而不能入学注册或不能准时入学注册，考生可以追究邮递部门或第三人的责任，学校亦可采取相应的补救措施。

（2）到达主义，即录取通知书只有到达考生后，高等教育服务合同才成立并生效。此种情况下，如果考生没有收到或迟延收到录取通知书，合同不

---

〔1〕《民法典》（2021年）第137条规定："以对话方式作出的意思表示，相对人知道其内容时生效。以非对话方式作出的意思表示，到达相对人时生效。以非对话方式作出的采用数据电文形式的意思表示，相对人指定特定系统接收数据电文的，该数据电文进入该特定系统时生效；未指定特定系统的，相对人知道或者应当知道该数据电文进入其系统时生效。当事人对采用数据电文形式的意思表示的生效时间另有约定的，按照其约定。"

〔2〕《民法典》（2021年）第502条规定："依法成立的合同，自成立时生效，但是法律另有规定或者当事人另有约定的除外。依照法律、行政法规的规定，合同应当办理批准等手续的，依照其规定。未办理批准等手续影响合同生效的，不影响合同中履行报批等义务条款以及相关条款的效力。应当办理申请批准等手续的当事人未履行义务的，对方可以请求其承担违反该义务的责任。依照法律、行政法规的规定，合同的变更、转让、解除等情形应当办理批准等手续的，适用前款规定。"

成立，考生只可追究邮寄部门或第三人的责任，学校亦可不采取任何补救措施。

显然，投邮主义较为公平、人道，亦具有可操作性；到达主义对考生极为不利，也不公平。

▶ 思考题

1. 简述考试资格行政许可的法律主体、程序与救济措施。

2. 简述考试纪律之维护。

3. 简述考试成绩的确认与复查。

4. 简述高等教育服务合同的主体、内容。

5. 考生的志愿书是什么性质的法律文书？请说明理由。

6. 简述高考志愿合法性确认之法律主体、程序与救济措施。

7. 大学的录取通知书属于什么性质的法律文书？请说明理由。

8. 大学录取通知书的送达采取投邮主义还是到达主义对考生更加有利？请说明理由。

第二十章
入学阶段的法律关系

入学阶段的法律关系包括两个阶段的法律关系：第一阶段是学生报到与学校初查，其中，学生报到既是高校与学生实际履行高等教育服务合同的开始，亦是学生提出学籍行政许可申请的行为；第二阶段是学校复查，具体内容包括学校的复查时间、复查内容以及学校复查后的处理。

第一节　学生报到与学校初查

一、学生报到

教育部《普通高等学校学生管理规定》（2017 年）第 8 条规定："按国家招生规定录取的新生，持录取通知书，按学校有关要求和规定的期限到校办理入学手续。因故不能按期入学的，应当向学校请假。未请假或者请假逾期的，除因不可抗力等正当事由以外，视为放弃入学资格。"这里的新生按照学校规定的要求和期限到校办理入学手续，简称学生报到。学生报到的法律意义有二：

（1）学生报到，是高校与学生实际履行高等教育服务合同的开始。学生报到的日期，是学生与大学之间的高等教育服务合同开始实际履行的日期。因学生与大学之间的高等教育服务合同已经成立并生效，如果学生无正当理由不入学报到注册或者虽然到校但不缴费，学生违约，应负违约责任；如果学校无正当理由拒绝学生入学注册，学校违约，亦应负违约责任。

此种认定与录取通知书到达时合同成立未生效、学生入学注册时合同才生效的观点相比较，对学生有利。理由是，如果此时合同已经成立并生效，当学校拒绝学生入学注册时，学校违约，学生可以请求法院判令学校承担违约赔偿责任，还可请求法院判令学校继续履行合同；如果此时合同成立但尚未生效，学校只需承担缔约过失责任，学生亦无权选择请求学校继续履行合同之违约责任承担方式。学生实际享有高等教育权利的机会，至少会丧失1年。

（2）学生报到这种行为，同时还是学生提出学籍行政许可申请的行为。大学不但是高等教育服务合同中的一方当事人，它还拥有学籍批准和学籍监管的权力。《教育法》（2021年）第29条第1款第4项规定："学校及其他教育机构行使下列权利：……（四）对受教育者进行学籍管理，实施奖励或者处分；……"根据本条规定，大学所拥有的学籍批准和学籍监管的权力是大学依法律授权而获得的行政权力，大学在行使该项权力时，其身份是行政主体中的"法律法规授权的组织"。大学批准学籍的行为，是行政许可行为。其中，学生是申请人；大学是实施行政许可的行政主体。

二、学校初查

《普通高等学校学生管理规定》（2017年）第9条规定："学校应当在报到时对新生入学资格进行初步审查，审查合格的办理入学手续，予以注册学籍；审查发现新生的录取通知、考生信息等证明材料，与本人实际情况不符，或者有其他违反国家招生考试规定情形的，取消入学资格。"对于学生的报到，学校应当进行初步审查。经过审查，如果合格，则办理入学手续（即学校知悉考生到校，并对该学生的诸多事项比如班级、专业、寝室等进行适当安排的行为）、予以注册学籍（即对于学生的学籍许可申请，学校作出准予许可的决定并颁发学生证）。如果不合格，则取消入学资格。这里"取消入学资格"的意思是，学校应当宣布其与学生之间的高等教育服务合同无效，并拒绝接纳学生入学，当然更不可能给予该学生学籍行政许可。

如果学生对学校的取消入学资格不服，可以提起民事确认之诉，请求法院确认高等教育服务合同有效。

第二节　学校复查

一、复查时间与复查内容

学校复查，是指学校对学生一方当事人的入学资格的再次审查。

（一）复查时间

根据《普通高等学校学生管理规定》（2017 年）第 11 条第 1 款的规定，学校应当在 3 个月内按照国家招生规定进行复查。

（二）复查内容

根据《普通高等学校学生管理规定》（2017 年）第 11 条第 1 款的规定，学校复查的内容主要包括以下几个方面：

（1）录取手续及程序等是否合乎国家招生规定；

（2）所获得的录取资格是否真实、合乎相关规定；

（3）本人及身份证明与录取通知、考生档案等是否一致；

（4）身心健康状况是否符合报考专业或者专业类别体检要求，能否保证在校正常学习、生活；

（5）艺术、体育等特殊类型录取学生的专业水平是否符合录取要求。

二、复查后的处理

学校复查后的处理如下：

（1）《普通高等学校学生管理规定》（2017 年）第 11 条第 2 款规定："复查中发现学生存在弄虚作假、徇私舞弊等情形的，确定为复查不合格，应当取消学籍；情节严重的，学校应当移交有关部门调查处理。"这里的"取消学籍"的意思是撤销学籍行政许可。由于学生的学籍行政许可被撤销，学生与大学之间的高等教育服务合同亦被宣布无效。此等情形下，学生应当承担赔偿责任。

第一，如果考生严重不符合条件的事实发生在大学录取之前，学校有权宣布合同无效并撤销学籍许可。因为，与大学订立高等教育服务合同、获得大学学籍许可，考生必须实质性地符合法律规定的条件。既然订立合同之前，考生就不符合条件，该合同则是无效的合同；其学籍行政许可之获取亦属违法。

第二，如果考生"身心健康状况不符合报考专业或者专业类别体检要求，不能保证在校正常学习、生活"的事实发生在大学录取之后至学生报到注册期间，学校应当解除高等教育服务合同并撤销学籍许可。因为学生在签订高等教育服务合同之前是符合大学录取条件的，学生与大学之间合同不但已经成立、生效且有效，故学校只能解除合同，不能宣布合同无效。另外，学生的学籍行政许可之获取亦属违法。

第三，如果考生"身心健康状况不符合报考专业或者专业类别体检要求，不能保证在校正常学习、生活"的事实，发生在学生入学注册之后至大学复查决定期间，则学校可以解除合同并注销学籍。因为，学生与大学之间的高等教育服务合同不但有效且已经部分履行，学生也是合法有效地获得了学籍行政许可，所以学校只能解除合同，不能宣布合同无效；只能注销学籍，不能撤销更不能吊销学籍行政许可。

（2）《普通高等学校学生管理规定》（2017 年）第 11 条第 3 款规定："复查中发现学生身心状况不适宜在校学习，经学校指定的二级甲等以上医院诊断，需要在家休养的，可以按照第十条的规定保留入学资格。"而第 10 条规定："新生可以申请保留入学资格。保留入学资格期间不具有学籍。保留入学资格的条件、期限等由学校规定。新生保留入学资格期满前应向学校申请入学，经学校审查合格后，办理入学手续。审查不合格的，取消入学资格；逾期不办理入学手续且未有因不可抗力延迟等正当理由的，视为放弃入学资格。"也就是说，此种情形下，大学应当中止合同的履行（将学生退出学校回家休养，保留入学资格）；并撤回经初查而给予的学籍。理由是学生并非违法获得学籍行政许可，只是因情势重大变更，需要撤回学籍行政许可而已。

当然，学生对学校的宣告高等教育服务合同无效、中止合同、解除合同等不服，应当提起民事诉讼；对学校的取消学籍、注销学籍、撤回学籍等，可以申请行政复议也可提起行政诉讼。

▶ 思考题

1. 简述学生入学注册的两种法律意义
2. 简述大学复查的程序与处理措施。

第二十一章
在学阶段的法律关系

在学阶段的法律关系包括两种同时存在的法律关系。其中，第一种法律关系是高等教育服务合同关系，包括高等教育服务合同的正常履行和高等教育服务合同的变更、解除以及高等教育服务合同之违约责任等；第二种法律关系是学籍管理行政法律关系，包括学籍的取得与消灭、学籍行政监管等内容。

第一节　高等教育服务合同关系

一、高等教育服务合同的法律性质

就法律性质而言，高等教育服务合同是民事合同而不是行政协议。

行政协议，又称行政合同、行政契约，是指行政机关为了实现行政管理或者公共服务目标，与公民、法人或者其他组织协商订立的具有行政法上权利义务内容的协议。[1]行政主体与公民、法人或非法人组织之间订立的合同，是民事合同还是行政合同，核心的区别在于合同的目的不同，行政合同的目的是完成行政任务。这里的"目的"，是指合同的直接目的，不得延伸至间接目的。比如，某交通管理局开放收费高速公路，其与高速公路用户之间所形成的协议，就是行政协议。公安机关与某食品公司签订供应早餐的合同，就不是行政合同而是民事合同，不能因为该合同的有效履行能保障公安干警更好地从事治安管理和刑事侦查工作，就将此合同解释为行政合同。

大学在提供高等教育服务时，其身份是否行政主体都有极大的疑问，更

---

〔1〕　最高人民法院《关于审理行政协议案件若干问题的规定》（2020 年）第 1 条。

何况高等教育服务合同不是为了完成行政任务，因此，高等教育服务合同是平等主体之间的民事合同。尽管在高等教育服务合同中，大学拥有很多优益权比如一定程度的合同内容变更权、单方解约权等，但是，由于高等教育服务合同是国家提供的公共服务合同，公营造物所属主体（比如省政府）、公营造物自身（大学）可以预先给大学设定某些特权比如合同内容变更自由裁量权或者单方解约权。就此而言，大学所拥有的高等教育合同单方解约权，以及在合同内容变更方面所拥有的自由裁量权等，是法律法规直接规定的结果，是国家直接干预民事契约内容的结果，而非大学作为行政合同的行政方所拥有的特权的结果。另外，即使大学与学生签约的条件、程序等所受国家的干预力度较大，亦不能由此推导出高等教育服务合同不是民事合同而是行政合同的结论。

二、高等教育服务合同的变更

高等教育服务合同中的合同变更有两种情况：一种是合同内容的变更，包括学校课程的变动、学生专业的转变（转专业）等；另一种是合同主体的变更，即学生转学。

（一）合同内容的变更

对于大学课程、专业培养计划等的变动，大学具有极大的自由裁量权。

关于学生的转专业，根据《普通高等学校学生管理规定》（2017年）第21条规定，学生在学习期间对其他专业有兴趣和专长的，可以申请转专业；以特殊招生形式录取的学生，国家有相关规定或者录取前与学校有明确约定的，不得转专业。学校应当制定学生转专业的具体办法，建立公平、公正的标准和程序，健全公示制度。学校根据社会对人才需求情况的发展变化，需要适当调整专业的，应当允许在读学生转到其他相关专业就读。休学创业或退役后复学的学生，因自身情况需要转专业的，学校应当优先考虑。

（二）合同主体的变更

《普通高等学校学生管理规定》（2017年）第22条规定："学生一般应当在被录取学校完成学业。因患病或者有特殊困难、特别需要，无法继续在本校学习或者不适应本校学习要求的，可以申请转学。有下列情形之一，不得转学：（一）入学未满一学期或者毕业前一年的；（二）高考成绩低于拟转入学校相关专业同一生源地相应年份录取成绩的；（三）由低学历层次转为高学历层次的；（四）以定向就业招生录取的；（五）研究生拟转入学校、专业的录取控制标准高于其所在学校、专业的；（六）无正当转学理由的。学生因学校培养条件改变等非本人原因需要转学的，学校应当出具证明，由所在地省级教育行政部门协调转学到同层次学校。"

关于学生转学的程序，《普通高等学校学生管理规定》（2017 年）第 23 条规定："学生转学由学生本人提出申请，说明理由，经所在学校和拟转入学校同意，由转入学校负责审核转学条件及相关证明，认为符合本校培养要求且学校有培养能力的，经学校校长办公会或者专题会议研究决定，可以转入。研究生转学还应当经拟转入专业导师同意。跨省转学的，由转出地省级教育行政部门商转入地省级教育行政部门，按转学条件确认后办理转学手续。须转户口的由转入地省级教育行政部门将有关文件抄送转入学校所在地的公安机关。"第 24 条规定："学校应当按照国家有关规定，建立健全学生转学的具体办法；对转学情况应当及时进行公示，并在转学完成后 3 个月内，由转入学校报所在地省级教育行政部门备案。省级教育行政部门应当加强对区域内学校转学行为的监督和管理，及时纠正违规转学行为。"

教育服务合同主体变更的提出权，属于学生；变更的决定权，属于高校和省级高校主管部门。但高校如果不经学生同意强行变更高等教育服务合同的主体，则应承担违约责任。

三、高等教育服务合同的解除

高等教育服务合同的解除，有两种情形：第一种是学校与学生之间协商一致解除合同的情形，此种解除合同的情形很少发生；第二种是学校或者学生单方解除合同的情形。我们重点研究第二种合同解除的情形。

（一）学校解除合同的条件与程序

学校行使合同解除权，在《普通高等学校学生管理规定》（2017 年）中的措辞是"学校可予退学处理"。

1. 学校解除合同的条件

根据《普通高等学校学生管理规定》（2017 年）第 30 条第 1 款的规定，学校在学生有下列六种情形时可以解除合同：

（1）学业成绩未达到学校要求或者在学校规定的学习年限内未完成学业的；

（2）休学、保留学籍期满，在学校规定期限内未提出复学申请或者申请复学经复查不合格的；

（3）根据学校指定医院诊断，患有疾病或者意外伤残不能继续在校学习的；

（4）未经批准连续两周未参加学校规定的教学活动的；

（5）超过学校规定期限未注册而又未履行暂缓注册手续的；

（6）学校规定的不能完成学业、应予退学的其他情形。

2. 学校解除合同的程序

根据《普通高等学校学生管理规定》（2017 年）第 31 条、第 55 条、第 56 条等条款的规定，学校对学生予以退学处理的程序如下：

（1）立案。当学校的内部主管部门比如学生处或教务处等发现学生应当予以退学处理时，应当先予立案，交主管部门领导批准。

（2）调查。学生处或者教务处应当进行调查，调查应当全面、公正。对学生不利的证据要收集，对学生有利的证据也要收集。

（3）告知和听取意见。在对学生作出予以退学处理的决定之前，学校应当告知学生作出决定的事实、理由及依据，并告知学生享有陈述和申辩的权利，听取学生的陈述和申辩。

（4）审查和决定。由校长办公会或者校长授权的专门会议研究决定，并应当事先进行合法性审查。

（5）送达。予以退学处理告知书，应当直接送达学生本人，学生拒绝签收的，可以以留置方式送达；已离校的，可以采取邮寄方式送达；难于联系的，可以利用学校网站、新闻媒体等以公告方式送达。

（6）予以退学处理告知书内容的实施。退学学生，应当按学校规定期限办理退学手续离校。退学的研究生，按已有毕业学历和就业政策可以就业的，由学校报所在地省级毕业生就业部门办理相关手续；在学校规定期限内没有聘用单位的，应当办理退学手续离校。退学学生的档案由学校退回其家庭所在地，户口应当按照国家相关规定迁回原户籍地或者家庭户籍所在地。

（二）学生解除合同的条件与程序

《普通高等学校学生管理规定》（2017 年）第 30 条第 2 款规定："学生本人申请退学的，经学校审核同意后，办理退学手续。"这是一种合同当事人双方协商一致的合同解除方式。如果学生提出退学申请而学校不同意但学生强行退学，或者学生直接强行退学时，应该怎么处理？《普通高等学校学生管理规定》（2017 年）似乎未予规定。本书认为，如果学校并无过错而学生强行退学时，学生应负违约责任；如果学校有过错，学生与学校之间的高等教育合同落空或有落空之虞时，学校应负违约责任。

（三）《普通高等学校学生管理规定》（2017 年）中关于合同解除条款的评析

（1）《普通高等学校学生管理规定》（2017 年）中关于解除合同的用语欠妥当。高等教育不是义务教育，高等教育服务合同可以解除。高等教育服务合同解除有四种情形：①学校和学生双方一致同意解除合同；②学校单方行使合同解除权；③学生单方行使合同解除权；④学生被开除学籍，合同自然解除。

严格地说，"退学""可予退学处理""应予退学"等不是法律用语。从词义上分析，"退学"是对高等教育服务合同解除后学生离校行为的描述；"可予退学处理""应予退学"是对学校在发现一定事实后有权或者应当行使合同单方解除权之宣告。它们既不是合同解除，也不是行使合同解除权的法律行为本身。在规章中用"退学""可予退学处理""应予退学"这样的语词来概括、代替合同解除这样的一种法律行为，既不严肃也不准确。

在尚未找到更准确更严谨用语，亦不采用严格法律术语"合同解除"的情况下，只能暂用"退学"一词。《普通高等学校学生管理规定》（2017 年）第 3 章第 5 节标题用"退学"一词。应明确"退学"的法律性质，是"合同解除"在高等教育服务合同法律适用中的代行语词。《普通高等学校学生管理规定》（2017 年）第 30 条中的"可予退学处理"的意思是"可以解除合同"；"应予退学"的意思是应当解除合同。

（2）《普通高等学校学生管理规定》（2017 年）遗漏了合同解除的情形。合同解除，除了学校单方解除、学校与学生双方一致同意解除情形外，还有两种合同解除的情形：①学生丧失学籍，合同自然解除；②学校严重违法，学生可以单方解除。是故，《普通高等学校学生管理规定》（2017 年）第 30 条应该再加两款。增加"学生被开除学籍的，应予退学"作为该条的第 3 款。增加"学校有如下情形之一的，学生可以退学：（一）学校不符合办学条件，致使学生无法完成学业的；（二）学校严重侵害学生合法权益的；（三）学校规定严重不合理，学生提出要求但学校拒绝改善的；（四）法律、法规规定的其他情形"，作为该条的第 4 款。

（3）《普通高等学校学生管理规定》（2017年）设定学校可以单方行使合同解除权的情形不合理。其一，第30条第1款第3项"根据学校指定医院诊断，患有疾病或者意外伤残不能继续在校学习"的规定不合理。理由有三：一是"学校指定医院"系学校单方指定，不具有权威性和公正性；二是"诊断"用语不确切；三是"不能继续在校学习"没有时间限定。应修改为"患有疾病或者意外伤残，经教育行政部门指定的有资质的医院或者鉴定机构鉴定，无法继续在校学习且超过规定最长期限的，可予退学处理。"其二，第30条第1款第6项"学校规定的不能完成学业、应予退学的其他情形"可予退学处理的规定不合理。学生不能完成学业，只能说明学生在高等教育服务合同中"赢利不多"或"没有赢利"。只要他们没有恶意亦非率性浪费国家高等教育资源，尽了高深学术努力的义务，学校不得单方解除合同。法律总不能这样规定：连续供货合同的供方，如果对方当事人在与己的某笔交易中没有赢利或赢利不多，可以解除合同。如果学生"赢利不多"或"没有赢利"是未尽高深学术努力义务，恶意或率性浪费国家高等教育资源，则另当别论。应分清什么原因导致学生"不能完成学业"，是学生主观不努力，还是其他客观原因。如系客观原因，则不宜赋予学校单方合同解除权。该项应修改为"学生因不努力学习，致使不能完成学业的，可予退学处理。"另外，该项规定赋予学校的自由裁量权过大，其中，"学校规定的"用语给予学校朝令夕改、反复无常以合法性；"应予退学的"又是不确定的、过于模糊的语词，使学校解释的弹性太大。

（4）根据校长办公会或者校长授权的专门会议研究而形成的"予以退学决定书"，对于学生而言，只是学校单方解除合同的通知书。该决定书是否具有合同解除的法律效力，还要看该决定书是否合法有效。

（5）如果学生申请退学，而学校同意，则"学生的退学申请书"与"学校的予以退学决定书/退学同意书"共同构成双方解除合同的协议，决定书/同意书送达学生本人时，解除合同的协议成立并生效。

（6）如果因学校违法、严重侵害学生合法利益而学生单方行使合同解除权，学生的单方解除合同通知书的法律效力与学校的单方解除合同决定书的法律效力相同。但当学生的单方解除合同通知书到达学校后，学校如何处置，《普通高等学校学生管理规定》（2017年）没有涉及这一方面的内容。

（7）《普通高等学校学生管理规定》（2017年）对因学生被开除学籍而学

校单方解除合同的程序，未规定相应的内容。

（8）当学生被开除学籍，学校是否有权不解除合同？高等教育服务合同是民事合同，学校处于公营造物法律地位。学生被开除学籍，表明学生有严重的道德瑕疵，高等教育服务合同的目的落空，学校应当解除合同。

（四）学生申诉处理委员会在"可予退学处理"方面的功能

对于学校的予以退学决定，学生有两种救济途径，一种是依据合同法，直接提起民事诉讼；另一种是向学校的学生申诉处理委员会申诉，如不服再向省级教育行政部门申诉。

学生申诉处理委员会是学校的内部机构。学校设置学生申诉处理委员会的目的，是尽量将学校与学生之间的纠纷消灭在学校内部，也给学生多一条内部救济渠道。在学校的予以退学决定方面，不要将学生申诉处理委员会的核心任务，定位在对学校作出的予以退学决定后的复查上面，而应该将学生申诉委员会定位为学校在作出予以退学决定前的听证人角色。学校作出的予以退学决定，是一项对学生权益影响重大的民事行为，应该极其慎重。学校在作出予以退学决定之前，应给予学生陈述、辩解和反驳的机会，必要时应举行正式听证会。学生申诉委员会是担任听证主持人的最恰当人选。

四、高等教育服务合同之违约责任

根据合同法原理，违约方应向非违约方承担违约责任；双方违约的，各自向对方承担违约责任。高等教育服务合同违约有学校违约和学生违约两种情形。

学校违约的情形包括：

（1）不提供或提供明显不合理的高等教育服务；

（2）违法单方解除合同；

（3）合同履行过程中严重侵害学生合法权益（加害给付）；

（4）收取超额费用；

（5）其他违约行为。

学生违约的情形包括：

（1）不尽高深学术努力义务，恶意或率性浪费国家高等教育资源。如无故旷课、不完成作业、上课不认真等；

（2）违法单方解除合同。如无故退学、不注册、休学期满在学校规定期限内不提出复学申请；

（3）不缴纳或少缴纳学费；

（4）其他违约行为。

纵观整个《普通高等学校学生管理规定》（2017 年），无任何关于违约责任的条款，这是《普通高等学校学生管理规定》（2017 年）的重大遗漏和缺陷。

第二节　学籍管理行政法律关系

一、学籍概述

（一）学籍的概念

学籍是指某人因被学校录取而获得的一种特别身份。《教育大辞典》"学籍和学籍管理"词条的解释是："学籍：登记学生姓名的册子。转指在某一学校所获得的学生资格。凡经过规定手续升学考试被录取的学生，入学办理注册手续后即取得该校学籍，取得参加学习的资格。对学校来说，则是组织管理学生的客观依据。逾期未办理注册或复学手续，以及因故退学或受到开除学籍处分者，则丧失学籍。学籍管理：根据有关规定对学生的入学资格、在校学习情况及毕业资格进行考核、记载、控制和处理的活动。是教务行政管理的重要组成部分。内容一般包括：入学注册，成绩考核，对升级、留级、转学、休学、复学、退学的处理，鉴定，考勤，纪律教育，奖励、处分，以及对学生毕业资格的审查等。目的在于督促管理学生，保证学校的正常教学秩序，提高教学质量。"〔1〕

自大学起源起，拥有大学的学籍即拥有一定的特权。中世纪时期的欧洲，基督教的教皇或各个王国的国王在给大学颁发特许状的同时授予大学学生以各种特权，是一项惯例。中世纪大学学生的特权有：免除兵役、免除因审讯而受逮捕和放逐、受大学当局而不受文官和基督教会的审讯、在大学禁闭室服徒刑以及免税等等。现阶段我国学籍特权主要表现在以下几个方面：

（1）享受国家给予学生的各种优惠。比如，优惠火车票、优惠公园票、

免费图书馆等；

（2）免于服兵役的特权。拥有学籍的公民，不得被强制服兵役；

（3）服务等收入免于征税。比如，勤工俭学、从事家教等所获得的收入免于征税；

（4）其他各种特权。

既然学籍（特别是高等学校的学籍）是特权，根据权利义务相一致的法律原则，学籍拥有者亦应负特别的义务。比如：大学学生应负"操行良好保持义务"和"学业高度勤勉义务"等。

需要补充说明的是，公民在被大学录取后至取得大学正式学籍前的这一段时间内，因该公民是"已具备取得学籍的条件，并真诚准备入学的人"，故其也拥有某些特权，比如火车票优惠、免除强制服兵役义务等。当然，如果该公民公开宣布或以实际行动表示其放弃入学权利，一方面表示其预期违约，高等教育服务合同解除；另一方面，因具有准学籍而拥有的某些特权也随之丧失。

（二）学籍管理的组成与法律性质

1. 学籍管理的两大组成部分

《教育法》（2021年）第29条第1款规定"学校及其他教育机构行使下列权利：……（四）对受教育者进行学籍管理，实施奖励或者处分；……"《高等教育法》（2018年）第41条第1款规定："高等学校的校长全面负责本学校的教学、科学研究和其他行政管理工作，行使下列职权：……（四）……对学生进行学籍管理并实施奖励或者处分；……"根据以上法律规定，学籍管理是高校行使行政权的一种行为，学籍管理由学籍授予和学籍监管两大部分组成。

（1）学籍授予是一种行政许可具体行政行为，学生获取学籍适用行政许可程序，学生获得学籍的程序一般是学生申请，高校审查、批准，发放学生证。因此，学籍是学生经行政许可程序而获得的一种资格或特权，获得学籍的人拥有各种特权和优惠。

（2）学生获得正式学籍后，学校则开始对学生的学籍进行后续监管（包括学籍检查、学籍奖励和学籍处分等）。其中的法律原理如下：某公民因获得高校的行政许可而获得学籍，从而获得学生这种特殊身份因此享有某些特权。高校在授予公民学籍后，应当对被许可人进行监管，随时考察该学生的后续各种行为，以进行法律规定的奖励或者惩戒，比如大学因该学生成绩优异而对其进行奖励、因该学生从事了不符合其学生身份的行为而对其进行纪律处分。

学籍监管主要表现为大学对学生履行"操行良好保持义务""学业高度勤勉义务"的监管。尽管学生与高校之间关于高等教育服务合同的订立是民事行为，但是高等教育服务毕竟是国家提供的公共服务，属于对公共资源的配置。在国家人力、物力均有限的情况下，高等教育服务属于稀缺资源。国家为使有限高等教育资源发挥应有的作用，要求学生负"操行良好保持义务"和"学业高度勤勉义务"。国家法律法规直接授权学校对此进行监管，以防止有限高等教育资源的浪费。

2. 学籍管理的法律性质

学籍授予是行政许可，属于外部行政行为；学籍监管是行政许可后对被许可人所进行的后续监管行为，也属于外部行政行为。传统观念认为学籍行政管理是内部行政行为，不合法理。所谓内部行政行为，是指行政主体对其内部的行政事务或人员进行管理而实施的行为，比如，行政主体对内部工作纪律、工作程序所作出的统一规定，行政主体对其内部的工作人员所实施的奖励、处分、任免等。内部行政行为与外部行政行为之间最主要的区别，在于行政管理的对象和事务不同。管理对象是行政主体内部工作人员，管理的事务又是内部事务，该管理行为才是内部行政行为。教师属于学校这一行政主体的内部工作人员，学校对教师的管理是内部行政行为。但学生不是学校的内部工作人员，学生不是学校的职务代理人，其所从事的行为不能被认定为学校的行为；一般情况下，学生亦不能获得学校的授权从而代表学校进行意思表示，因此，学校对学生进行学籍管理的行为是外部行政行为。如果学生与学校之间因学籍行政管理行为而发生争议，学生应有权进行申诉、行政复议或行政诉讼。

（三）学籍行政管理与高等教育服务合同之间的关系

学籍行政管理与高等教育服务合同之间既有区别，又有联系。

1. 两种法律关系之间的区别

（1）两种法律关系性质不同，适用法律不同。高等教育服务合同是民事合同，学校与学生是民事合同的双方当事人，双方之间的权利义务受合同法调整；学籍管理属于行政管理，学校与学生是学籍行政许可管理法律关系中的行政主体和行政相对人，双方之间的权利义务受行政法调整。

（2）两种法律关系调整的范围不同。高等教育服务合同调整的法律关系，是学生与学校之间的高等教育服务合同中的权利义务关系；学籍行政管理调整的法律关系，是学校与学生之间的学籍行政管理关系。

（3）权利义务内容不同。学生的合同权利主要有参加课程教学、使用图书馆和教学设施设备等权利；学生的合同义务主要是缴纳学费和相关费用、学业勤勉等义务。学生在学籍管理法律关系中的权利主要有获得公正评价、获得奖励等权利；在学籍管理法律关系中的义务主要是操行良好保持义务、学业高度勤勉义务等（学业勤勉义务既是合同义务、亦是学籍义务）。

（4）合同解除与学籍丧失的条件不同。学校解除合同主要是因为学生违反合同义务，比如学生未缴纳学费和相关费用、学业不勤勉故意或率性浪费国家高等教育资源等；学籍丧失主要是因为学生在操行方面发生瑕疵，比如触犯刑法、严重触犯行政法规、严重违反学校规章制度等。

（5）责任不同。合同责任主要是承担违约责任，比如学校因未提供合格高等教育服务，应赔偿学生损失并采取补救措施；学生因学业不勤勉则应缴纳补考费用等。学籍责任方面，对于大学而言，如果其滥用学籍授予或者学籍监管权力，则应当承担相应的行政责任；对于学生而言，如果其不履行其被许可人身份所应承担的行政法义务，则会受到诸如纪律处分之类的惩戒等。纪律处分计入学生档案，形成学生道德上和法律上的污点。

2. 两种法律关系之间的联系

（1）高等教育服务合同的成立和生效是学籍行政许可的前提条件之一。只有与高等学校订立高等教育服务合同的公民，才有资格获得学籍行政许可。订立高等教育服务合同的学生，可以不申请学籍，比如旁听生、进修生等。但是通过国家或地区统一考试的学生，则必须申请学籍。其入学注册行为即是学籍申请之行为。

（2）学籍行政管理的执行与教育服务合同的履行在时间上具有一定的交合与重叠。学生的入学报到，暗含两种法律行为，具有两种法律意义：一种是实际履行高等教育服务合同的行为；另一种是向高等学校提交高等教育学籍行政许可的申请。高校准予注册登记，亦有两种法律意义：一种是对学生前来履行合同的行为表示知悉和认可；另一种是学籍申请的受理。在时间的先后顺序上，首先是高等教育服务合同的成立和生效；然后是学生入学报到和学校的注册登记等；最后是学校的复查，即学校再次审查高等教育服务合同是否有效，学籍申请是否适格。当学生的学籍申请被学校批准后，高等教育服务合同的履行期间与学籍行政管理期间重合。

（3）高等教育服务合同的履行与学籍行政管理两者之间，具有事实上和法律上的牵连性，高等教育服务合同与学籍行政监管互为因果。一方面，教育服务合同开始履行，学籍行政管理启动；教育服务合同履行终止，学籍行政管理结束；另一方面，高等教育服务合同解除，学生必然丧失学籍；学生丧失学籍，高等教育服务合同自然解除。同时，学生在高等教育服务合同方面的履行状况，亦对学生是否能够继续保有学籍、学校在学籍管理中对学生的评价、奖励、处分等产生重大影响。

二、学籍的取得与消灭

（一）学籍的取得

学籍是学生因大学的行政许可而获得的一种特殊资格或身份。学生与大学签订高等教育服务合同并入学报到，学校初查合格后登记注册，授予学生以学籍并向学生颁发学生证。学生证是学生拥有学籍、成为本校正式学生的书面凭证。学籍具有对世效力，任何他人不得非法剥夺学生的学籍。需要探讨的是，学籍取得的时间是合同订立之时？合同开始履行、学校初查并作出决定之时？抑或是合同履行之后、学校复查并作出决定之时？

本书认为，学生学籍的取得时间是学校经初查决定予以注册学籍之时。理由是：学生收到录取通知书的时间，是学生与学校之间的高等教育服务合同成立和生效的时间，此时学生尚未取得学籍。前文已述，学生入学报到有两个法律意义：一是学生向学校告知其已亲身前来履行合同的告知行为；二是向学校提出学籍行政许可申请的申请行为。学校对前来报到的学生进行审查，如果审查合格，学校也需采用两项法律措施：一是为学生办理入学手续，比如安排班级、寝室等；二是为学生注册学籍、颁发学生证。至于学校在三个月内进行的复查，如果经复查同样合格，其不影响前序初查而注册的学籍的法律效力。

学校不予正式登记学籍的法律后果有二：一是学生不能获得学籍行政许可；二是学生学籍申请未获许可之事实，将可能被学校作为宣布高等教育服务合同无效或解除合同的前序事实条件。对于学校不予学籍行政许可的行为，学生应有权申请行政复议或者提起行政诉讼。

大学对学生后续每个学期的学籍注册登记行为，可认定为大学作为许可机关，对学生行使被许可权利的行政监管。如果后续学期学生不入学报到，表明学生单方解除高等教育服务合同（退学）；如果学生准时入学报到，学校亦须进行审查。此时，学校无需审查高等教育服务合同的效力，而是审查学生是否缴纳学费等相关费用，以及前一学期（主要是假期）学生是否具有应被开除学籍的情况。学生不缴纳学费和相关费用，是学生未履行高等教育服务合同主要义务，学校可采取补救措施或解除合同。如果学校采取解除合同这样的措施，后续亦应注销该学生的学籍。一般而言，学生不太可能主动申明其在假期具有应受开除学籍的事实。如果学校查明学生具有应受开除学籍的情况，应当启动开除学籍的行政程序。如果学生在非假期具有应被开除学籍的事实，学校当然应该采取学籍行政处理措施。

（二）学籍的消灭

学籍行政许可的消灭，主要有以下几种情况：

（1）学生完成各项学业，并且品德良好，无违法犯罪的事实，准予毕业，此为学籍行政许可的良性终止；

（2）高等教育服务合同解除，则学籍行政许可自动终止，此为中性终止；

（3）取消学籍、开除学籍。此为学籍行政许可的恶性终止。

法律性质上，学校的学籍审查注册行为是行政许可；后续的学籍注册审查行为，可认为是学籍行政许可监管过程中"学期审"。

（1）撤销学籍相当于行政许可中的撤销许可。[1]在授予学籍行政许可审查过程中，如果学校、学生有违法行为，则应当撤销学籍。

（2）开除学籍虽然名为"纪律处分"，实则"行政处罚"。学生在取得学籍后，如果有严重的违法违纪行为，则有可能受到开除学籍的行政处罚。开除学籍，表示学生违法或严重道德污点而具有道德和法律上的可谴责性。

---

〔1〕《行政许可法》（2019年）第69条规定："有下列情形之一的，作出行政许可决定的行政机关或者其上级行政机关，根据利害关系人的请求或者依据职权，可以撤销行政许可：（一）行政机关工作人员滥用职权、玩忽职守作出准予行政许可决定的；（二）超越法定职权作出准予行政许可决定的；（三）违反法定程序作出准予行政许可决定的；（四）对不具备申请资格或者不符合法定条件的申请人准予行政许可的；（五）依法可以撤销行政许可的其他情形。被许可人以欺骗、贿赂等不正当手段取得行政许可的，应当予以撤销。依照前两款的规定撤销行政许可，可能对公共利益造成重大损害的，不予撤销。依照本条第一款的规定撤销行政许可，被许可人的合法权益受到损害的，行政机关应当依法给予赔偿。依照本条第二款的规定撤销行政许可的，被许可人基于行政许可取得的利益不受保护。"

（3）注销学籍是事实行为，即许可机关在学籍登记册上将学籍注明消灭。注销学籍有多种情形：①撤销学籍、开除学籍，其后续都是注销学籍；②学生顺利毕业，亦注销学籍；③学生因不履行缴纳学费等相关合同义务致使高等教育服务合同解除，因合同解除而自然注销学籍。后两种注销学籍之情形，不表明对学生有道德上和法律上的否定性评价。

无论是撤销学籍、开除学籍还是注销学籍，学校都应采取极其审慎的态度。当然，学生如果不服，可以提起申诉、行政复议或者行政诉讼。

三、学籍行政监管

（一）监管人与被监管人之间的权利义务

在学生获得学籍行政许可后，学校对于学生是否一直符合保有学籍的条件进行持续的监管。在学籍监管行政法律关系中，学校是监管人，学生是被监管人。学校有对学生进行评价、奖励和处分的权力；学生有获得学校在德、智、体方面给予公平评价的权利。我们主要从学校的角度进行讨论。

（1）学校对于学生思想品德的考核、鉴定，应当以《普通高等学校学生管理规定》（2017 年）第 4 条〔1〕为主要依据，采取个人小结、师生民主评议等形式进行。学校对学生的道德操行的评价，应该公正，不得有歧视行为。评价时应征询学生的意见；对于学生的负面道德操守评价，应给予学生提供证据推翻的权利。

（2）学校对于学生的学业评价即考试和评阅，学校教师应遵守学术规范。比如，《普通高等学校学生管理规定》（2017 年）第 13 条规定："学生应当参加学校教育教学计划规定的课程和各种教育教学环节（以下统称课程）的考核，考核成绩记入成绩册，并归入学籍档案。考核分为考试和考查两种。考核和成绩评定方式，以及考核不合格的课程是否重修或者补考，由学校规定。"

（3）学校对于学生的体育成绩评价应当科学、合理。《普通高等学校学生

---

〔1〕《普通高等学校学生管理规定》（2017 年）第 4 条规定："学生应当拥护中国共产党领导，努力学习马克思列宁主义、毛泽东思想、中国特色社会主义理论体系，深入学习习近平总书记系列重要讲话精神和治国理政新理念新思想新战略，坚定中国特色社会主义道路自信、理论自信、制度自信、文化自信，树立中国特色社会主义共同理想；应当树立爱国主义思想，具有团结统一、爱好和平、勤劳勇敢、自强不息的精神；应当增强法治观念，遵守宪法、法律、法规，遵守公民道德规范，遵守学校管理制度，具有良好的道德品质和行为习惯；应当刻苦学习，勇于探索，积极实践，努力掌握现代科学文化知识和专业技能；应当积极锻炼身体，增进身心健康，提高个人修养，培养审美情趣。"

管理规定》（2017 年）第 14 条第 2 款规定："学生体育成绩评定要突出过程管理，可以根据考勤、课内教学、课外锻炼活动和体质健康等情况综合评定。"

（4）学校对于品学兼优的学生应当给予表彰和奖励；对于违法违纪的学生，学校应当给予批评教育，并可视情节轻重给予纪律处分。学校对于学生进行奖励和处分，应遵守行政法公平、公正、公开、比例和正当程序原则等。

（二）学籍行政监管之奖励

对学生的奖励有两种：一种是合同奖励，比如大学给予高考分数高而填报本校的学生的奖励；另一种是行政奖励。学籍行政监管之奖励是行政奖励。

《普通高等学校学生管理规定》（2017 年）第 49 条规定："学校、省（区、市）和国家有关部门应当对在德、智、体、美等方面全面发展或者在思想品德、学业成绩、科技创造、体育竞赛、文艺活动、志愿服务及社会实践等方面表现突出的学生，给予表彰和奖励。"第 50 条规定："对学生的表彰和奖励可以采取授予'三好学生'称号或者其他荣誉称号、颁发奖学金等多种形式，给予相应的精神鼓励或者物质奖励。学校对学生予以表彰和奖励，以及确定推荐免试研究生、国家奖学金、公派出国留学人选等赋予学生利益的行为，应当建立公开、公平、公正的程序和规定，建立和完善相应的选拔、公示等制度。"根据以上两条的规定，学籍行政奖励大约需要注意以下几点：

（1）行政奖励有两种：一种是学校的行政奖励，此时学校的法律身份是行政法主体中的法律法规授权的组织；另一种是有关国家机关的行政奖励。

（2）行政奖励的条件和对象是在德、智、体、美等方面全面发展或者在思想品德、学业成绩、科技创造、体育竞赛、文艺活动、志愿服务及社会实践等方面表现突出的学生。

（3）行政奖励的内容包括精神鼓励和物质奖励，比如授予"三好学生"称号或者其他荣誉称号、颁发奖学金等。

（4）行政奖励的程序应当包括申请、审查、公示与听取意见、决定、送达等具体步骤与环节，应当遵循公开、公平、公正原则。

在行政法上，行政奖励属于外部具体行政行为，学生如有异议，可以申诉也可提起行政复议或行政诉讼。

（三）学籍行政监管之处分

1. 学籍处分的概念

学籍处分，是指大学因学生有"违法、违纪行为"而对其实施的惩戒。

学籍处分并非针对学生的学习能力欠缺或学习成绩不佳，而是针对学生有"违法、违纪行为"即违反"操行良好保持义务"的行为。学生违反"操行良好保持义务"的行为，表明该学生具有道德上和法律上的可谴责性，大学应当对其实施惩戒。

2. 学籍处分的种类与期限

关于学籍处分的种类，根据《普通高等学校学生管理规定》（2017 年）第 51 条的规定，学籍处分有五种：①警告；②严重警告；③记过；④留校察看；⑤开除学籍。

关于学籍处分的期限，《普通高等学校学生管理规定》（2017 年）第 57 条规定："除开除学籍处分以外，给予学生处分一般应当设置 6 到 12 个月期限，到期按学校规定程序予以解除。解除处分后，学生获得表彰、奖励及其他权益，不再受原处分的影响。"

3. 学籍处分实施的条件

《普通高等学校学生管理规定》（2017 年）第 51 条规定："对有违反法律法规、本规定以及学校纪律行为的学生，学校应当给予批评教育，并可视情节轻重，给予如下纪律处分……"也就是说，对于有"违法、违纪行为"的学生，学校应当给予批评教育，并视情节轻重给予相应的纪律处分。当然，对于情节特别轻微者，亦可不给予纪律处分。

《普通高等学校学生管理规定》（2017 年）第 52 条特别列举了可以给予开除学籍处分的情形：①违反宪法，反对四项基本原则、破坏安定团结、扰乱社会秩序的；②触犯国家法律，构成刑事犯罪的；③受到治安管理处罚，情节严重、性质恶劣的；④代替他人或者让他人代替自己参加考试、组织作弊、使用通讯设备或其他器材作弊、向他人出售考试试题或答案牟取利益，以及其他严重作弊或扰乱考试秩序行为的；⑤学位论文、公开发表的研究成果存在抄袭、篡改、伪造等学术不端行为，情节严重的，或者代写论文、买卖论文的；⑥违反本规定和学校规定，严重影响学校教育教学秩序、生活秩序以及公共场所管理秩序的；⑦侵害其他个人、组织合法权益，造成严重后果的；⑧屡次违反学校规定受到纪律处分，经教育不改的。

4. 学籍处分的实施原则与实施程序

关于学籍处分的实施原则，《普通高等学校学生管理规定》（2017 年）第 54 条规定："学校给予学生处分，应当坚持教育与惩戒相结合，与学生违法、违纪行为的性质和过错的严重程度相适应。学校对学生的处分，应当做到证据充分、依据明确、定性准确、程序正当、处分适当。"

学籍处分的实施程序最少包含以下六个步骤：

（1）立案。由学生所在院系、教务部门或学生工作部门立案。

（2）调查。即查证事实、调取证据。

（3）告知与听取意见。在对学生作出处分或者其他不利决定之前，学校应当将学校拟将作出的决定所凭据的事实、理由及依据告知学生；告知学生其享有陈述和申辩的权利；学校应当听取学生的陈述和申辩。

（4）审查与决定。其中，对于开除学籍或者其他涉及学生重大利益的处分决定（包括取消入学资格、取消学籍、退学以及其他涉及学生重大利益的处理决定），应当提交校长办公会或者校长授权的专门会议研究决定，并应当事先进行合法性审查。

经过审查，如作出处分决定，应当制作处分决定书。处分决定书应当包括下列内容：①学生的基本信息；②作出处分的事实和证据；③处分的种类、依据、期限；④申诉的途径和期限；⑤其他必要内容。

（5）送达。对学生的处理、处分决定书等，应当直接送达学生本人；如果学生拒绝签收，可以采取留置方式送达；如果学生已经离校，可以采取邮寄方式送达；如果确实难于联系，可以利用学校网站、新闻媒体等以公告方式送达。

（6）归档与其他后续处理。对学生的处分材料，学校应当真实完整地归入学校文书档案和本人档案。被开除学籍的学生，由学校发给学习证明等。学生按学校规定期限离校，档案由学校退回其家庭所在地，户口应当按照国家相关规定迁回原户籍地或者家庭户籍所在地。

5. 学籍处分的法律性质

学籍处分属于学籍行政许可监督过程中的行政处罚。理由如下：

第一，我国法律上的"纪律处分"是一个专门术语，特指国家机关或社会组织针对违法、违纪的内部工作人员而实施的惩罚和制裁。[1]行使处分权

---

〔1〕 纪律处分有广义的和狭义的两个含义。广义的"纪律处分"包括行政处分、（狭义的）纪律处分。其中，国家机关对国家公务员的纪律处分，一般称为"行政处分"；其他组织对其内部人员的处分，只能称为"纪律处分"（狭义的）。纪律处分的种类大同小异，比如行政处分有记过、记大过、降级、撤职、开除等；党内的纪律处分有警告、严重警告、记过、记大过、留党察看、开除党籍等。

的组织与被处分人之间有人事管理隶属关系或者共同的章程。

我国大学兼具公营造物和公法社团两种法律性质。作为公法社团的大学，是由包括教师、学生、行政管理人员甚至校友在内组成的一个自治团体，学生是该团体的内部成员。作为公营造物的大学，是由教职员工和相关财产结合而成的一个法人，学生是该公营造物的使用人，学生不是该公营造物的组成成员，更非其内部工作人员。学籍处分，专指作为公营造物的大学对作为公营造物使用人的学生施加的惩罚和制裁，因此，学籍处分不是大学对其内部人员的"纪律处分"；而是作为学籍行政许可的许可主体和监管主体的大学，因作为被许可人的学生有违法违纪行为而给予的惩罚和制裁。毫无疑问，大学对学生的"纪律处分"是外部具体行政行为。

第二，学籍处分因学生有道德上的瑕疵而实施，其实施的条件与学生履行高等教育服务合同的质量无关，学籍处分并非合同惩罚措施。

如果学生的"违法、违纪行为"已经严重到学生彻底丧失继续保有学籍行政许可之被许可权利的条件时，学校应该开除学籍。开除学籍，相当于我国《行政处罚法》规定的吊销许可证、执照之类的行政处罚。"开除学籍"与高等教育服务合同的解除之间的关系，可作如下理解：学生之严重"违法、违纪行为"，违背了高等教育服务合同的根本目的，导致学校提供高等教育服务的目的落空。"开除学籍"可以成为学校单方行使合同解除权的法定事由。

第三，学籍处分符合我国《教育法》《行政许可法》和《行政处罚法》中许可人对被许可人进行行政处罚的规定。《教育法》（2021 年）第 29 条第 1 款第 4 项规定，学校有权"对受教育者进行学籍管理，实施奖励或者处分。"《行政许可法》（2019 年）第 61 条第 1 款规定："行政机关应当建立健全监督制度，通过核查反映被许可人从事行政许可事项活动情况的有关材料，履行监督责任。"第 80 条规定："被许可人有下列行为之一的，行政机关应当依法给予行政处罚；构成犯罪的，依法追究刑事责任：……（四）法律、法规、规章规定的其他违法行为。"《普通高等学校学生管理规定》（2017 年）第 51 条规定："对有违反法律法规、本规定以及学校纪律行为的学生，学校应当给予批评教育，并可视情节轻重，给予如下纪律处分……"《行政处罚法》（2021 年）第 2 条规定："行政处罚是指行政机关依法对违反行政管理秩序的公民、法人或者其他组织，以减损权益或者增加义务的方式予以惩戒的行为。"根据以上法律规定，学籍处分是比较典型的行政处罚。

　　既然学籍处分是行政处罚，按照行政法之基本法理，学籍处分应当属于我国行政诉讼的受案范围。学生如果不服，可以申诉、行政复议和行政诉讼。然而，由于我国行政法在大学与学生的法律关系中，受特别权力关系理论的影响非常深刻，认为学籍处分是内部行政行为中的"纪律处分"，因而不属于人民法院行政诉讼的受案范围，学生不服只能申诉，一般不得提起行政复议和行政诉讼。此种情况延续了很长一段时间，直至"甘某诉暨南大学案"才有所突破。2011 年，最高人民法院在该案判决书[1]中宣称："违纪学生针对高等学校作出的开除学籍等严重影响其受教育权利的处分决定提起诉讼的，人民法院应当予以受理。" 自此以后，开除学籍处分被纳入人民法院行政诉讼的受案范围；但其他学籍处分是否属于人民法院行政诉讼的受案范围，尚没有十分明确的法律规定或司法解释。

▶ **思考题**

1. 简述高等教育服务合同的变更、解除与违约责任。
2. 简述学籍的法律性质与获取程序
3. 简述学籍行政监管的主体与主要内容。
4. 简述学籍处分的法律性质与程序。

---

[1]　最高人民法院行政判决书［2011］行提字第 12 号。

第二十二章
学业确认阶段的法律关系

学业确认阶段主要包括两种法律行为：毕业确认与学位授予。毕业确认是指大学（自学考试的考生由大学负责）对符合毕业条件的学生进行确定、认可的行为。学位授予是指学位授予单位依申请人申请，对申请人的学业情况进行审查以决定是否授予申请人学位的行为。

第一节　毕业确认法律关系

一、毕业确认的法律性质

毕业确认是指大学（自学考试的考生由大学附署）对符合毕业条件的学生进行确定、认可的行为。毕业证书是大学颁发给毕业学生的书面证明，是大学给予学生的正面评价。它不但能证明学生已受教育的程度，还能证明学生道德操守良好、身体健康等，对学生以后的社会声誉具有重大的影响。比如，毕业确认往往是学生获取其他资格比如公务员考试资格、城市落户资格等的先决条件。

关于毕业确认的法律性质，理论界有两种意见。一种意见认为，毕业确认是大学（民事主体）履行高等教育服务合同义务的一部分，属于民事行为。另一种意见认为，毕业确认是一种行政行为，是大学对符合条件的学生进行行政确认的行为。

《教育法》（2021 年）第 22 条规定："国家实行学业证书制度。经国家批准设立或者认可的学校及其他教育机构按照国家有关规定，颁发学历证书或者其他学业证书。"《高等教育法》（2018 年）第 20 条规定："接受高等学历教育的学生，由所在高等学校或者经批准承担研究生教育任务的科学研究机构根据其修业年限、学业成绩等，按照国家有关规定，发给相应的学历证书或者其他学业证书。接受非学历高等教育的学生，由所在高等学校或者其他高等教育机构发给相应的结业证书。结业证书应当载明修业年限和学业内容。"根据这两条法律的规定，毕业确认权是国家行政权，该项国家行政权，由国家授予国家批准设立或者认可的学校及其他教育机构按照国家有关规定行使，或者说，高等学校作为法律法规授权的组织，拥有代表国家对受教育者颁发相应学业证书的权力与职责。其中，学校是毕业确认行政行为中的行政主体（法律法规授权的组织）；具有正式学籍的学生是毕业确认行政行为中的行政相对人。

毕业确认是具体行政行为，属于人民法院行政诉讼的受案范围。因此，如果学生对大学的毕业确认不服，可以申诉，也可以提起行政复议和行政诉讼。

二、毕业确认的条件

《教育法》（2021年）第43条规定："受教育者享有下列权利：……（三）在学业成绩和品行上获得公正评价，完成规定的学业后获得相应的学业证书、学位证书；……"《高等教育法》（2018年）第20条规定："接受高等学历教育的学生，由所在高等学校或者经批准承担研究生教育任务的科学研究机构根据其修业年限、学业成绩等，按照国家有关规定，发给相应的学历证书或者其他学业证书。接受非学历高等教育的学生，由所在高等学校或者其他高等教育机构发给相应的结业证书。结业证书应当载明修业年限和学业内容。"第58条规定："高等学校的学生思想品德合格，在规定的修业年限内学完规定的课程，成绩合格或者修满相应的学分，准予毕业。"从以上的法律规定中，我们可以看出，毕业确认的条件有二：一是思想品德合格；二是学业成绩合格。

理解毕业确认的条件需要注意以下几点：

（1）只有具有本校正式学籍的学生，才能获得高等学校的毕业证书。无正式学籍的学生不能获得毕业证书，只能获得相应的结业证书。

（2）只有学生符合"思想品德合格，在规定的修业年限内学完规定的课程，成绩合格或者修满相应的学分"之条件，才能毕业。不符合法定条件的学生不得毕业，但可以发给结业证书、肄业证书、学习证明等。

（3）毕业确认是学校对学生的德、智、体全方面的综合确认，而非单一的学业确认；毕业确认是学校对学生在整个授业期间的一系列表现的总汇评价，包括每次考试的成绩、每学期的操行评语以及身体素质等。

三、毕业确认的程序

从《教育法》（2021 年）第 22 条、《高等教育法》（2018 年）第 20 条的规定看，毕业确认是依职权的具体行政行为。因此，毕业确认无需学生提出明示申请，学校应当主动地启动毕业确认行政程序。

但是，自学考试的考生的毕业确认却是依申请的具体行政行为。由于自考生的毕业确认相对比较复杂，我们以此为例加以说明。

（1）考生申请。考生根据专业考试计划自己判断并申请毕业。毕业申请条件如下：① 考完本专业考试计划所规定的理论课程且考试成绩合格。② 完成该专业所规定的实践性环节课程考核，并取得合格成绩。③ 思想品德经鉴定符合要求。④ 办理本科毕业证书者，必须具有国家承认学历的专科及以上毕业证书。⑤完成毕业论文的答辩且通过答辩。

申请人需要提交申请材料。申请材料包括"身份证""准考证""（全部）课程合格证"办理本科毕业证者还须持有专科及以上毕业证原件，以及申请人所在单位或者乡政府或街道办事处审核通过《高等教育自学考试毕业生思想品德鉴定表》。

（2）审核确定。经过市自考办、主考院校、省自考委三级审核后，对于符合条件的考生，准予毕业。

（3）颁发毕业证书。省级自考委准予毕业后，应当向考生颁发毕业证书。毕业生的有关档案材料由省自学考试办公室送毕业生所在单位组织、人事或劳动部门存入本人档案。

第二节　学位授予法律关系

一、学位概述

（一）学位的概念

学位，是指某人因达到一定的学术水平，由权威机构确认而获得的一种资质和称号。《美国百科全书》解释说："学位由学院或大学授予，表示在某个领域内到某一层次或等级。授予学士学位证书表示完成了本科学习。硕士、博士学位授给研究生。其他学位证书证明为职业作好了准备——如医学博士（M.D）证明可以从事医生职业。"[1]《不列颠百科全书》解释说，学位是"教育学院和大学为表示学习者完成某项学业，或表示学习者的学术水平而授予的称号。"[2]我国的《教育大辞典》对学位的定义是，"授予个人的一种终身称号。表明称号获得者曾受教的水平，或已达到的学力水平。由国家授权的或者根据某种公认的办法认可的高等学校、科学研究机构或其他学术机构授予，或由国家的有关考试、审定机构授予。各国学位制度的建立和发展情况不一，实施状况亦异。"[3]《中国大百科全书》（教育卷）认为："学位是评价学术水平的一种尺度。学位的授予建立在严格的科学训练和考核的基础之上。获得学位，不仅是国家给予获得者的一种荣誉和鼓励，而且是获得者学习成绩和学术水平的客观标志。"[4]

学位具有以下几个特征：

（1）学位是一种终身资质和称号。某人一旦被授予某种学位，则终身拥有，非依法定程序不被剥夺。

（2）学位与学术水平紧密联系。学位是学术能力的一种认可形式，只授予具有较高学术水平的人士。

（3）学位的授予必须严格按照法律的规定进行。世界各国的学位授予权、学位授予机构、学位授予标准、学位授予程序等，都有严格的法律规定。学位授予仪式一般都非常严肃和庄重。

（4）学位属于国家主权事项。根据国际惯例，一国颁发之学位，必须获得另一国之认可，在他国方能获得承认。

（二）学位的发展历史与种类

1. 学位的发展历史

学位的前身是教师职业许可证。中古欧洲，硕士、博士、教授皆是教师

---

〔1〕　*The Encyclopedia Americana*，*International ed*Vol. 8，Grolier Inc.，1991，p. 638.

〔2〕　美国不列颠百科全书公司编著，中国大百科全书出版社不列颠百科全书编辑部编译：《不列颠百科全书：国际中文版》（第5卷），中国大百科全书出版社1999年版，第203~204页。

〔3〕　顾明远主编：《教育大辞典》（下），上海教育出版社1998年版，第1813页。

〔4〕　中国大百科全书总编辑委员会《教育》编辑委员会、中国大百科全书出版社编辑部编：《中国大百科全书》（教育卷），中国大百科全书出版社1985年版，第440页。

的同义语，获得硕士、博士学位的人，无须经过考试即有权利在信仰基督教的所有地域范围内从事教师职业，特别是有权在大学里担任教职。中世纪的一个标准的大学应当由艺学院、神学院、法学院和医学院四个学院组成。其中，艺学院是低级学院，其他三个学院是高级学院。学生需要先在艺学院学习"自由艺科（liberal arts，语法、修辞、逻辑、算学、几何、天文、音乐，简称七艺）"，而后才能进入神学院、法学院和医学院三个高级学院学习。最初出现的是硕士学位（master）。[1]中世纪学生艺学院毕业即可获得硕士证书，可以从事教学授课方面的工作。学士学位的出现比硕士学位晚一些。中世纪学生在艺学院的三个科目（语法、修辞、逻辑）方面学习了三年到四年，称作学士。学士可以教授新生或作为硕士、博士的助手。15世纪初，博士和硕士开始出现微小差别。15世纪末，艺学院的毕业生称为硕士，神学院、法学院和医学院的毕业生称为博士。

将学位与学术研究能力联系起来的做法源自德国，而后向英、美、法等国传播。在德国的影响下，英、美、法等国在19世纪后半叶到20世纪初，先后将强调学术研究能力的学位及其培养模式引入本国。其中，美国不是照搬德国培养哲学博士的经验，而是与本国的政治、经济、文化相结合，形成了有自己特色的研究生教育，所谓"学、术兼顾"。美国大学里的一个专业或科目，既培养强调学术研究能力的哲学博士，又培养擅长专业技术能力的专业博士，学术研究能力与专业技术能力并举。20世纪70、80年代以来，学位的内涵在各国得到进一步发展，强调学术能力、专业能力和综合能力；学位的设置和标准亦趋于多样化。

2. 学位的种类

现今世界各国学位体系多种多样。从学位性质而言，有学术学位与专业学位、普通学位与名誉学位之分。就学位等级而言，有四级制、三级制、两级制、一级制之分。多数国家的学位分为学士、硕士、博士三级。美国采用四级学位制，即副学士、学士、硕士、博士；俄罗斯是二级学位制，即科学博士与科学副博士；意大利采用一级制，只设博士学位。[2]

---

〔1〕 硕士原意是行会中的"师傅、熟练者（master）"的意思。中世纪欧洲行会成员分为艺徒、会员和师傅，只有获得"师傅"证书的人，才有独立开业的资格。

〔2〕 北京师范大学外国教育研究所：《国外学位制度》，地震出版社1981年版，第68~84、127、7页。

我国《学位法》（2025 年）第 2 条规定："国家实行学位制度。学位分为学士、硕士、博士，包括学术学位、专业学位等类型，按照学科门类、专业学位类别等授予。"根据本条规定，我国学位采学士、硕士和博士三级制；学位亦有学术学位和专业学位之分。另外，我国亦设有荣誉学位（名誉学位）。

（三）学位授予权的原始拥有者与具体实施者

中古欧洲，学位授予权属于教会，由教皇授权大学具体实施。中古欧洲是个基督教的世界，知识被认为是神的事务而不是世俗事务，知识和教育均处于教会的权力管辖之下；学术乃是对"高深学问"（亦即神的知识）的探究；教师普遍拥有基督教教士的身份，教师传授知识是传播基督福音，是作为教士的教师的天职（calling）；教师通用许可证（学位）的授予权，属于教皇的当然权力。教皇往往通过大学特许状或教皇谕旨，授予大学具体颁发学位的权力。比如，以博洛尼亚大学、巴黎大学和牛津大学为代表的古典大学，其学位授予权均源自罗马教皇的特许。雅克·韦尔热说，根据教皇谕旨，只有能够颁发通用授课许可证的学校，才可称之为大学。"在 13 世纪末，即使是最古老的大学，'自发'的大学，几乎都得到了教皇的特许权，核准其证书的普遍价值。"[1]瓦尔特·吕埃格对中世纪的学位评价道："学位获得者被想象成在任何地方都可以取得哪些具有这种高级头衔保留的官职和荣誉。更有意义的是，教皇通过颁发特别诏书（那时的用语是关于博士的诏书），以一种有效的方式保留授予博士学位的权力，从而表明大学所行使权力的被委托性质。"[2]

随着教会权势的衰弱特别是主权国家成立以后，学位授予权的原始拥有者由原来的教会权力转变为国家权力；由国家授权给符合条件的大学（我国称为学位授予单位）具体实施。英国"特许状大学"（chartered universities）的学位授予权，源自英王的直接授权。《牛津大学章程》（2022 年）在序言里明确表述，1517 年英王通过立法正式组建牛津大学和剑桥大学时，即授予牛津大学和剑桥大学颁发学位的权力。该章程第 4 条第 1 款第 6 项规定，大学全体会议（congregation）的"学位授予权"条款属于英王枢密院条款（即该条

---

〔1〕　[法]雅克·韦尔热：《中世纪大学》，王晓辉译，上海人民出版社 2007 年版，第 63 页。

〔2〕　[瑞士]瓦尔特·吕埃格：《第一章主题》，载[比]希尔德·德·里德-西蒙斯主编：《欧洲大学史》（第 1 卷·中世纪大学），张斌贤等译，河北大学出版社 2008 年版，第 38 页。

款非经英王枢密院批准不生效力）。[1]英国"新大学"的学位授予权，源自
《教育改革法》（1988年）和《高等教育与继续教育法》（1992年）中的规
定，即大学的学位授予权源自英国议会的授予。德国学位授予权属于州的权
力，由州政府授权大学具体实施。德国学者包尔生对此总结说："在大学专有
的特权当中，有一项就是大学能够授予学位头衔。现在这项特权是由国家授
予的，也就是说，是由不同邦国分别授予的，而不需要像中世纪那样是须会
同一个更高的权威如教皇或皇帝来联合赋权。"[2]美国殖民地时期成立的大学
的学位授予权，大多数由英王在颁发给大学的特许状中明确授权给大学具体
行使。比如，根据《达特茅斯学院特许状》（1769年）第29节之规定，英王
特许"达特茅斯学院受托人团"（trustees of Dartmouth College）拥有授予学位的
权力。[3]虽然有的大学的特许状比如《哈佛学院特许状》（1650年）[4]并非
英王颁发，但其后亦得英王追认。美国独立后，根据美国《联邦宪法》第10
条之规定，学位授予权属于州权。殖民地时期的英王权力由各州继承，殖民
地时期成立的大学的特许状继续有效，其学位授予权也继续保持。同时，各
州通过宪法或教育法典（公立大学成立的法律基础）、州法人法条款（articles
of incorporation）和州许可证（私立大学成立的法律基础）等，确认州立大学
学位授予权的终极来源。[5]比如，加州大学的特许状即加州《宪法》第9条第

---

〔1〕　University Statutes and Legislations, 2002, http：//www. admin. ox. ac. uk/statutes/, 2012-03-17.

〔2〕　[德] 弗里德里希·包尔生：《德国大学与大学学习》，张弛等译，人民教育出版社2009年版，第77页。

〔3〕　Dartmouth College Charter, http://www. dartmouth. edu/~library/rauner/dartmouth/dc-charter. html, 2020-03-17.

〔4〕　Harvard Charter of 1650, Held in the Harvard University Archives , http://hul. harvard. edu/huarc/charter. html, 2022-03-17.《哈佛大学特许状》由马萨诸塞殖民地的"大议会（genenral court）"颁发，后来经英王追认。国内有人将这里的"大议会（genenral court）"翻译为"一般法院""普通法院"，肯定是望文生义。美国独立前，殖民地尚未形成独立后的议会、政府、法院三权分立体制。殖民地模仿母国英国的"君临议会"政府体制，由总督、参事会（独立后发展为参议院）和民选议会（独立后发展为众议院）组成的"genenral court"，行使政府权力。"genenral court"在殖民地是集立法、行政和司法三种功能于一身的统一政府组织。按理说，西欧中世纪的政府功能主要体现为司法功能，翻译成"大法院"最为准确，但该种翻译对于中国人来说不好理解，故笔者认为翻译为"大议会"较为妥当。有学者亦将其翻译为"大议会"。参见李剑鸣总主编：《美国通史》（第1卷），人民出版社2008年版，第258~266页。

〔5〕　William A. Kaplin and Barara A. Lee, *The Law of Higher Education*, Jossey-Boss, 2007, p. 84.

9 款第（f）项，赋予加州大学"受托人团"（The Regents of the University of California）[1]授予学位的权力；[2]康奈尔大学的特许状（The Charter of Cornell University as Amended through May 22, 2002）（也就是美国《纽约州教育法典》第 115 条第 5701 款至第 5716 款）中的第 5702 款，明确授予康奈尔大学的受托人团拥有授予学位的权力。[3]

我国历史上，亦有由主权者直接授权大学具体实施学位授予的先例，比如京师大学堂的学位授予权直接源自光绪皇帝的谕旨。《学位法》（2025 年）实施之前的做法是，由国务院（代表国家）授权给符合条件的高等学校、科学研究机构具体实施；[4]《学位法》（2025 年）施行后的做法是，由高等学校、科学研究机构申请学位授予资格，国务院学位委员会、省级学位委员会（代表国家）审批，授权给具备条件的高等学校、科学研究机构具体实施。[5]值得大家注意的是，这里的申请与审批行为，不是外部行政行为，而是宪法上的权力转移和分享的行为。[6]《学位法》（2025 年）第 15 条仅规定，学位

---

〔1〕 美国大学的受托人团可以由 trustees、regents、visitors、curators、rectors 等表示。其中，trustees 最常用，可用于私立大学和公立大学；regents、visitors、curators 一般只用于公立大学；"rectors" 一般用于教派大学。

〔2〕 California Constitution Article 9 Education, http://www. leginfo. ca. gov/. const/. article_ 9, 2022-03-19.

〔3〕 Charter of Cornell University as Amended Through May 22, 2002, http://trustees. cornell. edu/cornell_ charter, 2022-03-19.

〔4〕《学位条例》（2004 年）第 8 条规定："学士学位，由国务院授权的高等学校授予；硕士学位、博士学位，由国务院授权的高等学校和科学研究机构授予。授予学位的高等学校和科学研究机构（以下简称学位授予单位）及其可以授予学位的学科名单，由国务院学位委员会提出，经国务院批准公布。"

〔5〕《学位法》（2025 年）第 13 条规定："依法实施本科教育且具备本法第十二条规定条件的高等学校，可以申请学士学位授予资格。依法实施本科教育、研究生教育且具备本法第十二条规定条件的高等学校、科学研究机构，可以申请硕士、博士学位授予资格。"第 14 条规定："学士学位授予资格，由省级学位委员会审批，报国务院学位委员会备案。硕士学位授予资格，由省级学位委员会组织审核，报国务院学位委员会审批。博士学位授予资格，由国务院教育行政部门组织审核，报国务院学位委员会审批。……"

〔6〕 另一种说法认为，我国的学位制度具有三级学位结构下的国家学位制度属性，存在着学位授权审核与学位授予两次授权过程。学位授权审核是"对学位授予权的审核授权"，带有行政许可的法律性质，国务院学位委员会也一直将"对硕士、博士学位授予单位及其可以授予学位的学科名单审核"视为一种行政许可；而学位授予，作为一种依申请的授益行政行为，本质上是对申请者学术水平的评判和确认，是一种行政确认。参见周叶中、周佑勇主编：《高等教育行政执法问题研究》，武汉大学出版社 2007 年版，第 186~187 页。

授予资格的申请单位，如果在公示期内有异议，国务院学位委员会、省级学位委员会应当组织复核。该条并未赋予学位授予资格的申请单位对国务院学位委员会、省级学位委员会的审批行为提起行政复议和行政诉讼的权利。

二、学位授予

（一）学位授予的概念

学位授予有广义的和狭义的两个概念。狭义的学位授予，是指依申请人的申请，学位授予单位对申请人的学业情况和学术水平进行审查并决定是否授予申请人以相应学位的行为；广义的学位授予，不但包括狭义的学位授予，还包括学位撤销和宣布学位无效在内。此处的学位授予是狭义的学位授予，学位撤销和宣布学位无效我们在后文再行讨论。

我国关于学位授予的主要法律条款如下：《教育法》（2021 年）第 22 条规定："国家实行学业证书制度。经国家批准设立或者认可的学校及其他教育机构按照国家有关规定，颁发学历证书或者其他学业证书。"《高等教育法》（2018 年）第 20 条规定："接受高等学历教育的学生，由所在高等学校或者经批准承担研究生教育任务的科学研究机构根据其修业年限、学业成绩等，按照国家有关规定，发给相应的学历证书或者其他学业证书。接受非学历高等教育的学生，由所在高等学校或者其他高等教育机构发给相应的结业证书。结业证书应当载明修业年限和学业内容。"《学位法》（2025 年）第 13 条规定："依法实施本科教育且具备本法第十二条规定条件的高等学校，可以申请学士学位授予资格。依法实施本科教育、研究生教育且具备本法第十二条规定条件的高等学校、科学研究机构，可以申请硕士、博士学位授予资格。"第 14 条规定："学士学位授予资格，由省级学位委员会审批，报国务院学位委员会备案。硕士学位授予资格，由省级学位委员会组织审核，报国务院学位委员会审批。博士学位授予资格，由国务院教育行政部门组织审核，报国务院学位委员会审批。……"

（二）学位授予的当事人

在学位授予行政行为中，学位授予单位是行政主体（法律法规授权的组织），学位申请人是行政相对人。

（1）学位授予申请人，是指学位授予行政行为中向学位授予单位申请获取学位的一方当事人。申请人一般是学位授予单位的拥有学籍的学生，但亦有例外，非学位授予单位的应届毕业生，由毕业单位推荐也可向学位授予单位申请授予学位。《学位条例》（2004 年）第 12 条规定："非学位授予单位应届毕业的研究生，由原单位推荐，可以就近向学位授予单位申请学位。经学位授予单位审查同意，通过论文答辩，达到本条例规定的学术水平者，授予相应的学位。"《学位条例暂行实施办法》（1981 年）第 4 条第 2 款规定："非授予学士学位的高等学校，对达到学士学术水平的本科毕业生，应当由系向学校提出名单，经学校同意后，由学校就近向本系统、本地区的授予学士学位的高等学校推荐。授予学士学位的高等学校有关的系，对非授予学士学位的高等学校推荐的本科毕业生进行审查考核，认为符合本暂行办法第三条及有关规定的，可向学校学位评定委员会提名，列入学士学位获得者的名单。"《学位法》（2025 年）第 23 条第 1 款规定："符合本法规定的受教育者，可以按照学位授予单位的要求提交申请材料，申请相应学位。非学位授予单位的应届毕业生，由毕业单位推荐，可以向相关学位授予单位申请学位。"

（2）学位授予单位，是指学位授予行政行为中拥有学位授予这种行政权力的一方当事人。在我国，学位授予单位是指经过国务院学位委员会、省级学位委员会认可的高等学校和科学研究机构。学位授予单位作为法律法规授权的组织，具有代表国家向学位申请人授予学位、颁发相应学位证书的职责。

（三）学位授予的法律性质

从学位授予单位根据国家的授权而获取具体授予学位的权力之事实，可推知学位授予单位的学位授予权不是其作为一个组织的"内生权力"，而是根据法律、法规的规定而由相应国家机关的"外在赋权"；从学位授予单位授予学位的行为，是其对相对人是否达到国家要求的学术水平进行甄别和认可，可推知学位授予行为是一种行政确认；从学位申请人可以是学位授予单位的学生，也可以是非学位授予单位的学生，[1]可推知学位授予单位之学位授予行为是外部行政行为。行政法理论上，学位授予单位具体授予学位的行为，是行政法中的行政确认，属于具体的、外部的、依申请的行政行为。如果当事人不服（主要是不服学位授予单位不授予学位的决定），可以申诉、再申诉，也可以行政复议和行政诉讼。

---

〔1〕　就学位授予而言，学位授予单位的学生与学位授予单位之间不具有组织隶属关系、职务代理关系或职权参与关系，因此，两者之间并非内部管理法律关系。

（四）学位证书的印章和签字人

我国大学有公营造物法人和公法社团法人双重法律地位。我国法律将学位授予权授权给作为公法社团法人的大学，而不是授权给作为公营造物法人的大学。由于学位评定委员会是大学（公法社团法人）的一个核心权力机关，该委员会掌控学位评定权力，主管学位评定事务，因此，在学位评定事务上，校长必须依照学位评定委员会的决议行事。

《学位条例》（2004年）第11条规定："学位授予单位，在学位评定委员会作出授予学位的决议后，发给学位获得者相应的学位证书。"《学位法》（2025年）第29条规定："学位授予单位应当根据学位评定委员会授予学士、硕士、博士学位的决议，公布授予学位的人员名单，颁发学位证书，并向省级学位委员会报送学位授予信息。省级学位委员会将本行政区域的学位授予信息报国务院学位委员会备案。"因此，大学应该且必须根据学位评定委员会的决议（对论文答辩委员会授予学位的决议的批准决定），颁发学位证书。《学位条例》（2004年）第17条规定："学位授予单位对于已经授予的学位，如发现有舞弊作伪等严重违反本条例规定的情况，经学位评定委员会复议，可以撤销。"《学位法》（2025年）第37条规定："学位申请人、学位获得者在攻读该学位过程中有下列情形之一的，经学位评定委员会决议，学位授予单位不授予学位或者撤销学位……"如果学位评定委员会经过复议而作出撤销学位的决定，大学应该且必须撤销其已颁发的学位证书。从法律关于颁发学位和撤销学位的规定来看，学位授予权力虽然由学位评定委员会、校长会议和答辩委员会分享，但最后的决定权力掌握在学位评定委员会手中。学位评定委员会决议颁发或撤销学位，如果大学的校长不颁发或不撤销学位证书，按理说，学位评定委员会有权向法院起诉，请求法院责令校长颁发或撤销学位证书。

尽管在学位授予方面，校长并无决定权。但校长毕竟是大学的法定代表人，学位评定委员会也是大学的内设机构，所以学位证书应该由校长签字，并加盖大学的印章。没有校长或者校长因特殊情况不能行使该项职责时，可由副校长代为行使。这种设计与立法程序中的法律制定和法律公布具有相似性。比如，法律经全国人大或常委会表决通过，由国家主席公布。公布人是国家主席，但是实质决定权在于全国人大或全国人大常委会。国家主席是代表，是名义人，以示庄重。如果某项法律遭遇违宪审查，被审查人应该是全国人大或人大常委会，而不是国家主席。因此，学位证书由学位评定委员会主席、学术委员会主席等其他人签字，不符合法律规定；加盖学位评定委员会或学术委员会的印章，更不符合法律规定。

（五）学位授予的条件

《学位法》（2025 年）第 4 条规定："拥护中国共产党的领导、拥护社会主义制度的中国公民，在高等学校、科学研究机构学习或者通过国家规定的其他方式接受教育，达到相应学业要求、学术水平或者专业水平的，可以依照本法规定申请相应学位。"第 18 条规定："学位申请人应当拥护中国共产党的领导，拥护社会主义制度，遵守宪法和法律，遵守学术道德和学术规范。学位申请人在高等学校、科学研究机构学习或者通过国家规定的其他方式接受教育，达到相应学业要求、学术水平或者专业水平的，由学位授予单位分别依照本法第十九条至第二十一条规定的条件授予相应学位。"这两条对授予学位的条件进行了原则性的规定。根据这两条规定，学位申请人若想获得学位，必须同时符合"品行良好""学术水平高深"两项条件。

1. 品行良好

申请人必须达到的品格条件是"拥护中国共产党的领导、拥护社会主义制度，遵守宪法和法律，遵守学术道德和学术规范"。应当如何理解"两个拥护"的内涵？2003 年 11 月 21 日国务院学位委员会在答复浙江大学《关于对〈中华人民共和国学位条例〉等有关法规、规定解释的复函》中指出，"两个拥护"的内涵是相当丰富的，涵盖了对授予学位人员的遵纪守法、道德品行的要求，被授予学位的对象不仅要学术达标、政治合格，还应当遵纪守法、品行良好。

2. 学术水平高深

关于学士学位应当达到的学术水平，《学位法》（2025 年）第 19 条规定："接受本科教育，通过规定的课程考核或者修满相应学分，通过毕业论文或者毕业设计等毕业环节审查，表明学位申请人达到下列水平的，授予学士学位：（一）在本学科或者专业领域较好地掌握基础理论、专门知识和基本技能；（二）具有从事学术研究或者承担专业实践工作的初步能力。"

关于硕士学位应当达到的学术水平，《学位法》（2025 年）第 20 条规定："接受硕士研究生教育，通过规定的课程考核或者修满相应学分，完成学术研究训练或者专业实践训练，通过学位论文答辩或者规定的实践成果答辩，表明学位申请人达到下列水平的，授予硕士学位：（一）在本学科或者专业领域掌握坚实的基础理论和系统的专门知识；（二）学术学位申请人应当具有从事学术研究工作的能力，专业学位申请人应当具有承担专业实践工作的能力。"

关于博士学位应当达到的学术水平，《学位法》（2025年）第21条规定："接受博士研究生教育，通过规定的课程考核或者修满相应学分，完成学术研究训练或者专业实践训练，通过学位论文答辩或者规定的实践成果答辩，表明学位申请人达到下列水平的，授予博士学位：（一）在本学科或者专业领域掌握坚实全面的基础理论和系统深入的专门知识；（二）学术学位申请人应当具有独立从事学术研究工作的能力，专业学位申请人应当具有独立承担专业实践工作的能力；（三）学术学位申请人应当在学术研究领域做出创新性成果，专业学位申请人应当在专业实践领域做出创新性成果。"根据《学位条例暂行实施办法》（1981年）第10条第3款、第11条、第12条、第13条等之规定，博士学位具体的学术资格条件是：首先，是高等学校和科学研究机构的研究生，或具有研究生毕业同等学力的人员。其中，同等学力人员申请时，应当送交两位教授或相当职称的专家的推荐书。学位授予单位对未获得硕士学位的申请人员，可以在接受申请前，采取适当方式，考核其某些硕士学位的基础理论课和专业课。其次，通过博士学位的课程考试。博士学位的考试课程和要求是：①关于马克思主义理论课，要求较好地掌握马克思主义的基本理论。②关于基础理论课和专业课，要求掌握坚实宽广的基础理论和系统深入的专门知识。考试范围由学位授予单位的学位评定委员会审定。基础理论课和专业课的考试，由学位授予单位学位评定委员会指定3位专家组成的考试委员会主持。考试委员会主席必须由教授、副教授或相当职称的专家担任。③关于2门外国语的要求是：第一外国语要求熟练地阅读本专业的外文资料，并具有一定的写作能力；第二外国语要求有阅读本专业外文资料的初步能力。个别学科、专业，经学位授予单位的学位评定委员会审定，可只考第一外国语。[1]最后，通过论文答辩，成绩合格。成绩合格是指申请人学术水平达到：①在本门学科上掌握坚实宽广的基础理论和系统深入的专门知识；

---

〔1〕《学位条例暂行实施办法》进一步明确和细化了《学位条例》关于学位授予的条件。例如，第11条详细规定了课程考试的要求："结合培养计划安排进行"，为大学自行制定培养计划预留了空间。又如，第12条将通过课程考试作为参加论文答辩的前提。

②具有独立从事科学研究工作的能力；③在科学或专门技术上做出创造性的成果。

（六）学位授予的程序

因学士学位的授予程序比较简单，硕士学位的授予程序与博士学位的授予程序基本相同且相对复杂，为方便简洁起见，我们以普通博士学位（不包括名誉博士）为例来讨论学位授予程序。

1. 学位申请人的申请

《学位法》（2025年）第23条第1款规定："符合本法规定的受教育者，可以按照学位授予单位的要求提交申请材料，申请相应学位。非学位授予单位的应届毕业生，由毕业单位推荐，可以向相关学位授予单位申请学位。"《学位条例暂行实施办法》（1981年）第10条第2款规定："申请博士学位人员应当在学位授予单位规定的期限内，向学位授予单位提交申请书和申请博士学位的学术论文等材料。"实践中，博士学位申请人提交申请时，需要获得导师的同意和推荐。

2. 学位授予单位的受理

《学位法》（2025年）第23条第2款规定："学位授予单位应当自申请日期截止之日起六十日内审查决定是否受理申请，并通知申请人。"《学位条例暂行实施办法》（1981年）第10条第3款规定："学位授予单位应当在申请日期截止后两个月内进行审查，决定是否同意申请，并将结果通知申请人及其所在单位。"这里的"决定是否同意申请"即"是否受理"的意思。

申请人的申请如要获得学位授予单位的受理，必须同时符合下列三个条件：①申请人通过博士学位的课程考试，成绩合格；②申请人的政治思想、道德等方面合格；③申请人经导师推荐。

学位授予单位对申请人的申请进行审查，如果申请人同时符合以上三个条件，学位授予单位应当受理；如果申请人有一项条件不符合，学位授予单位应当不予受理，并向申请人说明不予受理的理由。

3. 学位授予单位的学位论文的送审

《学位法》（2025年）第25条规定："申请硕士、博士学位的，学位授予单位应当在组织答辩前，将学位申请人的学位论文或者实践成果送专家评阅。经专家评阅，符合学位授予单位规定的，进入答辩程序。"一般而言，学位授予单位受理博士学位申请人的申请后，应在答辩前3个月将申请人的博士学位论文或论文摘要，印送有关单位并经同行评议。学位授予单位应当聘请两位及以上与论文有关学科的专家评阅论文，其中一位应当是外单位的专家。评阅人应当对论文写出详细的学术评语，供论文答辩委员会参考。

4. 论文答辩委员会的答辩会与是否通过论文答辩的决议

《学位法》（2025 年）第 26 条规定："学位授予单位应当按照学科、专业组织硕士、博士学位答辩委员会。硕士学位答辩委员会组成人员应当不少于三人。博士学位答辩委员会组成人员应当不少于五人，其中学位授予单位以外的专家应当不少于二人。学位论文或者实践成果应当在答辩前送答辩委员会组成人员审阅，答辩委员会组成人员应当独立负责地履行职责。答辩委员会应当按照规定的程序组织答辩，就学位申请人是否通过答辩形成决议并当场宣布。答辩以投票方式表决，由全体组成人员的三分之二以上通过。除内容涉及国家秘密的外，答辩应当公开举行。"

根据该条规定，博士学位论文经送审符合条件的，学位授予单位的论文答辩委员会应当举行论文答辩会并作出决议。论文答辩委员会的审查是实质审查，具体操作如下：

（1）学位授予单位组织论文答辩委员会。论文答辩委员会负责审查博士学位论文、组织答辩。博士学位论文答辩委员会成员不少于 5 人，其中学位授予单位以外的专家应当不少于 2 人。

（2）召开论文答辩会。答辩委员会应当按照规定的程序组织答辩，除内容涉及国家秘密的外，答辩应当公开举行。论文答辩会应当有记录。

（3）作出申请人是否通过答辩的决议。答辩委员会就学位申请人是否通过答辩形成决议并当场宣布。答辩以投票方式表决，由全体组成人员的 2/3 以上通过。

《学位法》（2025 年）第 27 条的规定："学位论文答辩或者实践成果答辩未通过的，经答辩委员会同意，可以在规定期限内修改，重新申请答辩。博士学位答辩委员会认为学位申请人虽未达到博士学位的水平，但已达到硕士学位的水平，且学位申请人尚未获得过本单位该学科、专业硕士学位的，经学位申请人同意，可以作出建议授予硕士学位的决议，报送学位评定委员会审定。"

5. 学位评定委员会的是否授予学位的决议

《学位法》（2025 年）第 28 条的规定："学位评定委员会应当根据答辩委

员会的决议，在对学位申请进行审核的基础上，作出是否授予硕士、博士学位的决议。"关于学位评定委员会作出是否授予学位决议的方式，《学位法》（2025 年）第 10 条第 2 款规定："学位评定委员会作出决议，应当以会议的方式进行。审议本法第九条第一款第一项至第四项所列事项或者其他重大事项的，会议应当有全体组成人员的三分之二以上出席。决议事项以投票方式表决，由全体组成人员的过半数通过。"

6. 学位授予单位的送达与颁发学位证书

《学位法》（2025 年）第 29 条规定："学位授予单位应当根据学位评定委员会授予学士、硕士、博士学位的决议，公布授予学位的人员名单，颁发学位证书，并向省级学位委员会报送学位授予信息。省级学位委员会将本行政区域的学位授予信息报国务院学位委员会备案。"

根据《学位法》（2025 年）第 37 条的规定，如果学位申请人在攻读该学位过程中有下列情形之一的，经学位评定委员会决议，学位授予单位不授予学位：①学位论文或者实践成果被认定为存在代写、剽窃、伪造等学术不端行为；②盗用、冒用他人身份，顶替他人取得的入学资格，或者以其他非法手段取得入学资格、毕业证书；③攻读期间存在依法不应当授予学位的其他严重违法行为。学位授予单位拟将作出不授予学位决定的，应当告知学位申请人或者学位获得者拟作出决定的内容及事实、理由、依据，听取其陈述和申辩。学位授予单位决定不授予学位时，应当向申请人送达不授予学位的决定书，并说明理由、告知救济途径。

三、学位撤销

（一）学位撤销的概念

学位撤销，是指学位授予后，学位授予单位发现申请人在学位授予过程中有违法行为而撤销其已授学位的行为。学位授予单位对已授学位的撤销，是"鉴于事后发现相对人不具备申请条件（大多因相对人隐瞒事实所致）"的侵益性行政行为。[1]

（二）学位撤销的条件

《教育法》（2021 年）第 82 条第 3 款规定："以作弊、剽窃、抄袭等欺诈

---

〔1〕 胡建淼：《"其他行政处罚"若干问题研究》，载《法学研究》2005 年第 1 期。

行为或者其他不正当手段获得学位证书、学历证书或者其他学业证书的，由颁发机构撤销相关证书。……"《学位法》（2025年）第37条规定："学位申请人、学位获得者在攻读该学位过程中有下列情形之一的，经学位评定委员会决议，学位授予单位……撤销学位：（一）学位论文或者实践成果被认定为存在代写、剽窃、伪造等学术不端行为；（二）盗用、冒用他人身份，顶替他人取得的入学资格，或者以其他非法手段取得入学资格、毕业证书；（三）攻读期间存在依法不应当授予学位的其他严重违法行为。"

关于撤销学位的条件，我国还有一些法律规范对其进行了更为详细的规定。这些法律规范主要有：

（1）国务院学位委员会《关于在学位授予工作中加强学术道德和学术规范建设的意见》（2010年）（下文简称《学术道德和学术规范意见》）。该意见第5条特别指出："在学位授予工作中，学位授予单位对以下的舞弊作伪行为，必须严肃处理。……（二）在学位论文或在学期间发表学术论文中存在学术不端行为；……"本条是"国家法"层面上关于"舞弊作伪"内涵的唯一明确表述，因而"在学位论文或在学期间发表学术论文中存在学术不端行为"成为判断舞弊作伪的重要标准之一。但是，这一规范性文件是否超出了法定学位撤销标准？尚须结合博士学位撤销的"校内法"依据进行分析。

（2）教育部《学位论文作假行为处理办法》（2013年）。该办法第7条第1款规定："学位申请人员的学位论文出现购买、由他人代写、剽窃或者伪造数据等作假情形的，学位授予单位可以取消其学位申请资格；已经获得学位的，学位授予单位可以依法撤销其学位，并注销学位证书。取消学位申请资格或者撤销学位的处理决定应当向社会公布。从做出处理决定之日起至少3年内，各学位授予单位不得再接受其学位申请。"第12条规定："发现学位论文有作假嫌疑的，学位授予单位应当确定学术委员会或者其他负有相应职责的机构，必要时可以委托专家组成的专门机构，对其进行调查认定。"第13条规定："对学位申请人员、指导教师及其他有关人员做出处理决定前，应当告知并听取当事人的陈述和申辩。当事人对处理决定不服的，可以依法提出申诉、申请行政复议或者提起行政诉讼。"

（3）教育部《高等学校预防与处理学术不端行为办法》（2016年）。该办法第27条规定："经调查，确认被举报人在科学研究及相关活动中有下列行为之一的，应当认定为构成学术不端行为：（一）剽窃、抄袭、侵占他人学术成果；（二）篡改他人研究成果；（三）伪造科研数据、资料、文献、注释，或者捏造事实、编造虚假研究成果；（四）未参加研究或创作而在研究成果、学术论文上署名，未经他人许可而不当使用他人署名，虚构合作者共同署名，或者多人共同完成研究而在成果中未注明他人工作、贡献；（五）在申报课题、成果、奖励和职务评审评定、申请学位等过程中提供虚假学术信息；（六）买卖论文、由他人代写或者为他人代写论文；（七）其他根据高等学校或者有关学术组织、相关科研管理机构制定的规则，属于学术不端的行为。"

（三）学位撤销的程序

对于学位撤销的程序，《学位法》（2025年）仅规定了必须经过学位授予单位的学位评定委员会的决议以及听取意见程序。《学术道德和学术规范意见》（2010年）指出，对舞弊作伪行为的处理要遵循客观、公正、合法的原则，且应当规范程序，保护被调查者的申诉权。《学位论文作假行为处理办法》（2013年）第12条规定："发现学位论文有作假嫌疑的，学位授予单位应当确定学术委员会或者其他负有相应职责的机构，必要时可以委托专家组成的专门机构，对其进行调查认定。"第13条规定："对学位申请人员、指导教师及其他有关人员做出处理决定前，应当告知并听取当事人的陈述和申辩。当事人对处理决定不服的，可以依法提出申诉、申请行政复议或者提起行政诉讼。"根据《高等学校预防与处理学术不端行为办法》（2016年）之规定，撤销学位的程序如下：

1. 立案

高等学校在行使职权的过程中或者在对投诉、举报进行审查后，发现学位获得者涉嫌学术不端等可能需要撤销学位之情形，应当立案启动学位撤销行政程序。高等学校对媒体公开报道、其他学术机构或者社会组织主动披露的涉及本校人员的学术不端行为，应当依据职权，主动进行调查处理。高等学校认为举报材料符合条件的，应当及时作出受理决定，并通知举报人。不予受理的，应当书面说明理由。

2. 调查

高等学校受理后，应当交由学校的学术委员会按照相关程序组织开展调查。学术委员会可委托有关专家就举报内容的合理性、调查的可能性等进行初步审查，并作出是否进入正式调查的决定。决定不进入正式调查的，应当告知举报人。举报人如有新的证据，可以提出异议。异议成立的，应当进入正式调查。

如果学术委员会决定进入正式调查，应当通知被举报人。被调查行为涉及资助项目的，可以同时通知项目资助方。

学术委员会应当组成调查组，负责对被举报行为进行调查；但对事实清楚、证据确凿、情节简单的被举报行为，也可以采用简易调查程序。调查组应当不少于3人，必要时应当包括学校纪检、监察机构指派的工作人员，可以邀请同行专家参与调查或者以咨询等方式提供学术判断。被调查行为涉及资助项目的，可以邀请项目资助方委派相关专业人员参与调查组。调查组的组成人员与举报人或者被举报人有合作研究、亲属或者导师学生等直接利害关系的，应当回避。

调查可通过查询资料、现场查看、实验检验、询问证人、询问举报人和被举报人等方式进行。调查组认为有必要的，可以委托无利害关系的专家或者第三方专业机构就有关事项进行独立调查或者验证。调查组在调查过程中，应当认真听取被举报人的陈述、申辩，对有关事实、理由和证据进行核实；认为必要的，可以采取听证方式。有关单位和个人应当为调查组开展工作提供必要的便利和协助。举报人、被举报人、证人及其他有关人员应当如实回答询问，配合调查，提供相关证据材料，不得隐瞒或者提供虚假信息。

调查过程中，出现知识产权等争议引发的法律纠纷的，且该争议可能影响行为定性的，应当中止调查，待争议解决后重启调查。

调查组应当在查清事实的基础上形成调查报告。调查报告应当包括学术不端行为责任人的确认、调查过程、事实认定及理由、调查结论等。学术不端行为由多人集体做出的，调查报告中应当区别各责任人在行为中所发挥的作用。

接触举报材料和参与调查处理的人员，不得向无关人员透露举报人、被举报人个人信息及调查情况。

3. 审查

学术委员会应当对调查组提交的调查报告进行审查；必要时，应当听取调查组的汇报。学术委员会可以召开全体会议或者授权专门委员会，对被调查的行为是否构成学术不端行为以及行为的性质、情节等作出认定结论，并依职权作出处理或建议学校作出相应处理。

经调查，确认被举报人在科学研究及相关活动中有下列行为之一的，应当认定为构成学术不端行为：①剽窃、抄袭、侵占他人学术成果；②篡改他人研究成果；③伪造科研数据、资料、文献、注释，或者捏造事实、编造虚假研究成果；④未参加研究或创作而在研究成果、学术论文上署名，未经他人许可而不当使用他人署名，虚构合作者共同署名，或者多人共同完成研究而在成果中未注明他人工作、贡献；⑤在申报课题、成果、奖励和职务评审评定、申请学位等过程中提供虚假学术信息；⑥买卖论文、由他人代写或者为他人代写论文；⑦其他根据高等学校或者有关学术组织、相关科研管理机构制定的规则，属于学术不端的行为。

有学术不端行为且有下列情形之一的，应当认定为情节严重：①造成恶劣影响的；②存在利益输送或者利益交换的；③对举报人进行打击报复的；④有组织实施学术不端行为的；⑤多次实施学术不端行为的；⑥其他造成严重后果或者恶劣影响的。

4. 告知与听取意见

根据《学位论文作假行为处理办法》（2013 年）第 13 条之规定，对学位申请人员、指导教师及其他有关人员作出处理决定前，应当告知并听取当事人的陈述和申辩。《学位法》（2025 年）第 39 条规定："学位授予单位拟作出……撤销学位决定的，应当告知学位申请人或者学位获得者拟作出决定的内容及事实、理由、依据，听取其陈述和申辩。"

5. 作出处理决定

高等学校应当根据学术委员会的认定结论和处理建议，结合行为性质和情节轻重，依职权和规定的程序对学术不端行为的责任人作出处理。如果学术不端行为与获得学位有直接关联的，由学位授予单位作暂缓授予学位、不授予学位或者依法撤销学位等处理。

高等学校对学术不端行为作出处理决定，应当制作处理决定书，载明以下内容：①责任人的基本情况；②经查证的学术不端行为事实；③处理意见和依据；④救济途径和期限；⑤其他必要内容。

经调查认定，不构成学术不端行为的，根据被举报人申请，高等学校应当通过一定方式为其消除影响、恢复名誉等。调查处理过程中，发现举报人存在捏造事实、诬告陷害等行为的，应当认定为举报不实或者虚假举报，举报人应当承担相应责任。属于本单位人员的，高等学校应当按照有关规定给予处理；不属于本单位人员的，应通报其所在单位，并提出处理建议。参与举报受理、调查和处理的人员违反保密等规定，造成不良影响的，按照有关规定给予处分或其他处理。

6. 送达与告知救济权利

在学位撤销决定书送达给当事人的同时，应告知其可以在一定期限内向何种机构提出申诉、复议及诉讼的权利。

（四）学位撤销的救济措施

如果举报人或者学术不端行为责任人对处理决定不服，可以在收到处理决定之日起 30 日内，以书面形式向高等学校提出异议或者复核申请。异议和复核不影响处理决定的执行。高等学校收到异议或者复核申请后，应当交由学术委员会组织讨论，并于 15 日内作出是否受理的决定。如果决定受理，学校或者学术委员会可以另行组织调查组或者委托第三方机构进行调查；如果决定不予受理，应当书面通知当事人。当事人对复核决定不服，仍以同一事实和理由提出异议或者申请复核的，不予受理；当事人向有关主管部门提出申诉的，按照相关规定执行。

《学位法》（2025 年）第 41 条规定："学位申请人或者学位获得者对不受理其学位申请、不授予其学位或者撤销其学位等行为不服的，可以向学位授予单位申请复核，或者请求有关机关依照法律规定处理。学位申请人或者学位获得者申请复核的，学位授予单位应当自受理复核申请之日起三十日内进行复核并作出复核决定。"由于学位撤销是外部具体行政行为，当事人如果不服，当然可以提起行政复议和行政诉讼。

四、学位无效宣告

学位无效宣告，是指在学位授予后，教育部门或者有关行政部门发现学位授予单位在学位授予过程中有违法行为，进而宣布学位授予单位所颁发的学位证书无效的行为。《学位法》（2025 年）第 38 条规定："违反本法规定授予学位、颁发学位证书的，由教育行政部门宣布证书无效，并依照《中华人民共和国教育法》的有关规定处理。"《教育法》（2021 年）第 82 条第 1 款规定："学校或者其他教育机构违反本法规定，颁发学位证书、学历证书或者其他学业证书的，由教育行政部门或者其他有关行政部门宣布证书无效，责令收回或者予以没收；……"

学位无效宣告与学位撤销之间的区别有二：

（1）学位撤销的事由是学位申请人在学位授予过程中有违法行为，而宣布学位无效的事由则是学位授予单位在学位授予过程中有违法行为。

（2）学位撤销由学位授予单位进行；宣布学位证书无效则由教育行政部门或者其他有关行政部门进行。

法律性质上，宣告学位无效是比较典型的外部具体行政行为，学位授予单位和学位获得者如果不服，有权提起行政复议或者行政诉讼。

五、学位申请人或获得者的救济权利

（一）陈述权与申辩权

学位申请人或者学位获得者拥有陈述权和申辩权。《学位法》（2025 年）第 39 条规定："学位授予单位拟作出不授予学位或者撤销学位决定的，应当告知学位申请人或者学位获得者拟作出决定的内容及事实、理由、依据，听取其陈述和申辩。"

（二）请求复核权、申诉与再申诉权、行政复议与行政诉讼权

学位申请人或者学位获得者拥有请求复核权、申诉与再申诉权、行政复议与行政诉讼权。

《学位法》（2025 年）第 40 条规定："学位申请人对专家评阅、答辩、成果认定等过程中相关学术组织或者人员作出的学术评价结论有异议的，可以向学位授予单位申请学术复核。学位授予单位应当自受理学术复核申请之日起三十日内重新组织专家进行复核并作出复核决定，复核决定为最终决定。学术复核的办法由学位授予单位制定。"《学位法》（2025 年）第 41 条规定："学位申请人或者学位获得者对不受理其学位申请、不授予其学位或者撤销其学位等行为不服的，可以向学位授予单位申请复核，或者请求有关机关依照法律规定处理。学位申请人或者学位获得者申请复核的，学位授予单位应当自受理复核申请之日起三十日内进行复核并作出复核决定。"这里需要对本条中的"请求有关机关依照法律规定处理"的规定进行进一步的解释。根据《教育法》《高等教育法》以及《行政复议法》《行政诉讼法》等相关法律法规的规定，学位申请人或者学位获得者如果不服学位授予单位不受理其学位申请、不授予其学位或者撤销其学位等行为，有权申诉、再申诉、提起行政复议或者行政诉讼。

▶ 思考题

1. 毕业证书的法律性质是什么？合同履行完毕的确认还是学籍管理行为？抑或独立的行政行为？

2. 找一所大学，简述该学校毕业确认的条件与程序。

3. 学位授予的法律性质是什么？合同履行完毕的确认还是学籍管理行为？抑或两者都不是，而是其他独立的法律行为？

4. 学位授予当事人双方必须是高校与本校学生吗？此时，学位申请人的身份还是学生吗？学位授予单位身份还是学校吗？

6. 对"刘某文诉北京大学学位评定委员会不批准博士学位决议案"[1]进行评析。

7. 对"于某茹诉北京大学撤销博士学位决定案"[2]进行评析。

8. 简述学位无效宣告的条件。

---

[1] 相关判决书、裁定书等包括北京市海淀区人民法院行政判决书［1999］海行初字第 103 号、北京市第一中级人民法院行政裁定书［2000］一中行终字第 43 号、北京市海淀区人民法院行政裁定书［2000］海行初字第 157 号、北京市第一中级人民法院行政裁定书［2001］一中行终字第 50 号等，参见胡锦光主编：《中国十大行政法案例评析》，法律出版社 2005 年版，第 122~161 页。

[2] "于某茹案"是我国首个因论文抄袭导致博士学位撤销的行政诉讼案件。参见北京市第一中级人民法院行政判决书［2017］京 01 行终 277 号。

第二十三章
大学学生的权利、义务与救济措施

大学学生的权利与义务，专指学生在与大学的法律关系中所享有的权利和应当承担的义务。《普通高等学校学生管理规定》（2017 年）第 6 条列举了学生在校期间所享有的 7 项基本权利。学术上将学生的义务归结为"学业高度勤勉义务"和"操行良好保持义务"两大项，《普通高等学校学生管理规定》（2017 年）第 7 条列举了学生在校期间应当承担的 6 项主要义务。我国法律对于学生权利受损时学生的救济措施有申诉与再申诉、投诉、民事诉讼、行政复议与行政诉讼等。

第一节　学生的权利与义务

一、学生权利列举

（一）《教育法》（2021 年）规定的权利

根据《教育法》（2021 年）第 43 条的规定，学生享有下列权利：

（1）参加教育教学计划安排的各种活动，使用教育教学设施、设备、图书资料。

（2）按照国家有关规定获得奖学金、贷学金、助学金。

（3）在学业成绩和品行上获得公正评价，完成规定的学业后获得相应的学业证书、学位证书。

（4）对学校给予的处分不服向有关部门提出申诉，对学校、教师侵犯其人身权、财产权等合法权益，提出申诉或者依法提起诉讼。

（5）法律、法规规定的其他权利。

（二）《高等教育法》（2018 年）规定的权利

《高等教育法》（2018 年）规定的权利有：

（1）国家设立奖学金，并鼓励高等学校、企业事业组织、社会团体以及其他社会组织和个人按照国家有关规定设立各种形式的奖学金，对品学兼优的学生、国家规定的专业的学生以及到国家规定的地区工作的学生给予奖励。

（2）国家设立高等学校学生勤工助学基金和贷学金，并鼓励高等学校、企业事业组织、社会团体以及其他社会组织和个人设立各种形式的助学金，对家庭经济困难的学生提供帮助。获得贷学金及助学金的学生，应当履行相应的义务。

（3）高等学校的学生在课余时间可以参加社会服务和勤工助学活动，但不得影响学业任务的完成。高等学校应当对学生的社会服务和勤工助学活动给予鼓励和支持，并进行引导和管理。

（4）高等学校的学生，可以在校内组织学生团体。学生团体在法律、法规规定的范围内活动，服从学校的领导和管理。

（5）高等学校的学生思想品德合格，在规定的修业年限内学完规定的课程，成绩合格或者修满相应的学分，准予毕业。

（6）高等学校应当为毕业生、结业生提供就业指导和服务。国家鼓励高等学校毕业生到边远、艰苦地区工作。

（三）《普通高等学校学生管理规定》（2017 年）规定的权利

《普通高等学校学生管理规定》（2017 年）第 6 条是关于学生在校期间所享有的权利的主要条文，该条共 1 款、7 项。

1. "参加学校教育教学计划安排的各项活动，使用学校提供的教育教学资源"的权利

《普通高等学校学生管理规定》（2017 年）第 6 条第 1 项规定的"参加学校教育教学计划安排的各项活动，使用学校提供的教育教学资源"，是典型的契约权利，这一点没有什么争议。

2. "参加社会实践、志愿服务、勤工助学、文娱体育及科技文化创新等活动，获得就业创业指导和服务"的权利

《普通高等学校学生管理规定》（2017 年）第 6 条第 2 项规定了"参加社会实践、志愿服务、勤工助学、文娱体育及科技文化创新等活动，获得就业创业指导和服务"的权利。其中"参加……科技文化创新等活动，获得就业

创业指导和服务"是学生的契约权利，没有什么争议。但"参加社会实践、志愿服务、勤工助学、文娱体育"，是不是学生的契约权利，就很值得怀疑。如将其定性为学生的特别合同权利，亦十分勉强。所有公民都可以"参加社会实践、志愿服务、勤工助学、文娱体育"，它是中华人民共和国公民的宪法基本权利。另外，我国也没有任何其他法律禁止或限制学生"参加社会实践、志愿服务、勤工助学、文娱体育"。如果采用特别权力关系说，大学有权限制学生"参加社会实践、志愿服务、勤工助学、文娱体育"，恐怕更不合时宜。

3. "申请奖学金、助学金及助学贷款"的权利

《普通高等学校学生管理规定》（2017年）第6条第3项规定了"申请奖学金、助学金及助学贷款"的权利。

关于"奖学金、助学金"的法律性质：

（1）如果学校将其作为学生的契约权利而提供，当然是学生的契约权利，但这种情况并不多见。

（2）如果是某捐献人捐献设立的信托基金，委托大学作为受托人处理该笔资金，那么，学生就是慈善信托（或公益信托）的受益人。

（3）如果是社会慈善机构设立，学生也是慈善信托受益人。

（4）如果是政府设立，学校是受政府委托的代理人，该"奖学金、助学金"属于行政奖励，学生的权利是行政相对人的权利。

关于"助学贷款"的法律性质：大学没有经营贷款的权利能力，大学不可能是贷款人，助学贷款不可能是学生与大学之间的借贷法律关系。常见的现象是，大学充任学生与银行之间的助学贷款担保人，是担保协议中的当事人。

4. "在思想品德、学业成绩等方面获得科学、公正评价，完成学校规定学业后获得相应的学历证书、学位证书"的权利

《普通高等学校学生管理规定》（2017年）第6条第4项规定的"在思想品德……方面获得科学、公正评价"，属于学生作为学籍行政管理的行政相对人而应当拥有的行政法权利。"在……学业成绩等方面获得科学、公正评价"，则可定性为学生的契约权利。"完成学校规定学业后获得相应的学历证书、学位证书"的权利，是学生作为学历确认、学位确认行政法律关系中的行政相对人的权利。

5. "在校内组织、参加学生团体，以适当方式参与学校管理，对学校与学生权益相关事务享有知情权、参与权、表达权和监督权"的权利

《普通高等学校学生管理规定》（2017 年）第 6 条第 5 项规定的"在校内组织、参加学生团体"的权利，是学生的契约权利；"以适当方式参与学校管理，对学校与学生权益相关事务享有知情权、参与权、表达权和监督权"，则属于学生的行政法权利。

6. "对学校给予的处理或者处分有异议，向学校、教育行政部门提出申诉，对学校、教职员工侵犯其人身权、财产权等合法权益的行为，提出申诉或者依法提起诉讼"的权利

《普通高等学校学生管理规定》（2017 年）第 6 条第 6 项规定了"对学校给予的处理或者处分有异议，向学校、教育行政部门提出申诉，对学校、教职员工侵犯其人身权、财产权等合法权益的行为，提出申诉或者依法提起诉讼"的权利。

（1）如果学生对学校关于高等教育服务合同的"处理"不服，比如学校变更契约内容、解除高等教育服务合同，学生向学校提出的不是"申诉"，而是异议。法理上，学校对契约方面的处理，学生当然有民事诉权，学生可提起民事诉讼，要求确认、解除或请求违约赔偿等。如果学生不采取民事诉讼救济，而是向教育行政部门申诉，其法律性质应认定为请求调解，学生当然也拥有此种权利。当学生申诉请求调解，受理申诉的机关不受理或受理但处理不公正，学生应当有权对该受理机关提起行政诉讼。

（2）学生对学校给予的"处分"有异议，因"处分"属于行政处罚（如其威胁学生之身份，比如开除处分），学生当然拥有行政复议和行政诉讼的权利，亦有申诉之权利。《普通高等学校学生管理规定》（2017 年）中仅规定学生拥有申诉的权利，并不能导致学生的行政复议权和行政诉权的减损。如果因此而认定学生对"处分"无行政诉权，则是对《普通高等学校学生管理规定》（2017年）的误读。

（3）"对学校、教职员工侵犯其人身权、财产权等合法权益的行为，提出申诉或者依法提起诉讼"，如系民事侵权，当然可提起民事诉讼；如系行政违法，当然可以提起行政诉讼或国家赔偿诉讼。

如果《普通高等学校学生管理规定》（2017 年）意欲赋予学生行政诉权，根据我国《行政诉讼法》（2017 年）关于行政诉讼受案范围的规定，此种赋权

无效。理由是，我国《行政诉讼法》（2017 年）第 12 条第 1 款第 12 项和第 2 款之规定，[1] 赋予行政诉权的法律规范应该是法律、法规，而《普通高等学校学生管理规定》是部门规章，不能创制行政诉权。

7. "法律、法规及学校章程规定的其他权利"

《普通高等学校学生管理规定》（2017 年）第 6 条第 7 项规定"法律、法规及学校章程规定的其他权利"。作为兜底条款，并无太大的实质性意义，但能起到列举、强调、提醒、宣示和补充的作用。

二、学生义务列举

学术上将学生的义务归结为两大项，即"学业高度勤勉义务"和"操行良好保持义务"。由于学生的高等教育实际享有权，是一项附条件的特权。该项特权附有两项义务：一是学生必须努力学习，以防学生率性浪费国家公共教育资源；二是学生必须保持良好的品德操守，以防高等教育资源被品行不良者非法占用。学校应当时刻监管学生该两项义务的履行状况。如果学生违反这两项义务，说明学生存在道德瑕疵，国家高等教育的目的落空或有落空之虞。

（一）《教育法》（2021 年）规定的义务

根据《教育法》（2021 年）第 44 条的规定，学生应当履行下列义务：

（1）遵守法律、法规；

（2）遵守学生行为规范，尊敬师长，养成良好的思想品德和行为习惯；

（3）努力学习，完成规定的学习任务；

（4）遵守所在学校或者其他教育机构的管理制度。

（二）《高等教育法》（2018 年）规定的义务

《高等教育法》（2018 年）规定的义务有：

（1）高等学校的学生应当遵守法律、法规，遵守学生行为规范和学校的各项管理制度，尊敬师长，刻苦学习，增强体质，树立爱国主义、集体主义和社会主义思想，努力学习马克思列宁主义、毛泽东思想、邓小平理论，具

---

［1］《行政诉讼法》（2017 年）第 12 条第 1 款规定："人民法院受理公民、法人或者其他组织提起的下列诉讼：……（十二）认为行政机关侵犯其他人身权、财产权等合法权益的。"该条第 2 款规定："除前款规定外，人民法院受理法律、法规规定可以提起诉讼的其他行政案件。"

有良好的思想品德,掌握较高的科学文化知识和专业技能。

(2)高等学校的学生应当按照国家规定缴纳学费。家庭经济困难的学生,可以申请补助或者减免学费。

(三)《普通高等学校学生管理规定》(2017年)规定的义务

《普通高等学校学生管理规定》(2017年)第7条是关于学生在校期间义务的主要条文,该条共1款、6项。

1. 遵纪守法的义务

根据《普通高等学校学生管理规定》(2017年)第7条第1项之规定,学生应当承担"遵守宪法和法律、法规"的义务。大学学生首先是国家公民,当然应当"遵守宪法和法律、法规",且应当是"遵守宪法和法律、法规"的模范。在法律性质上,大学学生的这个义务属于宪法义务。

根据《普通高等学校学生管理规定》(2017年)第7条第2项的规定,学生应当承担"遵守学校章程和规章制度"的义务。由于学生是大学这个公营造物的使用人和学者社团法人的成员,不但要遵守一般的法律、法规、规章等,当然还应当"遵守学校章程和规章制度"。关于学生该项义务的性质,应分别规章制度的不同情况。如果是关于高等教育服务合同的规章制度,则系学生的合同义务;如系学籍管理方面的规章制度,则是学生学籍管理行政相对人的义务;如系毕业确认、学位确认方面的规章制度,则是学生毕业确认、学位确认行政相对人的义务。

2. 学业高度勤勉义务

《普通高等学校学生管理规定》(2017)第7条第3项规定,学生应当"完成规定学业"。此即学生的学业高度勤勉义务的主要内容。法律性质上,学生"完成规定学业"的义务,是契约义务。学生如果完不成规定的学业,则会导致高等教育服务合同的变更、解除等法律后果。需要提醒的是,学生努力完成是完成,不努力完成也是完成;学生只要完成了规定的学业,即履行了契约义务。也就是说,只要学生完成了规定的学业,即可推定学生履行了"学业高度勤勉义务"。学校切不可因学生有不努力之表现而对学生进行学籍处分,正确的方法是批评和鼓励。

3. 操行良好保持义务

《普通高等学校学生管理规定》(2017年)第7条第3项规定,学生应当"恪守学术道德",第5项规定,学生应当"遵守学生行为规范,尊敬师长,养成良好的思想品德和行为习惯"。此即学生的操行良好保持义务的主要内容。学生的该项义务，属于学籍行政管理法律关系之下学生作为行政相对人的行政法义务。学生如果违反了该项义务，学校应当对学生进行学籍行政处分。

4. "按规定缴纳学费及有关费用，履行获得贷学金及助学金的相应义务"
　　的义务

《普通高等学校学生管理规定》（2017年）第7条第4项规定，学生应当"按规定缴纳学费及有关费用，履行获得贷学金及助学金的相应义务"。其中，"按规定缴纳学费及有关费用"，是学生最主要的契约义务。如学生未履行该项义务，则导致高等教育服务契约变更、解除等法律后果。学生"履行获得贷学金……的相应义务"，是学生与贷款机构之间的合同中的义务，学生"履行获得……助学金的相应义务"，是学生与提供助学金机构之间的合同或者行政法律下的义务。因此，不得将学生的该两项义务认定为其向大学（高等教育服务合同关系中的另一方当事人、学籍行政管理法律关系中的行政主体）承担的义务，否则有学校凭借学籍管理行政权力干预学生与贷款人之间民事纠纷的嫌疑。

5. "法律、法规及学校章程规定的其他义务"的义务

《普通高等学校学生管理规定》（2017年）第7条第6项规定"法律、法规及学校章程规定的其他义务"，属于兜底条款，具有列举、强调、提醒、宣示和补充的作用。

三、学生的权利义务在法律上的定性

《普通高等学校学生管理规定》（2017年）第6条、第7条规定的学生的权利义务，在法律上有如下几种定性：

（1）民事契约权利和义务。学生的主要权利有：参加学校教育教学计划安排的各项活动，使用学校提供的教育教学资源。学生的主要契约义务是：按规定缴纳学费及有关费用。

（2）学籍行政管理权利义务。学生的主要权利有：在思想品德方面获得公正评价；对学校给予的处分或者处理有异议，向学校、教育行政部门提出申诉的权利等。学生的主要义务是：遵守学校管理制度；努力学习，完成规定学业。

（3）毕业确认、学位授予行政管理权利义务。学生的主要权利是：完成学校规定学业后获得相应的学历证书、学位证书；学生的主要义务是，遵守学术道德。

（4）其他权利义务。学生的主要权利有：学生参加社会服务、勤工助学；在校内组织、参加学生团体及文娱体育等活动；申请奖学金、助学金及助学贷款；对学校、教职员工侵犯其人身权、财产权等合法权益，提出申诉或者依法提起诉讼等。学生的主要义务是：遵纪守法，保持良好的道德品行。

由于《普通高等学校学生管理规定》（2017年）未将高等学校和学生之间的民事契约、学籍行政和毕业确认、学位授予等方面的权利义务按法律关系性质进行排列，同时，该规定还有道德规范，致使该规定看起来不规范、不庄重、不严肃。

第二节　学生权利受损时的救济措施

一、申诉、再申诉

（一）申诉、再申诉救济措施概述

学生的申诉与再申诉，是教育系统内部解决学生与大学之间纠纷的一种救济措施。申诉，是指学生对学校的处理或者处分决定不服，请求学校重新处理，学校进行复查并作出决定的一整套程序。再申诉，是指学生不服学校对其申诉所作出的复查决定，向省级教育行政部门申请，省级教育行政部门再次审查并作出决定的一整套程序。

这里的"学校的处分决定"，是指大学对学生作出的纪律处分决定；这里的"学校的处理决定"的含义则甚为广泛，包括学校对学生与大学之间的合同纠纷（比如缴纳学费、转专业、缴纳补考费用、留级）、侵权纠纷（比如教师殴打学生、学生殴打教师、学校图书馆墙壁倒塌学生受伤）、行政纠纷（比如评选奖学金事宜、不颁发毕业证书、不授予学位等）以及其他各种类型的纠纷所作出的处理决定。对于学生与大学之间的任何纠纷，只要学校对此作出了决定，学生均可提起申诉、再申诉程序寻求救济。

（二）申诉救济措施

1. 学校处理学生申诉的内部机构

处理学生申诉的主体是学校，具体操作由学校的内部机构"学生申诉处理委员会"承担。《普通高等学校学生管理规定》（2017年）第59条规定："学校应当成立学生申诉处理委员会，负责受理学生对处理或者处分决定不服提起的申诉。学生申诉处理委员会应当由学校相关负责人、职能部门负责人、教师代表、学生代表、负责法律事务的相关机构负责人等组成，有条件的学校可以聘请校外法律、教育等方面专家参加。学校应当制定学生申诉的具体办法，健全学生申诉处理委员会的组成与工作规则，提供必要条件，保证其能够客观、公正地履行职责。"

在行政法学上，由于学生申诉处理委员会是学校组建的处理学生申诉事宜的内部机构，故其不是行政主体，不能以自己的名义对外。这里的行政主体仍然是高校本身（法律法规授权的组织）。

2. 学生申诉的处理程序

根据《普通高等学校学生管理规定》（2017年）之规定，学生申诉处理程序如下：

（1）学生申诉。学生对学校的处理或者处分决定有异议，可以在接到学校的处理或者处分决定书之日起10日内，向学校学生申诉处理委员会提出书面申诉。自处理、处分决定书送达之日起，学生在申诉期内未提出申诉的视为放弃申诉，学校不再受理其提出的申诉。处理、处分决定书未将申诉期限告知学生，申诉期限自学生知道或者应当知道处理或者处分决定之日起计算，但最长不得超过6个月。

（2）学校（学生申诉处理委员会）对学生申诉的处理。学生申诉处理委员会对学生提出的申诉进行复查，并在接到学生的书面申诉之日起15日内作出复查结论并告知申诉人。如果情况复杂，学生申诉处理委员会不能在规定限期内作出结论，经学校负责人批准可以延长15日。学生申诉处理委员会如果认为必要，可以建议学校暂缓执行学校的有关决定。

学生申诉处理委员会经复查，认为作出处理或者处分的事实、依据、程序等存在不当，可以作出建议撤销或变更的复查意见，要求相关职能部门予以研究，重新提交校长办公会或者专门会议作出决定。

（3）送达。学生申诉处理委员会应当及时地将其处理决定告知提起申诉的学生。

3. 申诉的法律效力讨论

学生申诉的法律效力如何？学生申诉处理委员会经过复查而得出的复查

结论无非有两种：第一种认为学校的处理或处分决定合法、合理；第二种认为学校的处理或处分决定不合法、不合理。

对于第一种复查结论，学生申诉处理委员会应当直接告知学生，学生申诉程序终结；对于第二种复查结论，学生申诉处理委员会无权撤销，仅仅可以"建议"，最终的决定权还是掌握在作出原处理决定或处分决定的"校长办公会或者专门会议"手里。《普通高等学校学生管理规定》（2017 年）第 61 条第 2 款规定："学生申诉处理委员会经复查，认为做出处理或者处分的事实、依据、程序等存在不当，可以作出建议撤销或变更的复查意见，要求相关职能部门予以研究，重新提交校长办公会或者专门会议作出决定。"

另外，如果学生申诉处理委员会拒绝受理学生申诉，或者受理后不复查、拖延复查，或者到期不作复查决定，学生有何救济措施？学生可否直接向省级教育行政部门申诉？或者以学校或学生申诉处理委员会为被告提起行政不作为诉讼？对于这些疑问，《普通高等学校学生管理规定》（2017 年）未有任何规定。

（三）再申诉救济措施

1. 处理学生再申诉的组织

处理学生再申诉的主体是省级教育行政部门（一般是教育厅）。在行政法学上，教育厅是行政主体中的行政机关。

2. 学生再申诉的处理程序

（1）学生提起再申诉。学生对学校的复查决定有异议，在接到学校复查决定书之日起 15 日内可以向学校所在地省级教育行政部门提出书面申诉。自复查决定书送达之日起，学生在再申诉期内未提出再申诉的视为放弃再申诉，省级教育行政部门不再受理其提出的再申诉。如果复查决定书未将申诉期限告知学生，申诉期限自学生知道或者应当知道学校复查决定之日起计算，但最长不得超过 6 个月。

（2）省级教育行政部门对学生再申诉的处理。省级教育行政部门应当在接到学生书面申诉之日起 30 个工作日内，对申诉人的问题给予处理并作出决定。

省级教育行政部门在处理学生因对学校处理或者处分决定不服而提起的申诉时，应当听取学生和学校的意见，并可根据需要进行必要的调查。

省级教育行政部门根据审查结论，区别不同情况，分别作出下列处理：

①事实清楚、依据明确、定性准确、程序正当、处分适当的，予以维持；②认定事实不存在，或者学校超越职权、违反上位法规定作出决定的，责令学校予以撤销；③认定事实清楚，但认定情节有误、定性不准确，或者适用依据有错误的，责令学校变更或者重新作出决定；④认定事实不清、证据不足，或者违反本规定以及学校规定的程序和权限的，责令学校重新作出决定。

（3）送达。省级教育行政部门应当及时地将其处理决定告知提起再申诉的学生。

3. 再申诉的法律效果

对于学生再申诉的法律效果，有三个主题需要讨论：

（1）学生向省级教育行政部门的再申诉程序，是什么性质的法律行为？是否属于行政复议？

（2）如果省级教育行政部门不受理学生的再申诉或者虽然受理但拒绝答复、拖延答复，学生该怎么办？学生可以起诉省级教育行政部门行政不作为吗？如果不可以，则再申诉程序的设计有何意义？

（3）如果省级教育行政部门维持学校的复查决定，学生是否可以对省级教育行政部门的维持决定提起行政复议或者行政诉讼？

（4）省级教育行政部门如果认为学校的复查决定违法，应当"责令学校予以撤销""责令学校变更或者重新作出决定""责令学校重新作出决定"。这里又有三个问题需要进一步讨论：

第一，省级教育行政部门给大学的这些"责令"，是什么性质的法律行为？是上下级之间的指令，还是外部具体行政行为之行政命令或者行政处罚？如果学校对这些"责令"不服，可否向教育部/省政府提起行政复议或者向法院提起行政诉讼？

第二，学生是不是这些"责令"的利害关系人？如果学校不履行这些"责令"内容，学生是否可以提起行政复议、行政诉讼或者直接向法院请求强制执行？

第三，省级教育行政部门是否可以直接撤销学校的复查决定？如果可以，省级教育行政部门的撤销决定是什么性质的法律行为？如果学校不服，是否可以提起行政复议或者行政诉讼？学生是否可以请求法院强制执行省级教育行政部门的撤销决定？

遗憾的是，上述的这些主题或问题至今在我国法律上尚未有有效的回应。

二、投诉

（一）投诉的概念

投诉，是指学生认为学校及其工作人员违反规定侵害其合法权益或者认为学校制定的规章制度与法律、法规和《普通高等学校学生管理规定》抵触，告知学校所在地的省级教育行政部门并请求其处理的行为。

（1）投诉人是学生；被投诉人是学校，一般是学生所属之学校；投诉的受理机关是省级教育行政主管部门。

（2）投诉的内容，是学校及其工作人员违法侵害投诉人的合法权益或者是学校制定的规章制度与法律、法规、规章等上位法相抵触。

（3）投诉的请求，是要求省级教育行政主管部门对投诉的内容进行处理，制止学校的违法行为，维护投诉人的合法权益。

（二）投诉的处理

根据《普通高等学校学生管理规定》（2017年）第65条第2款的规定，省级教育行政主管部门在实施监督或者处理申诉、投诉过程中，发现学校及其工作人员有违反法律、法规及本规定的行为或者未按照本规定履行相应义务的，或者学校自行制定的相关管理制度、规定，侵害学生合法权益的，应当责令改正；发现存在违法违纪的，应当及时进行调查处理或者移送有关部门，依据有关法律和相关规定，追究有关责任人的责任。

（三）投诉的特征

与申诉、再申诉相比较，投诉有以下几个特征：

（1）投诉的范围比较大。学生不但可以对学校直接侵犯自己合法权益的行为进行投诉；对于学校的其他违法行为也可以进行投诉，而申诉和再申诉只能对学校侵犯自己的合法权益进行；

（2）处理的组织不同。处理申诉的组织是学校（具体办理机构是校学生申诉委员会），处理再申诉的组织是省级教育主管部门；投诉的办案主体是省级教育主管部门。

（3）是否为了自己的利益不同。申诉和再申诉是学生为自己的利益而提起的请求处理的程序；学生投诉有可能是为了自己的利益，也有可能不是为了自己的利益而请求省级教育主管部门对学校的违法行为进行查处。

（4）是否可以行政复议或行政诉讼不同。按照法理，省级教育行政部门对于"学生认为学校及其工作人员违反本规定，侵害其合法权益的"投诉的处理，因投诉内容直接涉及投诉学生的个人权益，学生如果不服，可以提起行政复议或行政诉讼；省级教育行政部门对于"学生认为……学校制定的规章制度与法律法规和本规定抵触的"投诉的处理，因投诉的内容不直接涉及投诉学生的个人权益而只涉及客观的法律秩序，一般情况下学生不得提起行政复议或者行政诉讼。

三、民事诉讼

与学生有关的民事诉讼大约有两种：一种是合同诉讼；另一种是侵权诉讼。

（一）合同诉讼

学生与大学（包括招生考试机构）之间的合同纠纷，学生与大学之间可以协商、和解，也可以向法院提起合同民事诉讼维护其合法权益。此种纠纷应当适用合同法以及教育法、高等教育法等相关法律规范。下列纠纷属于合同纠纷：

（1）考生与招生考试机构之间的志愿书投递代理纠纷；

（2）学生与大学之间关于高等教育服务合同的订立而产生的纠纷。比如，应当招录某学生而不招录；学校在订约磋商时承诺如学生报考本校则给予奖金（合同奖励条款）而发生的纠纷等。

（3）学生在校期间，因履行高等教育服务合同而产生的纠纷，比如转学纠纷属于合同主体变更纠纷，转专业纠纷属于合同义务变更纠纷，补考、重修收费纠纷则属于违约金纠纷，学生主动退学和学校予以退学纠纷等。

（4）因学生住宿而发生的合同纠纷是否属于学生与大学之间的合同纠纷，应按照具体情况加以处理。如果学生宿舍由大学直接经营，则属于学生与大学之间的合同纠纷；如果学生宿舍由独立的后勤管理公司经营，则是学生与后勤管理公司之间的合同纠纷。当然，学校不得利用自己的优势地位强迫学生必须与后勤管理公司订立住宿合同，后勤管理公司亦不得利用自己的优势地位侵害学生的合同权利。

（5）由于学生出入校园是履行高等教育合同的必要前提条件，如果学生因出入校园与学校之间发生纠纷，一般也应当按照合同纠纷加以解决。

（二）侵权诉讼

1. 学生伤害事故适用的法律

涉及学生作为受害人的侵权责任，应当适用侵权法以及《教育法》《高等教育法》等相关法律规范。其中，教育部《学生伤害事故处理办法》（2010年）[1]与《民法典》（2021年）侵权责任编是主要适用的民事侵权法律规范。对于学生伤害事故（特别是学生的物质性人格权遭受损害的侵权行为）以及其他侵权行为（主要是学生的财产权遭受损害的侵权行为），学生当然可以提起民事侵权诉讼。我们主要以学生伤害事故的侵权行为及其责任为例加以说明。

2. 学生伤害事故之侵权行为的归责原则、构成要件

《学生伤害事故处理办法》（2010年）第8条规定："发生学生伤害事故，造成学生人身损害的，学校应当按照《中华人民共和国侵权责任法》及相关法律、法规的规定，承担相应的事故责任。"根据侵权法的一般原理，侵权行为的归责原则有两种：一是过错责任原则。该原则下的侵权行为是四要件（损害行为、损害后果、因果关系、主观过错）侵权行为；二是无过错责任原则。该原则下的侵权行为是三要件（损害行为、损害后果、因果关系）侵权行为。

本书认为，笼统地将学生伤害事故的归责原则定位成过错责任原则，或无过错责任原则都不恰当，应当具体问题具体分析。

3. 学生伤害事故之侵权行为的类型

学生伤害事故即学生作为受害人的侵权案件，大约有三种类型：学校及其工作人员侵犯学生合法权益的侵权案件；学生侵犯学生合法权益的侵权案件；校外人员侵犯学生合法权益的侵权案件。

第一种类型：学校及其工作人员的侵权案件。因下列情形之一造成的学生伤害事故，学校应当依法承担相应的责任：①学校的校舍、场地、其他公共设施，以及学校提供给学生使用的学具、教育教学和生活设施、设备不符合国家规定的标准，或者有明显不安全因素的；②学校的安全保卫、消防、设施设备管理等安全管理制度有明显疏漏，或者管理混乱，存在重大安全隐

---

[1]《学生伤害事故处理办法》（2010年）第2条规定："在学校实施的教育教学活动或者学校组织的校外活动中，以及在学校负有管理责任的校舍、场地、其他教育教学设施、生活设施内发生的，造成在校学生人身损害后果的事故的处理，适用本办法。"

患，而未及时采取措施的；③学校向学生提供的药品、食品、饮用水等不符合国家或者行业的有关标准、要求的；④学校组织学生参加教育教学活动或者校外活动，未对学生进行相应的安全教育，并未在可预见的范围内采取必要的安全措施的；⑤学校知道教师或者其他工作人员患有不适宜担任教育教学工作的疾病，但未采取必要措施的；⑥学校违反有关规定，组织或者安排未成年学生从事不宜未成年人参加的劳动、体育运动或者其他活动的；⑦学生有特异体质或者特定疾病，不宜参加某种教育教学活动，学校知道或者应当知道，但未予以必要的注意的；⑧学生在校期间突发疾病或者受到伤害，学校发现，但未根据实际情况及时采取相应措施，导致不良后果加重的；⑨学校教师或者其他工作人员体罚或者变相体罚学生，或者在履行职责过程中违反工作要求、操作规程、职业道德或者其他有关规定的；⑩学校教师或者其他工作人员在负有组织、管理未成年学生的职责期间，发现学生行为具有危险性，但未进行必要的管理、告诫或者制止的；⑪对未成年学生擅自离校等与学生人身安全直接相关的信息，学校发现或者知道，但未及时告知未成年学生的监护人，导致未成年学生因脱离监护人的保护而发生伤害的；⑫学校有未依法履行职责的其他情形。学校安排学生参加活动，因提供场地、设备、交通工具、食品及其他消费与服务的经营者，或者学校以外的活动组织者的过错造成的学生伤害事故，有过错的当事人应当依法承担相应的责任。

因下列情形之一造成的学生伤害事故，学校已履行了相应职责，行为并无不当的，学校不承担法律责任：①地震、雷击、台风、洪水等不可抗的自然因素造成的；②来自学校外部的突发性、偶发性侵害造成的；③学生有特异体质、特定疾病或者异常心理状态，学校不知道或者难于知道的；④学生自杀、自伤的；⑤在对抗性或者具有风险性的体育竞赛活动中发生意外伤害的；⑥其他意外因素造成的。

下列情形下发生的造成学生人身损害后果的事故，学校行为并无不当的，不承担事故责任，事故责任应当按有关法律法规或者其他有关规定认定：①在学生自行上学、放学、返校、离校途中发生的；②在学生自行外出或者擅自离校期间发生的；③在放学后、节假日或者假期等学校工作时间以外，学生自行滞留学校或者自行到校发生的；④其他在学校管理职责范围外发生的。⑤因学校教师或者其他工作人员与其职务无关的个人行为，或者因学生、教师及其他个人故意实施的违法犯罪行为，造成学生人身损害的，由加害人依法承担相应的责任。

第二种类型：学生侵犯学生合法权益的侵权案件。学生或者未成年学生监护人由于过错，有下列情形之一，造成学生伤害事故，应当依法承担相应的责任：①学生违反法律法规的规定，违反社会公共行为准则、学校的规章制度或者纪律，实施按其年龄和认知能力应当知道具有危险或者可能危及他人的行为的；②学生行为具有危险性，学校、教师已经告诫、纠正，但学生不听劝阻、拒不改正的；③学生或者其监护人知道学生有特异体质，或者患有特定疾病，但未告知学校的；④未成年学生的身体状况、行为、情绪等有异常情况，监护人知道或者已被学校告知，但未履行相应监护职责的；⑤学生或者未成年学生监护人有其他过错的。

第三种类型：校外人员侵犯学生合法权益的侵权案件。校外人员侵犯学生合法权益的侵权案件分为两种情况。①学生因参与学校安排的活动而遭受校外人员侵权的案件。比如，学校统一组织学生到公园游玩，学生在游玩过程中遭受第三人的侵害。《学生伤害事故处理办法》（2010 年）第 11 条规定："学校安排学生参加活动，因提供场地、设备、交通工具、食品及其他消费与服务的经营者，或者学校以外的活动组织者的过错造成的学生伤害事故，有过错的当事人应当依法承担相应的责任。"本条规定将（提供场地、设备、交通工具、食品及其他消费与服务的）经营者和（学校以外的活动）组织者的归责原则一律定位为过错责任原则，本书认为，这种规定并不恰当。这里需要解决两个问题：一是这种侵权行为的归责原则及其相应的构成要件。这需要根据个案决定，有的是过错责任侵权行为，有的是无过错责任侵权行为。另一个是（消费与服务的）经营者、校外组织者与学校之间的责任划分。这种情况下，应当首先由经营者、校外组织者承担责任（不以其有过错为限），学校承担违反安全保障义务的责任。②学生在校园内遭受社会人员侵害的案件。对于这种情况，本书认为可以准用《民法典》第 1201 条之规定确定责任的承担。《民法典》第 1201 条规定："无民事行为能力人或者限制民事行为能力人在幼儿园、学校或者其他教育机构学习、生活期间，受到幼儿园、学校或者其他教育机构以外的第三人人身损害的，由第三人承担侵权责任；幼儿园、学校或者其他教育机构未尽到管理职责的，承担相应的补充责任。幼儿园、学校或者其他教育机构承担补充责任后，可以向第三人追偿。"

4. 学生伤害事故侵权纠纷的解决途径

发生学生伤害事故，学校与受伤害学生或者学生家长之间有三种解决方式：

（1）协商。双方当事人可以通过协商方式解决。

（2）调解。双方当事人双方自愿，可以书面请求主管教育行政部门进行调解。教育行政部门收到调解申请，认为必要的，可以指定专门人员进行调解，并应当在受理申请之日起 60 日内完成调解。经教育行政部门调解，双方就事故处理达成一致意见的，应当在调解人员的见证下签订调解协议，结束调解；在调解期限内，双方不能达成一致意见，或者调解过程中一方提起诉讼，人民法院已经受理的，应当终止调解。调解结束或者终止，教育行政部门应当书面通知当事人。对经调解达成的协议，一方当事人不履行或者反悔的，双方可以依法提起诉讼。

（3）诉讼。成年学生或者未成年学生的法定代理人也可以依法直接提起民事侵权诉讼。

5. 学校的赔偿与补偿

（1）学校的赔偿范围与赔偿资金筹措。学生伤害事故赔偿的范围与标准，按照有关行政法规、地方性法规或者最高人民法院司法解释中的有关规定确定。学校对学生伤害事故负有责任的，根据责任大小，适当予以经济赔偿，但不承担解决户口、住房、就业等与救助受害学生、赔偿相应经济损失无直接关系的其他事项。根据双方达成的协议、经调解形成的协议或者人民法院的生效判决，应当由学校负担的赔偿金，学校应当负责筹措；学校无力完全筹措的，由学校的主管部门或者举办者协助筹措。县级以上人民政府教育行政部门或者学校举办者有条件的，可以通过设立学生伤害赔偿准备金等多种形式，依法筹措伤害赔偿金。

（2）学校的补偿。《学生伤害事故处理办法》（2010 年）第 26 条第 2 款规定："学校无责任的，如果有条件，可以根据实际情况，本着自愿和可能的原则，对受伤害学生给予适当的帮助。"本书认为，该条规定十分不恰当。

侵权法之"公平责任原则"，是指在过错责任侵权行为中，如果加害人、受害人双方均无过错的情形下，受害人所受之损失，可以在加害人与受害人之间进行分摊。而本条突破了《民法典》（2021 年）侵权责任编关于"公平责任原则"的规定和《民法典》（2021 年）总则之精神，看似"公平""自愿"，但在实际操作中恰恰给了某些毫无请求权之学生或其家属向学校提出不合理诉求的借口。

四、行政复议与行政诉讼

学生与学校（包括招生考试机构）之间因考试资格许可、要约资格确认、学籍行政许可与监管以及毕业确认、学位确认等发生纠纷，因这些行政行为都是可诉的行政行为，故学生可以提起行政复议或者行政诉讼。比如：

（1）中学在校应届毕业生与中学、社会人员与当地乡镇人民政府等之间因政治道德表现是否良好的确认、是否达到高中毕业水平的确认等发生纠纷，中学在校应届毕业生和社会人员可以提起行政复议和行政诉讼。

（2）特殊情况下考生因政审与当地公安机关之间发生纠纷，可以提起行政复议与行政诉讼。

（3）考生与招生考试机构之间因考试资格许可、要约资格确认发生纠纷，可以提起行政复议和行政诉讼。

（4）学生与大学之间因学籍申请与许可、撤销学籍、开除学籍、注销学籍等发生的纠纷，可以提起行政复议和行政诉讼。

（4）学校的奖励措施属于行政奖励，按照行政法与行政诉讼法的一般原理，应当准许学生提起行政复议和行政诉讼。

（5）自2011年开始，对于开除学籍之纪律处分，学生可以向法院提起行政诉讼，但法院一般不受理学生对其他纪律处分提起的行政诉讼。一般的观点认为，开除处分必然导致高等教育服务合同的解除，进而导致学生高等教育受教育权的丧失，故有必要将其纳入行政复议和行政诉讼的受案范围；但警告、严重警告、记过、留校察看等纪律处分措施并未影响到学生的高等教育受教育权的实际享有，暂时可以不纳入行政复议和行政诉讼的受案范围。本书对此则有不同意见。本书认为，凡不准当事人向法院提起诉讼，法律对当事人的保护力度肯定较为虚弱。一方面，所有的纪律处分，对于学生而言均属关系重大，警告、严重警告、记过、留校察看等，当然会降低学生的社会声望和道德评价；另一方面，学校对学生的纪律处分，法律性质上又属于行政处罚，因此，所有的纪律处分都应当纳入行政复议和行政诉讼的受案范围。唯有如此，学生的权利才能获得更加有效的保护。

（6）学生与大学之间因毕业确认、学位确认等发生纠纷，可以提起行政复议和行政诉讼。

▶ 思考题

1. 列举学生的权利。
2. 列举学生的义务。
3. 分别叙述学生的几种权利救济途径。